訪問介護
のための
医療的ケア
実践ガイド

セントケア・ホールディング著

中央法規

刊行にあたって

　2005（平成17）年に、一部の行為については医行為ではないと考えられる条件が示されてから7年が経ちました。
　その間、医療ニーズをもったまま在宅で生活される方は増える傾向にあり、そのなかで、介護職に求められる役割が少しずつ変化してきています。
　しかしホームヘルパーや介護福祉士などを養成する課程のなかで、こうした介護職が医療知識や技能などをどのくらい、どこまで学び、身に付ければよいかについては、現在一定の条件が示されているとはいえ、いまだ発展途上にあるように思われます。介護職が医療的なケアを担い、安全を確保しながらサービスを実施していくには、人間の体のしくみについての理解を深め、知識を整理したうえで、技術のトレーニングを行い、経験を積んでいくことが不可欠です。
　そのため、このような学びをしていこうとする介護職の方たちに少しでもわかりやすくなるようにと、本書をまとめました。
　介護職も利用者もともに不安を抱えることなくケアが行われる一助として、本書を活用していただければ幸いです。

2012（平成24）年9月
セントケア・ホールディング株式会社
事業支援本部・品質管理部一同

● 訪問介護のための医療的ケア実践ガイド　目次

第1章　介護職と医療行為

第1節　医療行為とは
1. 医療行為は一般用語……8
2. 医行為とは……9
3. 医行為であるかどうかは個別的なもの……10

第2節　医療行為に関連する言葉の理解
1. 医療的ケア……11
2. 「原則的に医行為でない行為」＝16項目……11
3. 「介護職に認められた医行為（特定行為）」＝痰の吸引と経管栄養……12

第3節　介護職と医療行為の関係
1. 現状とこれから……14
2. 介護職としての心得……15

第2章　サービス提供の流れ

第1節　医療的ケアの実施条件
1. 「原則的に医行為でない行為」の実施……18
2. 「介護職に認められた医行為（特定行為）」の実施……21

第2節　医療的ケアのサービス実施フロー
1. サービス受付〜導入時の判断〜訪問介護計画書の作成……34
2. 実施内容・手順の確認……41

3　サービス提供中の留意点……42

第3節　ヘルパーの教育体制

　　　1　医療的ケアへの対応を視野に入れた教育研修体制……46
　　　2　医療ニーズの高い利用者への研修……48

第4節　危機管理

　　　1　医療的ケアにかかわる安全対策……50
　　　2　家族との事前確認と信頼関係の重要性……59
　　　3　事業者として安全対策のための組織づくり……60

第3章　医療的ケアの実際

第1節　「原則的に医行為でない行為」

　　　1　体温測定……62
　　　2　血圧測定……66
　　　3　パルスオキシメータの装着……70
　　　4　軽微な傷の処置……74
　　　5　軟膏の塗布……78
　　　6　湿布の貼付……82
　　　7　点眼……86
　　　8　内服薬介助……90
　　　9　肛門からの坐薬挿入……94
　　　10　鼻腔粘膜への薬剤噴霧……98
　　　11　爪切り……102
　　　12　口腔内の刷掃・清拭……106
　　　13　耳垢の除去……112
　　　14　ストマ装具のパウチに溜まった排泄物の除去……116
　　　15　自己導尿の補助……122
　　　16　浣腸……126

第2節 「特定行為」

1 痰の吸引……130
2 経管栄養……138

第4章 現場で役立つ事例 Q & A

第1節 「原則的に医行為でない行為」

1 体温測定……150
CACE 1 Q. 何度測っても低体温なんですが……
CACE 2 Q. 痩せすぎていて体温がうまく測れません
CACE 3 Q. 体温計によって測るのにかかる時間が違うのはなぜですか？

2 血圧測定……153
CACE 4 Q. セーターを着たままでも測定できますか？
CACE 5 Q. 入浴許可ギリギリの測定値なんですが……

3 パルスオキシメータの装着……155
CACE 6 Q. マニュキュアをつけた指でも大丈夫？
CACE 7 Q. 終了の判断は？

4 軽微な傷の処置……156
CACE 8 Q. 褥瘡の"軽微な傷"の程度とは？

5 軟膏の塗布……158
CACE 9 Q. 軟膏は上塗りしていいの？
CACE 10 Q. 1年前の軟膏ですが、ほかの部分に塗っていい？
CACE 11 Q. 複数の軟膏から選んでといわれたのですが……

6 湿布の貼付……161
CACE 12 Q. 血圧の貼り薬は貼ってもいいですか？
CACE 13 Q. 湿布の使用期限について

7 点眼……163
CACE 14 Q. 目やにがとれない
CACE 15 Q. 目があかない
CACE 16 Q. 目薬を何でも冷蔵庫に入れているのですが……

8 内服薬介助……166
CACE 17 Q. 薬を分包化してくれず困っています

- CACE 18 ▶ Q. 薬の飲み残しをみつけてしまったら……

9 肛門からの坐薬挿入……170
- CACE 19 ▶ Q. 坐薬を半分使用するときの切り方は？
- CACE 20 ▶ Q. 坐薬が便器のなかに落ちていたのですが……
- CACE 21 ▶ Q. 脱肛している肛門への挿入のしかた

10 鼻腔粘膜への薬剤噴霧……173
- Case 22 ▶ Q. 薬剤を使わないネブライザーの使用
- CACE 23 ▶ Q. ネブライザーの手入れについて

11 爪切り……175
- CACE 24 ▶ Q. 爪を切ったらボロボロに崩れてしまいました！

12 口腔内の刷掃・清拭……176
- CACE 25 ▶ Q. 残り少ない歯もグラグラしています
- CACE 26 ▶ Q. なかなか口をあけてくれない利用者
- CACE 27 ▶ Q. 経管栄養なので口腔ケアは不要？

13 耳垢の除去……179
- CACE 28 ▶ Q. 耳かきしなくても病気になりませんか？
- CACE 29 ▶ Q. 市販のオイルを使っても大丈夫？

14 ストマ装具のパウチに溜まった排泄物の除去……181
- CACE 30 ▶ Q. 人工肛門部分の便は拭いてもいいですか？

15 自己導尿の補助……182
- CACE 31 ▶ Q. 管を挿入するとき、手を添えるのはいいですか？

16 浣腸……183
- CACE 32 ▶ Q. 浣腸は何本まで追加していいですか？

第2節 「特定行為」

1 痰の吸引……185
- CACE 1 ▶ Q. 吸引カテーテルの先端がユニフォームにふれてしまった！
- CACE 2 ▶ Q. 気管カニューレ内の吸引をしたあと、人工呼吸器のアラームがずっと鳴っている！

2 経管栄養……187
- CACE 3 ▶ Q. 経管栄養後の薬の注入はできますか？
- CACE 4 ▶ Q. 経管栄養の利用者に大量の水様便がみられました。どうしたらいいですか？

第5章 医療ニーズの高い利用者に対する訪問介護サービス

第1節 肺
1. 呼吸のしくみ……190
2. 在宅酸素……191
3. 人工呼吸器……197

第2節 心臓
1. 血液循環のしくみ……205
2. ペースメーカー……206
3. 中心静脈カテーテル……209

第3節 消化器
1. 消化のしくみ……213
2. インスリン療法……214

第4節 泌尿器
1. 尿生成から排出までのしくみ……220
2. 膀胱留置カテーテル……221

資料

おことわり

本書は、2007（平成19）年2月、弊社より刊行しました『訪問介護サービスハンドブック「原則的に医行為でない行為」の理解』を大幅に加筆・修正したものです。

第1章
介護職と医療行為

　医行為は、医療職だけが提供できるものという常識が少しずつかわってきています。そこで本章では、介護職と医行為の関係を改めて整理しています。「医行為ではないから介護職が実施できるケア」と「医行為ではあるが介護職でも実施ができるケア」というのは、位置付けが大きく異なり、実施するために必要な整備条件も違います。まずはこれまでの経緯や、一つひとつの言葉の定義を正しく把握することが、正しくて安全なサービスを提供する基礎となります。

第1節 医療行為とは

1 医療行為は一般用語

　近年、介護サービスが広く社会に浸透するなかで、介護職による医療行為の実施について議論されています。家族と医療職だけでの提供では、医療行為を必要とする本人にとって日常生活を送るうえで不便を強いられることが多く、家族にとっての負担も大きいためです。

　ここで重要になってくるのは、①どこまでが医療行為であり、どこからはそうでないか、②介護職でも医療行為ができないか、ということでありました。つまり、医療行為の範囲としてグレーな部分を明確にして、医療行為でない行為であれば介護職でも実施は可能であり、また医療行為であればそれを介護職でも実施できることとして認めることはできないか、という2点において整理が進んできました。本書ではこの内容の詳細を取り扱っていますが、国では今後も継続して検討されていくことと思われます。従って、介護職としては、医療行為についての理解を深めておく必要があります。

　そもそも、「医療行為」という言葉は一般用語であり、法的には「医行為」といいます。医療行為を医行為より広い範囲で用いることもありますが、一般的にはこの2つの用語はイコールの意味で扱われていることが多いため、本書でも同義語として扱います。

　次に、医行為について詳しく述べたいと思います。

> **まとめ**
>
> 医療行為（一般用語）＝医行為（法律用語）

2　医行為とは

　さて、「医行為は何か」という点について、実は医行為そのものを定義した法律はありません。すなわち、医行為という言葉自体は法律のなかで使われていますが、それが何かという定義と、具体的に何が医行為の範疇に入る行為なのかは示されていません。

　しかしながら、国の通知では、法律に対する一定の見解が示されています。厚生労働省通知「医師法第17条、歯科医師法第17条及び保健師助産師看護師法第31条の解釈について」(2005（平成17）年7月26日付医政発第0726005号厚生労働省医政局長通知）のなかで、「医師、歯科医師、看護師等の免許を有さない者による医業（歯科医業を含む。以下は同じ。）は、医師法第17条、……（中略）……その他の関係法規によって禁止されている。ここにいう『医業』とは、当該行為を行うに当たり、医師の医学的判断及び技術をもってするのでなければ人体に危害を及ぼし、又は危害を及ぼすおそれのある行為（医行為）を、反復継続する意思をもって行うことであると解している」と述べられていることから、医行為とは「医師の医学的判断及び技術をもってするのでなければ人体に危害を及ぼし、又は危害を及ぼすおそれのある行為」ということができると思います。

　この医行為の実施については、医師法第17条では「医師でなければ、医業をしてはならない」、歯科医師法第17条「歯科医師でなければ、歯科医師業をしてはならない」、保健師助産師看護師法第31条「看護師でない者は、第5条(※)に規定する業をしてはならない。但し、医師法又は歯科医師法の規定に基づいて行う場合は、この限りではない」、同条第2項「保健師及び助産師は、前項の規定にかかわらず、第5条に規定する業を行うことができる」と、それぞれ法律上で業務独占がうたわれています。

　従って、医行為を反復継続する意思をもって行う医業は介護職では行うことができない、ということが基本となります（但し緊急時の実施を禁止しているものではありません）。しかし、後述のとおり、この医業のなかの一部の医行為（痰の吸引と経管栄養）については例外的に介護職にも認められてきました。その後2012（平成24）年4月からは、一定の要件を満たせば介護職でも実施可能な行為であると法律のなかで明確化されました。

まとめ

医行為を行う医業＝医師・看護師等の業務独占

介護職に認められた医行為＝痰の吸引と経管栄養

(※) 保健師助産師看護師法第5条
　「この法律において「看護師」とは、厚生労働大臣の免許を受けて、傷病者若しくはじょく婦に対する療養上の世話又は診療の補助を行うことを業とする者をいう」

3　医行為であるかどうかは個別的なもの

　前出の厚生労働省通知（医政発第0726005号）によれば、「ある行為が医行為であるか否かについては、個々の行為の態様に応じ個別具体的に判断する必要がある」とされています。このように、医行為というのは一律に範囲が決まっているものではなく、同じ行為が個々の状況や状態によって医行為となったり、そうでない行為となることもあるということを示しています。それゆえに、医行為を実施することのできない介護職にとっては、取り扱いが難しい領域となります。この通知では、「原則として医行為ではないと考えられるもの」（以下、「原則的に医行為でない行為」）が示されていますが、その行為であっても専門的な管理が必要であれば医行為とされるので、医療と介護との連携が不要になるということではありません。

> **まとめ**
>
> 医行為の範囲＝個別的に判断するもの
> 原則的に医行為でない行為＝医療・介護の連携が必要

第2節 医療行為に関連する言葉の理解

1 医療的ケア

　本書では、「原則的に医行為でない行為」と「介護職に認められた医行為（特定行為）」を含めて「医療的ケア」と呼びます。

　ここでいう医療的ケアとは、医師の行う治療行為とは別に、日常生活のなかで必要とされる医療に関連する行為を総括したものです。本書では、医行為（医療行為）も医行為ではない行為も含んだ意味として使います。

2 「原則的に医行為でない行為」＝16項目

　厚生労働省通知（医政発第0726005号）により、「介護職が実施できる行為」＝「原則的に医行為でない行為」として明確になった行為をさします。この通知においては、16の具体的な行為が原則的に医行為でない行為として示されました。

　また2011（平成23）年7月5日には、「ストーマ装具の交換について（回答）」（医政医発0705第2号）が、日本オストミー協会(※)の照会に対する回答として示されました。そこでは、これまで示されてこなかった介護職によるストマパウチの交換についての対応が明確にされました。

　以上の行為については、原則的に医行為でない行為として明確にされているので、実施条件を満たせば介護職でも実施可能です。なお、この2つの通知で扱われていない行為はすべて医行為ということではありませんが、その判断が明確にされていないという意味ではグレーゾーンにあるといえます。グレーゾーンの行為については、介護職での実施を認める根拠は示されていないので、実際には行うことが難しいものとなります。

（※）日本オストミー協会
　病気や事故などが原因で、腹部などに人工肛門、人工膀胱をもつ人（オストメイト）の集まりである公益社団法人。昭和61年に都道府県から「オストメイト社会適応訓練事業」の委託を受けて事業拡張を図り、併せて協会独自の支援活動を推進し、全国各地でオストメイトの社会復帰とQOL（生活の質）の向上に寄与することを目的に活動している。IOA（国際オストミー協会）の加盟団体でもある。

3 「介護職に認められた医行為(特定行為)」＝痰の吸引と経管栄養

　痰の吸引と経管栄養については、その特性上利用者家族の負担が大きいことから、介護職での対応を望む声が多数ありました。そうしたなかで、「ALS（筋萎縮性側索硬化症）患者の在宅療養の支援について」（2003（平成15）年7月17日付医政発第0717001号厚生労働省医政局長通知）、「盲・聾・養護学校におけるたんの吸引等の取扱いについて」（2004（平成16）年10月20日付医政発第1020008号厚生労働省医政局長通知）、「在宅におけるALS以外の療養患者・障害者に対するたんの吸引の取扱いについて」（2005（平成17）年3月24日付医政発第0324006号厚生労働省医政局長通知）などの通知が厚生労働省から相次いで出され、在宅や特別支援学校においては介護職員などが痰の吸引のうちの一定の行為が行えるようになりました。その後も引き続き、在宅以外の特別養護老人ホームなどの施設でも痰の吸引や経管栄養のうちの一定の行為ができるようになりました（「特別養護老人ホームにおけるたんの吸引等の取扱いについて」（2010（平成22）年4月1日付医政発0401第17号厚生労働省医政局長通知））。

　しかしこれらの行為は、当面のやむを得ず必要な措置として運用上認められたものであり、法的には実質的に違法性を阻却する（実質的違法性阻却）という解釈がなされていました。そこで法的にもきちんと位置付けるべきではないかという関係者の声もあって、2011（平成23）年10月24日「社会福祉士及び介護福祉士法」の一部改正を行い（2012（平成24）年4月1日施行）(※)、痰の吸引や経管栄養は医行為ではあるものの、その一部について、介護福祉士や一定の研修を受けた介護職員などはほかの医療職と同様に診療の補助として、これらの行為を業務として行うことができることとしました（2012（平成24）年4月より前に実質的違法性阻却のもとに実施していた者については、経過措置としてこの制度に基づく研修を受けていなくても継続できるしくみもつくられました）。

　またこれらの業務は、医療職との連携の確保や、安全確保の措置があるなど一定の要件を備えた登録事業者に従事するなかでの実施となります。従来は、利用者と介護職個人との間の合意の要素が強かったのですが、これにより事業者もしっかりと責任をもつことになります。

　次の表1に「原則的に医行為でない行為」、「介護職に認められた医行為（痰の吸引と経管栄養）」及び「医行為」の関係についてまとめましたのでご確認ください。

(※)「社会福祉士及び介護福祉士法」の一部改正について
　主なものは次のとおり。第2条第2項「介護」のなかに「喀痰吸引等」を定義する。第48条の2第1項「保健師助産師看護師法との関係」のなかに診療の補助として喀痰吸引等を業とすることができる旨を規定。第48条の3～10「喀痰吸引等業務の登録」等を新たに加え、喀痰吸引等業務事業者の登録等に関する条文を規定。

表1　介護分野における医行為や関連実施状況についての概略

分類	内容
原則的に医行為でない行為	現在2回の通知で示されている。 ・原則医行為に該当しないもの16項目を列挙（2005年）。 ・16項目のうちのストマパウチの交換（2011年）。
介護職に認められた医行為（特定行為）	通知による実質的違法性阻却の取り扱いから、2012年4月より法に基づく制度に整備された。 1．厚生労働省通知により実施。 　・痰の吸引。 　　（2003年ALS患者対象、2004年盲・聾・養護学校においても可能、2005年ALS患者以外にも拡大）。 　・経管栄養。 　　（2010年特別養護老人ホーム等対象）。 2．2011年の「社会福祉士及び介護福祉士法」の一部改正により2012年4月より施設、在宅にて制度化。 ・この制度のなかでは、痰の吸引と経管栄養のうち介護職に認められた一定の行為を行う業務を「特定行為業務」又は「喀痰吸引等業務」と呼ぶ。 ・制度に基づく研修を受けた者が、都道府県に登録し、同じく都道府県に登録した事業者に所属してはじめて業務を行うことができる。
上記以外の医行為（医療行為）	介護職での実施は不可能。 （緊急時を除く）

 介護職と医療行為の関係

1 現状とこれから

　介護職は、基本的に医行為（医療行為）を実施できないことは、今まで述べてきたとおりです。しかし、高齢化の流れのなかで、医療的な処置やケアを必要としながら在宅で、あるいは介護施設で生活する高齢者は増えており、また今後も増えていくことが予想されます。

　そうした状況のなかで、限られた社会資源を使って、医療職と介護職がどのように役割分担をし、連携をしながら高齢者の生活を支えるのかという視点で考えたときに、医療的ケアが少しずつ介護職に移管されていくという流れが考えられます。たとえば、2005（平成17）年に「原則的に医行為でない行為」として16項目が示されましたが、2011（平成23）年には16項目のうちの1つであるストマ装具のパウチについて、それまで排泄物を捨てる行為のみが認められていたことに加えて、肌に接着したパウチを取り替える行為についても、原則医行為でないことを厚労省は通知しました。そして、介護保険制度改正の2012（平成24）年4月からは、「社会福祉士及び介護福祉士法」の一部改正を同時に行い、医行為（医療行為）である「痰の吸引」と「経管栄養」について、一定条件のもとに一部の行為が実施できることとなりました。

　以上の流れから、介護職による医療的ケアがこれからより重要になってくると考えられます。それと同時に、医療・介護の連携、とりわけ訪問介護においては在宅医療との連携もしっかりとる必要があります。在宅医療については、病院・診療所や訪問看護、調剤薬局などからの医療サービスの提供がありますが、これは医療のなかでもまだまだ不足している分野です。介護も医療も、対象とする人は同じ1人の人間です。その人が、自分自身の生活を続けられるようにするためには、別々にサービスを提供するだけでなく、地域資源が連携して効果的にサービスが提供できるようにする視点が大切です。訪問介護では、医療だけをわけて考えるのではなく、介護予防と自立支援の視点のなかで、利用者の生活を支えるという観点から医療的ケアについても取り組むことが、よりよいサービス提供につながるものと思います。

2　介護職としての心得

　2012（平成24）年4月から、痰の吸引や経管栄養について一定の行為が、一定条件のもとに実施できるようになりました。現状では、制度に基づく研修修了者の養成が進まないなどの課題もありますが、介護職による医療的ケアの実施は今後も少しずつ進んでいく可能性があります。そこで訪問介護における介護職として心得ておきたいことを以下にまとめます。

　介護事業者としても、それぞれの行為の内容に精通したうえで、必要な手続きとスタッフへの教育を行いながら、利用者の安全を第一としたサービスを提供していく必要があります。

まとめ

① 訪問介護の指針として、介護行為の基本は老計第10号（※）に示されている内容であること。

② 医療的ケアは「原則的に医行為でない行為」と「介護職に認められた医行為（特定行為）」の2種類があるが、それぞれに実施条件があり、それらを満たす必要があること。

③ 医行為（医療行為）であるかどうかは個別的なものであり、個々のケースにおいての判断が必要であるため、医療との連携が重要である。

（※）老計第10号
　厚生省（当時）通知「訪問介護におけるサービス行為ごとの区分等について」（2000（平成12）年3月17日付老計第10号厚生省老人保健福祉局老人福祉計画課長通知）より身体介護と生活援助についての説明を以下に抜粋する（一部加工）。
　「身体介護とは、①利用者の身体に直接接触して行う介助サービス（そのために必要となる準備、後かたづけ等の一連の行為を含む）、②利用者の日常生活動作能力（ADL）や意欲の向上のために利用者と共に行う自立支援のためのサービス、③その他専門的知識・技術（介護を要する状態となった要因である心身の障害や疾病等に伴って必要となる特段の専門的配慮）をもって行う利用者の日常生活上・社会生活上のためのサービスをいう。（仮に、介護等を要する状態が解消されたならば不要となる行為であるということができる。）」
　「生活援助（当時「家事援助」）とは、身体介護以外の訪問介護であって、掃除、洗濯、調理などの日常生活の援助（そのために必要な一連の行為を含む）であり、利用者が単身、家族が障害・疾病などのため、本人や家族が家事を行うことが困難な場合に行われるものをいう。（生活援助は、本人の代行的なサービスとして位置づけることができ、仮に、介護等を要する状態が解消されたとしたならば、本人が自身で行うことが基本となる行為であるということができる。）」

第2章 サービス提供の流れ

　医療的ケアのサービス提供では、事業者や訪問介護員（ホームヘルパー）は実施条件をクリアしているか、依頼内容が実施可能かどうかなど、実施にあたっての詳細な確認が必要になってきます。

　本章では、医療的ケアのサービスを安全に提供するために欠かせない実施条件の整備、サービス提供の実際の流れ、教育、危機管理などについて述べます。事業者やサービス提供責任者はそれらを整備していくなかで、利用者・家族・介護支援専門員（ケアマネジャー）と十分にコミュニケーションを図り信頼関係を築くこと、そしてサービスを提供する関係者が一丸となって"ケアする姿勢"を示すことが大切です。

 第1節　医療的ケアの実施条件

1「原則的に医行為でない行為」の実施

(1) 内容

これまで、医療行為かどうなのか曖昧な行為について、国は2005（平成17）年7月に、厚生労働省通知（医政発第0726005号）にある16項目については「原則として医行為ではない」旨を通達しました。

表2　厚生労働省通知で示された原則的に医行為でない行為（16項目）

1	体温測定
2	血圧測定
3	パルスオキシメータの装着
4	軽微な切り傷、擦り傷、やけど等の処置（軽微な傷の処置）
5	皮膚への軟膏の塗布（軟膏の塗布）
6	皮膚への湿布の貼付（湿布の貼付）
7	点眼薬の点眼（点眼）
8	一包化された内用薬の内服介助（内服薬介助）
9	肛門からの坐薬挿入
10	鼻腔粘膜への薬剤噴霧
11	爪切り
12	口腔内の刷掃・清拭
13	耳垢の除去
14	ストマ装具のパウチに溜まった排泄物の除去
15	自己導尿の補助
16	市販のディスポーザブルグリセリン浣腸器を用いての浣腸（浣腸）

※（　）内は本書での表記

(2) 実施条件

原則的に医行為でないため、ホームヘルパー（以下、ヘルパー）などの介護職でもできるということになりますが、"原則的に"という文言からもわかるように、そこにはさま

ざまな条件が付されています。以下に詳細を述べますが、第3章第1節、巻末の資料にある厚生労働省通知とあわせて理解しましょう。

① **体温測定**
　水銀や電子体温計による腋下測定であること。及び耳式電子体温計による外耳道での体温測定であること。

② **血圧測定**
　自動血圧測定器による測定であること。

③ **パルスオキシメータの装着**
　新生児以外で、高齢者であっても入院治療の必要がない者への動脈血酸素飽和度を測定するためであること。

> 但し①〜③について、測定された数値をもとに投薬の要否など医学的な判断を行うことはできない。また事前に示された数値外の異常値が測定された場合は医師、歯科医師又は看護職員に報告するべきものであること。

④ **軽微な切り傷、擦り傷、やけど等の処置（軽微な傷の処置）**
　専門的な判断や技術を必要としない処置をすることであり、汚物で汚れたガーゼの交換も含む。

⑤ **皮膚への軟膏の塗布（軟膏の塗布）**
　褥瘡の処置を除く。

⑥ **皮膚への湿布の貼付（湿布の貼付）**

⑦ **点眼薬の点眼（点眼）**

⑧ **一包化された内用薬の内服介助（内服薬介助）**
　舌下錠も含む。

⑨ **肛門からの坐薬挿入**

⑩ **鼻腔粘膜への薬剤噴霧**

> 但し⑤〜⑩については、
> ・患者が入院や入所して治療する必要がなく、容態が安定している。
> ・副作用の危険性や投薬量の調整等のため、医師又は看護職員による連続的な容態の経過観察が不要である。
> ・内用薬については誤嚥の可能性、坐薬については肛門からの出血の可能性など、当該医薬品の使用の方法そのものについて専門的な配慮が必要な場合ではないこと。

そのうえで、医師、歯科医師、看護師が上記を確認してこれらの免許を有しない者による医薬品の使用の介助ができることを本人又は家族に伝えている場合に、事前に本

人又は家族の具体的な依頼に基づき医師の処方を受け、あらかじめ薬袋等により患者ごとに区分し授与された医薬品について、医師又は歯科医師の処方及び薬剤師の服薬指導のうえ、看護師の保健指導・助言を遵守した医薬品の使用を介助すること。
　そのほか、これら医薬品使用の介助が福祉施設等において行われる場合には、看護職員によって実施されるのが望ましく、またその配置がある場合には、看護職員の指導のもとで実施されるべきである。

⑪ 爪切り
　爪ヤスリによるやすりがけも含む。爪自体に異常がない、爪の周囲の皮膚にも化膿や炎症がなく、糖尿病等の疾患による専門的な管理が不要なこと。

⑫ 口腔内の刷掃・清拭
　重度の歯周病等がない場合の日常的なものであり、歯ブラシ、綿棒、巻き綿子などを用いて歯、口腔粘膜、舌に付着している汚れを取り除き、清潔にすること。

⑬ 耳垢の除去
　耳垢塞栓の除去を除く。

⑭ ストマ装具のパウチに溜まった排泄物の除去（ストマ装具の交換も含む）
　通知当時はストマ装具の交換は除かれていたが、2011（平成23）年7月より認められる。

⑮ 自己導尿の補助
　カテーテルの準備、体位保持などを行うこと。

⑯ 市販のディスポーザブルグリセリン浣腸器を用いての浣腸　（浣腸）
　市販のディスポーザブルグリセリン浣腸器を用いての浣腸であること。この浣腸器は、挿入部の長さが5から6cm程度以内、グリセリン濃度50％、成人用の場合で40g程度以下、6歳から12歳未満の小児用の場合で20g程度以下、1歳から6歳未満の幼児用の場合で10g程度以下の容量のもの。

上記①～⑯のすべてに共通することとして以下がある。
・病状が不安定であることなどにより専門的な管理が必要な場合には医行為となることもあり得るため、介護サービス事業者等はサービス担当者会議のときに必要に応じて医療職に確認すること。
・急変時その他必要な場合は、医療職に連絡をするなど必要な措置を速やかにとること。
・実施者に一定の研修や訓練が行われることが望ましいこと。
・介護サービス事業者は安全に行われるように監督すること。
・看護職員による実施計画がある場合はそれに則り行い、互いに報告・相談など連携を密にとること。
・本内容は事故が起きた場合の刑事上・民事上の責任は別途判断されるべきものであること。ただし切り傷、擦り傷、やけど等に対する応急手当を否定すべきものではない。

2 「介護職に認められた医行為（特定行為）」の実施

（1）内容

　痰の吸引や経管栄養の処置は毎日必要な行為であり、患者や家族の負担は大きなものでした。特に筋萎縮性側索硬化症（ALS）患者の吸引について、本人や家族会の社会への働きかけもあり、痰の吸引について介護職が在宅で行うことは当面のやむを得ない措置として、実質的に違法性を阻却するという理解のもとで実施されてきました。その後、一定の条件や範囲のなかで、特別養護老人ホームなどの福祉施設においても、介護職による痰の吸引や経管栄養の試行がなされ、2012（平成24）年からは社会福祉士・介護福祉士法を改正し、これらの行為は「介護職に認められた医行為」（以下、特定行為）として、正式に介護職における実施が可能になりました。

表3　2012（平成24）年4月から介護職が一定条件のもとで実施できる医行為＝特定行為

- 喀痰吸引（口腔内・鼻腔内（咽頭の手前まで）、気管カニューレ内部）
- 経管栄養（胃ろうまたは腸ろう、経鼻経管栄養）
  注）実際に介護職員が実施するのは研修内容に応じ、上記行為の一部又は全部

〈関連法令〉
- 社会福祉士及び介護福祉士法（第2条第2項）
  喀痰吸引その他のその者が日常生活を営むのに必要な行為であって、医師の指示のもとに行われるもの（厚生労働省令で定めるものに限る）。
- 社会福祉士及び介護福祉士法施行規則（第1条）
  社会福祉士及び介護福祉士法（昭和62年法律第30号。以下「法」という。）第2条第2項の厚生労働省令で定める医師の指示のもとに行われる行為は、次のとおりとする。
    一　口腔内の喀痰吸引
    二　鼻腔内の喀痰吸引
    三　気管カニューレ内部の喀痰吸引
    四　胃ろう又は腸ろうによる経管栄養
    五　経鼻経管栄養
- 「社会福祉士及び介護福祉士法の一部を改正する法律の施行について（喀痰吸引等関係）」（2011（平成23）年11月11日付社援発1111第1号通知）
- 同条第1号及び第2号に規定する喀痰吸引については、咽頭の手前までを限度とすること。
- 同条第4号の胃ろう又は腸ろうによる経管栄養の実施の際には、胃ろう・腸ろうの状態に問題がないことの確認を、同条第5号の経鼻経管栄養の実施の際には、栄養チューブが正確に胃の中に挿入されていることの確認を医師又は看護職員（保健師、助産師、看護師及び准看護師をいう。以下同じ。）が行うこと。

（2）実施条件

　前述の「原則的に医行為でない行為」と同様に、ヘルパーなどの介護職が特定行為を実施するにあたっては、さまざまな条件が付されています。また、ヘルパーなどは"個人"でなく"事業者に所属して"行う必要があります。ここでは、ヘルパーなど介護職が備えておかなければいけない条件、所属する事業所が備えておかなければいけない条件をそれぞれ解説します。

① ヘルパーなど介護職が備えておかなければいけない条件

　特定行為を業務として行う者を「認定特定行為業務従事者」といいます。介護福祉士やヘルパーなどの介護職が「認定特定行為業務従事者」になるためには、都道府県知事から登録を受けた研修機関（以下、登録研修機関）で一定の研修を受け、都道府県知事から「認定特定行為業務従事者認定証」（以下、認定証）の交付を受けなければなりません。

　但し2015（平成27）年度以降の介護福祉士は、養成課程のなかで特定行為についての知識や技能を学ぶため、介護福祉士となれば自動的に特定行為が業務として行えるようになります。そこで「認定特定行為業務従事者」という名称は、その後は介護福祉士以外の介護職が特定行為を行う者という意味で使われることになります。

i 現在、介護福祉士や介護福祉士以外の介護職員

　現時点（2012（平成24）年10月現在）で介護福祉士の人や介護福祉士以外の介護職が「認定特定行為業務従事者」となるためには、登録研修機関で喀痰吸引等（特定行為）の研修を受講し（図1）、修了証明書を都道府県知事へ申請し、「認定特定行為業務従事者認定証」の交付を受ける必要があります（図2）。

　研修は3類型あり、その内容に応じた行為が行えることになります。

図1　介護職員が認定特定行為業務従事者になるために必要な研修カリキュラム（2015（平成27）年度合格以降の介護福祉士は除く）

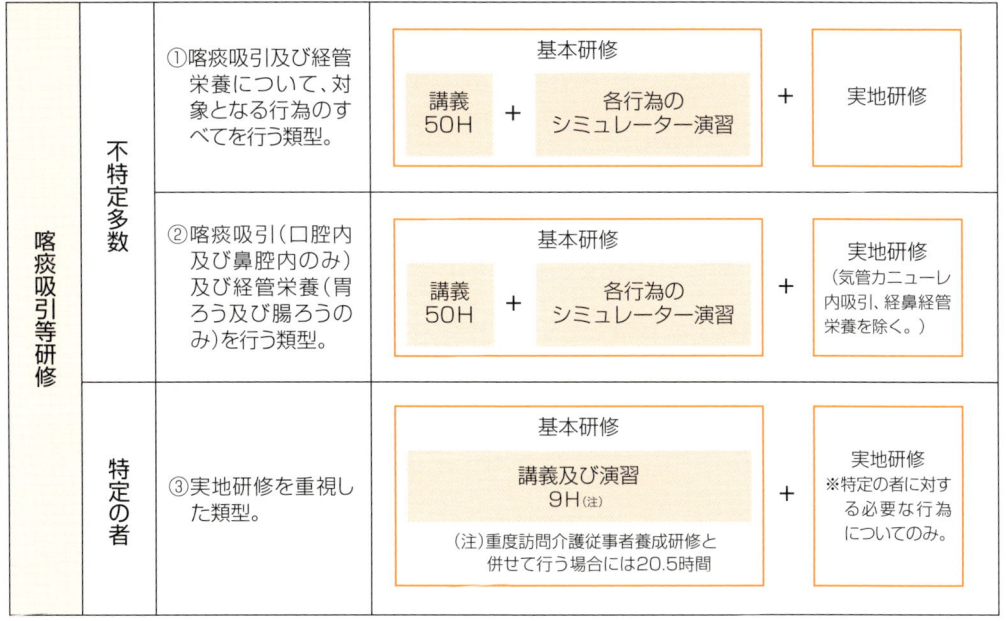

図2　現在、介護職員等として（介護福祉士を含む）、事業者や施設に就業している場合

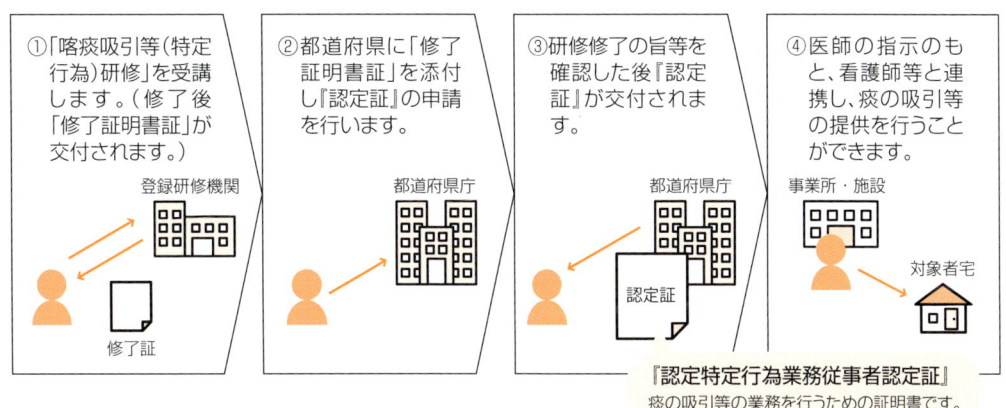

ⅱ 2015（平成27）年度介護福祉士国家試験合格以降の介護福祉士

　介護福祉士については、今後は養成課程のなかで特定行為についての知識と技能を習得するカリキュラムとなるので、2015（平成27）年度以降の試験に合格した介護福祉士はそれらを実施することができる、すなわち認定特定行為業務従事者とみなされることになります（図3）。

　但し、養成課程のなかで実地研修を実施していない場合は、就業後に実地研修を実施したうえで、「介護福祉士登録証」の変更を行う必要があります（図4）。

図３　介護福祉士養成課程に追加されるカリキュラム

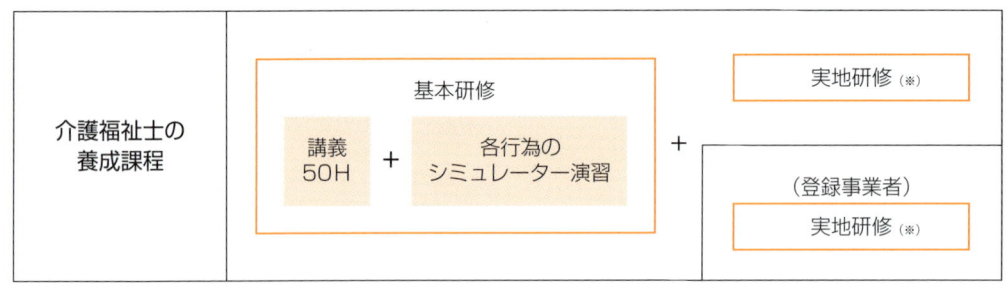

図４　これから介護福祉士を目指している場合

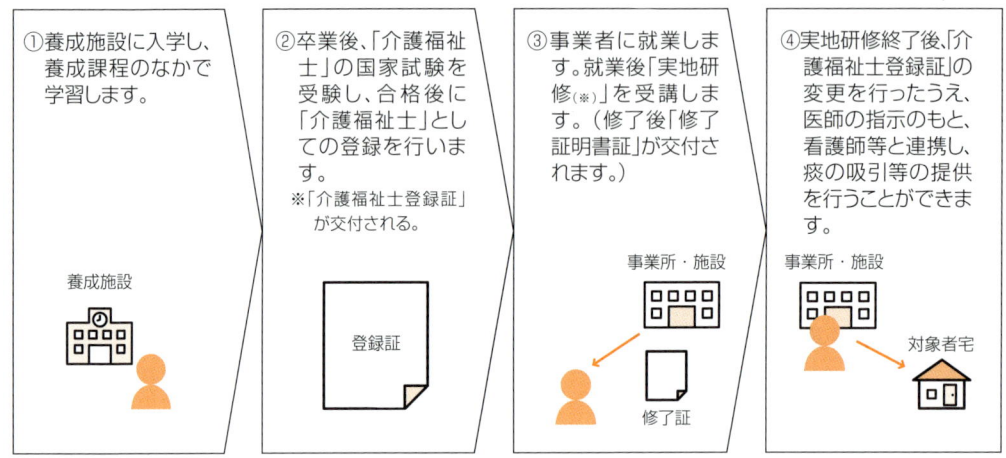

(※) 登録事業者における「実地研修」
介護福祉士については養成課程において「実地研修」を修了していない場合、事業者において必要な行為毎に「実地研修」を行わなければならないことが義務付けられている。

ⅲ 主に平成15年及び17年の通知に伴い、当面のやむを得ない措置として実施が認められている介護職員等（これまで実質的違法性阻却通知に基づいて実施していた介護職員等）

「ALS（筋萎縮性側索硬化症）患者の在宅療養の支援について」（2003（平成15）年７月17日付医政発第0717001号）・「在宅における ALS 以外の 療養患者・障害者に対するたんの吸引の取扱いについて」（2005（平成17）年３月24日付医政発第0324006号）・「特別養護老人ホームにおけるたんの吸引等の取扱いについて」（2010（平成22）年４月１日付医政発0401号第17号）など、2012（平成24）年４月１日以前にそれぞれの通知に基づく知識と技能の研修を受け、すでに特定行為を実施している人については「認定特定行為業務従事者」となるための規定の研修を修了したものと同等以上の知識・技能を有することを都道府県知事から認定され、「認定特定行為業務従事者認定証」の交付を受けることで、2012（平成24）年４月１日以降についても、経過措置として継続して特定行為を実施することができます（図５）。

　申請に際しては、

・本人の誓約書
・第三者による証明書
・実施状況確認書

を用意して、各都道府県に申請します。

図5　現在、実質的違法性阻却通知に基づいて痰の吸引等の提供を行っている場合

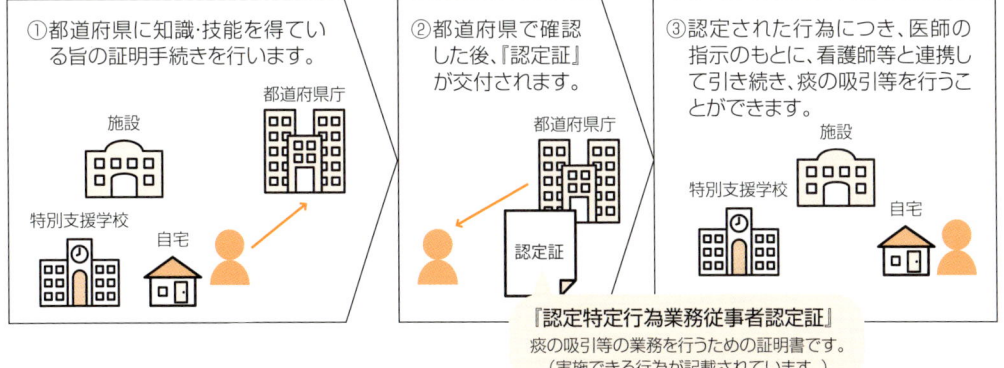

②**事業者が備えておかなければいけない条件**

事業者は、事業所所在地の都道府県に特定行為を実施する事業者としての登録を申請しなければなりません（登録特定行為事業者）。登録にあたっては、安全なサービス提供体制がとれているかを明確にする必要があります。また、所属する介護福祉士や認定特定行為業務従事者の氏名、それら資格証のコピーなどの添付が必要になります。

以下に、登録特定行為事業者として整えておかなければならない体制などを解説します。

i　医療との連携に関する体制整備

最も重要なのが、医療との連携体制の確立です。医療職との連携のなかで確立しなければならないことは以下の3つです。

1)「指示書」を受ける

利用者ごとに医師から文書で「指示書」（図6）を出してもらい、指示を受ける体制を確立する必要があります。この場合の医師とは、在宅であれば利用者の主治医、施設であれば配置医や嘱託医になります。表4は指示書に必要な記載事項です。

表4　指示書に必要な記載事項

a　介護職員等による特定行為の実施の可否
b　特定行為の実施内容
c　そのほか「喀痰吸引等業務（特定行為業務）計画書」に記載すべき事項

図6　医師から受け取る指示書

介護職員等喀痰吸引等指示書

標記の件について、下記の通り指示いたします。

指示期間（平成　年　月　日～　年　月　日）

事業者	事業者種別	
	事業者名称	

対象者	氏名		生年月日　明・大・昭・平　　年　　月　　日（　　歳）
	住所		電話（　　）－
	要介護認定区分	要支援（1　2）　要介護（1　2　3　4　5）	
	障害程度区分	区分1　区分2　区分3　区分4　区分5　区分6	
	主たる疾患(障害)名		
	実施行為種別	口腔内の喀痰吸引　・　鼻腔内の喀痰吸引　・　気管カニューレ内部の喀痰吸引 胃ろうによる経管栄養　・　腸ろうによる経管栄養　・　経鼻経管栄養	

指示内容	具体的な提供内容	
	喀痰吸引（吸引圧、吸引時間、注意事項等を含む）	
	経管栄養（栄養剤の内容、投与時間、投与量、注意事項等を含む）	
	その他留意事項(介護職員等)	
	その他留意事項(看護職員)	

（参考）使用医療機器等	1.経鼻胃管	サイズ：＿＿＿Fr、種類：
	2.胃ろう・腸ろうカテーテル	種類：ボタン型・チューブ型、サイズ：＿＿＿Fr、＿＿＿cm
	3.吸引器	
	4.人工呼吸器	機種：
	5.気管カニューレ	サイズ：外径＿＿＿mm、長さ＿＿＿mm
	6.その他	

緊急時の連絡先
不在時の対応法

※1.「事業者種別」欄には、介護保険法、障害者自立支援法等による事業の種別を記載すること。
　2.「要介護認定区分」または「障害程度区分」欄、「実施行為種別」欄、「使用医療機器等」欄については、該当項目に○を付し、空欄に必要事項を記入すること。

上記のとおり、指示いたします。　　　　　　　　　　　　平成　　年　　月　　日

機関名
住所
電話
（FAX）
医師氏名　　　　　㊞

（登録喀痰吸引等（特定行為）事業者の長）　　殿

（厚生労働省参考様式）

2）役割分担の決定（急変時の対応方法も含む）
　利用者の心身の状態に応じて、個別に医療職と介護職の役割分担を決定する体制が必要です。そのなかには、通常時のケアと急変時対応の両方の場合の役割分担が含まれます。
3）利用者の定期的な状態確認体制の確立
　特定行為の実施の可否に変更がないか、実施内容や医療職と介護職の役割分担に変更がないかなどを医療職が定期的に確認し、その結果を介護事業者と共有できる体制の確立が必要です。

ⅱ 安全確保に関する体制

　安全にサービスを実施するために事業者として備えておかなければいけないものです。
1）安全委員会又は喀痰吸引等関係者会議の設置

在宅

　事業者の管理責任者と特定行為を実施するスタッフ、その事業者が実施するすべての特定行為の利用者に関わる訪問看護職員と主治医から構成される定例会議として、喀痰吸引等（特定行為）関係者会議を実施する体制づくり。

施設

　施設長、医師又は看護職員の医療職、特定行為を実施する介護職員から構成される安全委員会の設置。
　但し、すでに上記と同じメンバーで構成される定例会議がある場合は、そのなかで開催する形でもかまわないとされているため、たとえば在宅においてはサービス担当者会議にて、特定行為について他職種との連携を図ることで、安全委員会の代替とすることができます。

2）安全委員会等で取り決めておかなければならない事項
　　a　喀痰吸引等（特定行為）関係者会議の設置に関する規程
　　b　特定行為業務の実施規程
　　c　特定行為業務の実施方針・実施計画に関すること＝「喀痰吸引等業務（特定行為業務）計画書」（図7）
　　　→医療と介護の役割分担を決定する。
　　　→具体的な方法や注意しなければならないことなどを確認する。
　　　→利用者の状態急変などの緊急時にどのように医療との連携を図るかについて、具体的な手順を決定しておく。
　　d　実施状況・進捗状況の把握に関すること
　　　→介護事業者からの実施報告の仕方(様式・頻度など)を説明し、了承をもらう。
　　　　＝「喀痰吸引等業務（特定行為業務）実施状況報告書」（図8）
　　　→報告の仕方に変更が必要な場合は協議して決定する。
　　e　実施するスタッフへの教育（OJT含む）に関すること

図7　喀痰吸引等業務（特定行為業務）計画書

喀痰吸引等業務（特定行為業務）計画書

作成者氏名	㊞	作成日	
承認者氏名①	㊞	承認日	
承認者氏名②	㊞	承認日	

基本情報

対象者

氏　名		生年月日	
要介護認定状況	要支援（ １ ２ ）	要介護（ １ ２ ３ ４ ５ ）	
障害程度区分	区分1　区分2　区分3　区分4　区分5　区分6		
障害名			
住所			

事業所

事業所名称	
担当者氏名	
管理責任者氏名	

担当看護職員氏名	
担当医師氏名	

業務実施計画

計画期間	年　月　日　～　年　月　日
目標	

実施行為	実施頻度 / 留意点
口腔内の喀痰吸引	
鼻腔内の喀痰吸引	
気管カニューレ内部の喀痰吸引	
胃ろう又は腸ろうによる経管栄養	
経鼻経管栄養	
結果報告予定年月日	年　月　日

（厚生労働省参考様式）

図8 喀痰吸引等業務（特定行為業務）実施状況報告書

喀痰吸引等業務（特定行為業務）実施状況報告書

基本情報	対象者	氏　　　名			生年月日		
		要介護認定状況	要支援（　１　２　）　　要介護（　１　２　３　４　５　）				
		障害程度区分	区分1　　区分2　　区分3　　区分4　　区分5　　区分6				
		住　　　所					
	事業所	事業所名称					
		担当者氏名					
		管理責任者氏名					
	担当看護職員氏名						

業務実施結果	実　施　期　間	年　　月　　日　　～　　年　　月　　日		
	実　施　日（実施日に○）	（喀痰吸引）平成　　年　　月 1　2　3　4　5　6　7 8　9　10　11　12　13　14 15　16　17　18　19　20　21 22　23　24　25　26　27　28 29　30　31	（経管栄養）平成　　年　　月 1　2　3　4　5　6　7 8　9　10　11　12　13　14 15　16　17　18　19　20　21 22　23　24　25　26　27　28 29　30　31	
	実　施　行　為		実施結果	特記すべき事項
	喀痰吸引	口腔内の喀痰吸引		
		鼻腔内の喀痰吸引		
		気管カニューレ内部の喀痰吸引		
	経管栄養	胃ろう又は腸ろうによる経管栄養		
		経鼻経管栄養		

上記のとおり、喀痰吸引等の業務実施結果について報告いたします。

平成　　年　　月　　日

事業者名
責任者名　　　　　　　　　　　㊞

殿

（厚生労働省参考様式）

→規定の研修を受講していても、個別の利用者への手技については事前に医療職に確認をしてもらう必要がある。また、定期的に手技の確認をしてもらうことによって、慣れによる自己流を防ぐ。

3）研修体制の整備と研修時の安全の確保

　特定行為は医療行為であり、"安全"に対する備えはしすぎるに越したことはありません。そのため、認定特定行為業務従事者であっても、定期的なOJT研修や知識の確認が必要になります。従って、事業者としての研修体制を構築しておきます。

　また、安全なケアの実施のために「ヒヤリハット事例」を集め、分析し、事故を未然に防ぐしくみを構築することも必要です。

4）賠償保険の整備

　万が一にも賠償を必要とするような事故が発生してしまった場合に備え、実施している特定行為が対象となる損害賠償保険制度へ加入するなどして、賠償できる体制を整えておく必要があります。

5）業務方法書の整備

　上記1）から4）で構築した体制や規程、使用する様式などはすべて文書化しておく必要があります。セントケア・ホールディング（以下、セントケア・グループ）では、「喀痰吸引等実施体制確認ノート」（図9）を活用し、特定行為事業者の登録申請のときに提出しています。

図9　喀痰吸引等実施体制確認シート【在宅版】

お客様(利用者)氏名				様
喀痰吸引等提供開始年月日	平成	年	月	日
介護／障害の別(該当に○)	介護保険		障害者自立支援	

■安全委員会に相当する体制(安全確保体制)の構成員			
医師の氏名(必須)			
医療機関名			
通常連絡先・緊急時連絡先	通		緊
看護職員の氏名(必須)			
事業所名			
通常連絡先・緊急時連絡先	通		緊
自事業所名(必須)			
責任者名			
実施担当者名(全員)			
通常連絡先・緊急時連絡先	通		緊
介護支援専門員の氏名			
事業所名			
通常連絡先・緊急時連絡先	通		緊
＜その他関係者と連絡先＞			
氏名			
事業所名			
通常連絡先・緊急時連絡先	通		緊

氏名	
事業所名	
通常連絡先・緊急時連絡先	通　　　　　　　　　　　　緊
氏名	
事業所名	
通常連絡先・緊急時連絡先	通　　　　　　　　　　　　緊
氏名	
事業所名	
通常連絡先・緊急時連絡先	通　　　　　　　　　　　　緊

■安全委員会に相当する体制（安全確保体制）の会議

1）当該会議の実施頻度（開催日）	初回開催日	会議は、下記「安全確保のための連携内容」1）～8）の確認や、喀痰吸引等業務（特定行為業務）計画・実施状況、業務に応じた実践的な研修（OJT研修等）・ヒヤリハット等の事例の蓄積及び分析・備品及び衛生管理の状況について確認を行う。
	以後の開催頻度	

■実施体制図（連絡体制・連携体制）

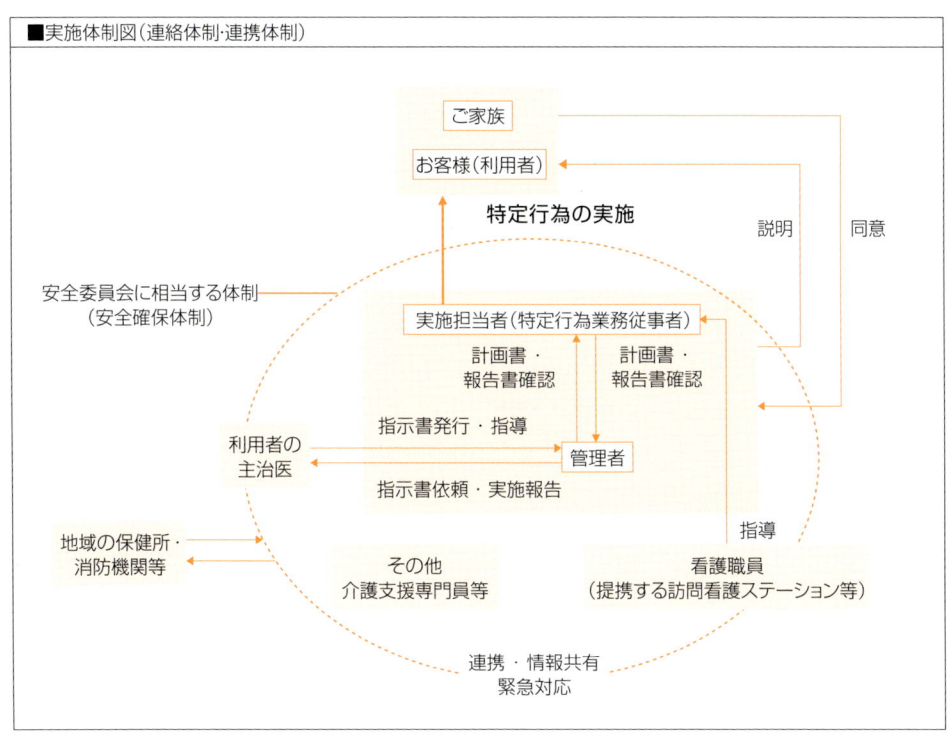

■安全確保のための連携内容

1）認定特定行為業務従事者から看護職員への日常的な連絡・相談・報告方法	電話を使用する。	電話以外の方法がある場合
2）看護職員と医師、特定行為業務従事者と医師との連絡方法	電話を使用する。	電話以外の方法がある場合
3）連携体制構築下における情報共有の方法	通常は電話を使用し、状況に合わせて書面を使用してファックス・手渡しの方法を用いる。	左記以外の方法がある場合
4）医療関係者による定期的な状態確認の方法と頻度	医師 方法：訪問により確認する。 頻度：	左記以外の方法がある場合

	看護職員	左記以外の方法がある場合	
	方法：訪問により確認する。		
	頻度：		
5) 緊急時における対応方法 （状況確認方法・措置方法・上位者への連絡手順）	状況確認方法	左記以外の方法がある場合	
	特定行為業務従事者はお客様の身体状態・家族の在不在、機器の異変の有無を速やかに事業所責任者に伝えて医師又は看護職員の指示を受ける。切迫性の高い場合は直接指示を受ける。		
	措置方法	左記以外の方法がある場合	
	医師又は看護職員の指示に従い速やかに安全確保のための措置をとる。		
	上位者への連絡手順	左記以外の方法がある場合	
	電話にて事業所責任者（又は代行する者）に連絡をする。		
6) 緊急時における医療従事者への連絡方法（連絡ルート及び連絡先）	連絡ルート	左記以外の方法がある場合	
	特定行為業務従事者から事業所責任者（又は代行する者）に連絡をし、責任者は医師および看護職員に連絡する。切迫性が高い場合は当該従事者から直接医師又は看護職員に連絡して救急対応をとり、あわせて事業所責任者に連絡する。		
	連絡先		
	上記構成員の一覧表における緊急連絡先を用いる。		
7) 関係者の連絡窓口	上記構成員の一覧表		
8) 喀痰吸引等業務（特定行為業務）実施状況報告書の医師への報告頻度	医師から特に指示のない限り月1回を原則とする。	特に報告頻度の指示がある場合	

■必須書類の確認（指示書・説明書兼同意書・計画書・報告書）				
	該当欄に〇を記入			
1.医師の指示書		あり	なし	医療機関から1通受け取る。
				介護計画と一体として管理する。
2.説明書兼同意書		あり	なし	原本2通をお客様・当事業所で保有。
				計画書の写しをお客様にお渡しして説明し、説明書兼同意書を取り交わす。
				同意を受けた内容に変更が発生した場合には、再度説明して同意を得ること。
				1) 軽微な変更【＝日時・回数の変更】であれば喀痰吸引等業務（特定行為業務）計画書に変更内容と余白に説明者と口頭での同意日の追記をする（＝計画書のみ追記）。
				2) 軽微な変更でなければ【＝指示書の期間満了に伴う新たな指示書の受領・行為内容の変更・関係者の変更】喀痰吸引等業務（特定行為業務）計画書を再作成して当事業所の責任者と看護職員が

				確認することによって喀痰吸引等業務(特定行為業務)計画書を変更し、あわせて説明書兼同意書を取るものとする。 3) 軽微な変更または軽微でない変更を行った場合のいずれにおいても、変更後の喀痰吸引等業務(特定行為業務)計画書を関係職種や利用者及びその家族等がその写しを持つことにより共有するものとする。
				介護計画と一体として管理する。
3.喀痰吸引等業務(特定行為業務)計画書	あり		なし	実施担当者が1通作成。
				責任者が確認する。
				同意の署名押印は上記2の説明書兼同意書を使用する。
				計画書は関係職種(安全確保体制の構成員)と利用者(及びその家族等)に写しを渡して共有する。
				内容変更の場合も同様(上記2説明書兼同意書の項目参照)。
				介護計画と一体として管理する。
4.喀痰吸引等業務(特定行為業務)実施状況報告書	あり		なし	実施担当者が月1回1通作成する。
				責任者が確認する。
				担当医師に原本を提出する。
				控えとして写しを保管しておくこと。
				医師以外の関係職種への情報共有は緊急を要するものでなければ利用者ごとのサービス担当者会議等で行う。
				介護サービスの記録書類として管理する。

(セントケア・グループ作成)

第2節 医療的ケアのサービス実施フロー

1　サービス受付～導入時の判断～訪問介護計画書の作成

（1）　受け入れ可否の判断＝事前の訪問調査

　利用者・家族や、介護支援専門員（以下、ケアマネジャー）から依頼が入り、受けることが基本です。利用者からの依頼は、ヘルパーが訪問中に直接受ける場合が多いのではないでしょうか。そのような場合は、まずサービス提供責任者に伝えることになります。

　サービス提供責任者は、必ず事前に利用者宅を訪問し、訪問介護サービスとして実施できるかどうかを判断する必要があります。

〈原則的に医行為でない行為の場合〉

　まず、個別の条件を確認します。その際には報告先となる医療職の確保と連絡体制の確立が重要です。医薬品を使用する行為については、資格のない者による実施となることを医療職から本人・家族に伝えてもらったうえで、利用者・家族からの依頼があることが必要です。セントケア・グループでは、「依頼書」（図11）を記入してもらい、これをもって一定条件の確認としています。具体的には、本章第1節や、第3章の該当行為の頁を開いて、「どんな人が対象になるの？」「導入時の判断」の項目に目をとおすとよいでしょう。

図10 サービス提供の流れ

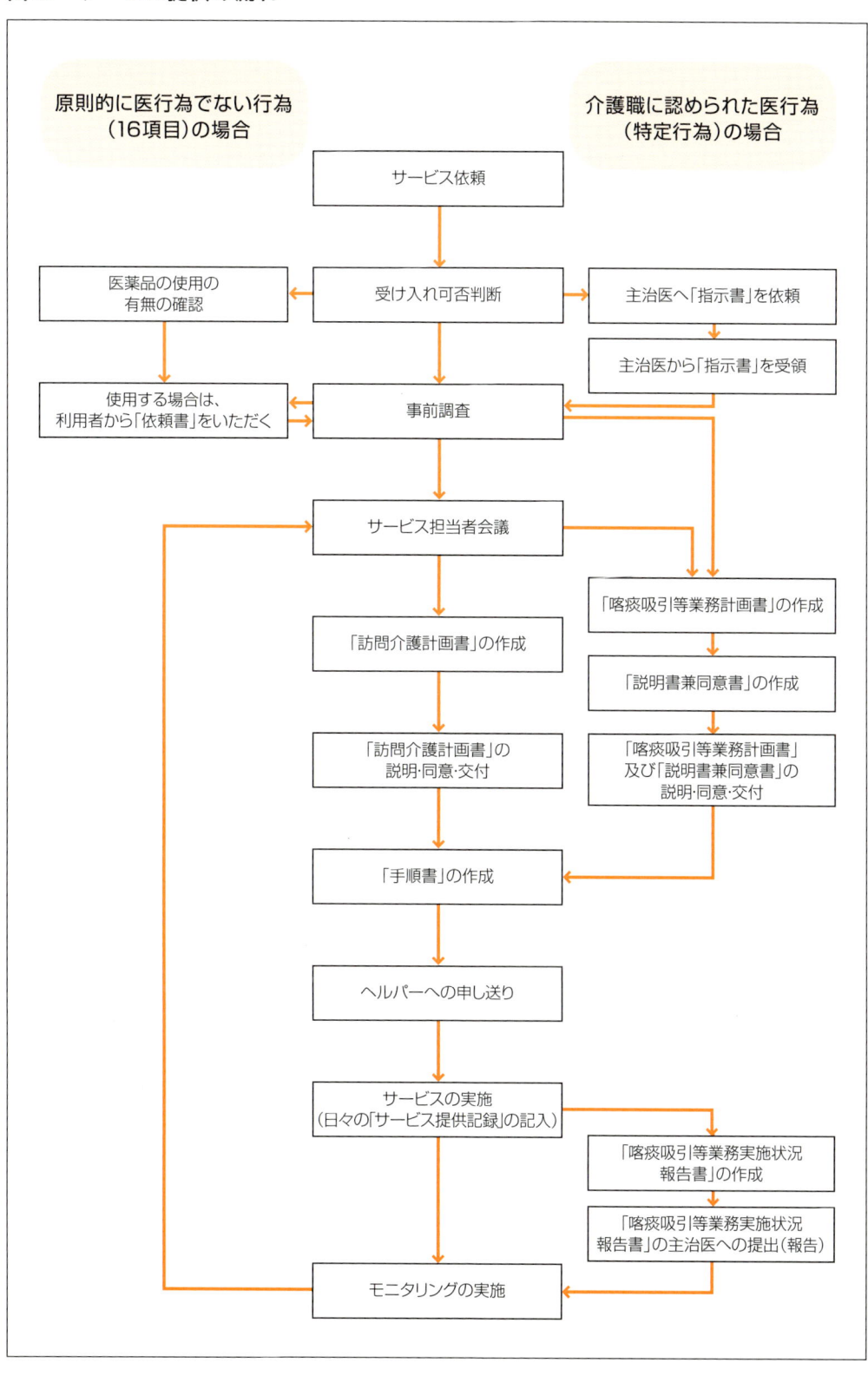

原則的に医行為でない行為（16項目）の場合　　　**介護職に認められた医行為（特定行為）の場合**

- サービス依頼
- 受け入れ可否判断
  - （左）医薬品の使用の有無の確認 → 使用する場合は、利用者から「依頼書」をいただく
  - （右）主治医へ「指示書」を依頼 → 主治医から「指示書」を受領
- 事前調査
- サービス担当者会議
- （左）「訪問介護計画書」の作成 ／ （右）「喀痰吸引等業務計画書」の作成
- （右）「説明書兼同意書」の作成
- （左）「訪問介護計画書」の説明・同意・交付 ／ （右）「喀痰吸引等業務計画書」及び「説明書兼同意書」の説明・同意・交付
- 「手順書」の作成
- ヘルパーへの申し送り
- サービスの実施（日々の「サービス提供記録」の記入）
  - （右）「喀痰吸引等業務実施状況報告書」の作成
  - （右）「喀痰吸引等業務実施状況報告書」の主治医への提出（報告）
- モニタリングの実施

図11　依頼書

医薬品を使用するサービスについての依頼書

○○○○株式会社　御中

下記サービス内容につきましては、医薬品の使用を要する行為のため、厚生労働省の通知に基づき、次の条件を確認し依頼します。

〈医薬品を使用するサービス〉

サービス内容	チェック	留意・特記事項	サービス内容	チェック	留意・特記事項
軟膏の塗布			点眼薬の点眼		
内服薬介助			坐薬の挿入		
湿布の貼付			鼻腔粘膜への薬剤噴射		

〈条件事項・確認〉

☐ 1. 私又は家族は、下記①〜③の条件については、以下の医師、歯科医師又は看護職員に確認してもらっています。

医療機関名		医師等名	

　①入院などで治療をする必要がない安定した容態である。
　②医師、歯科医師又は看護職員による継続的な容態の経過観察が必要ではない。
　　（副作用の危険性や投薬量の調整のためなど）
　③使用している薬剤について専門的な配慮が必要ではない。
　　（内服薬については誤嚥の可能性、坐薬については肛門からの出血の可能性など）

☐ 2. 私又は家族は、医師や看護師などの免許を有しないものが、医薬品の使用の介助をできることについて、医師、歯科医師又は看護職員から伝えられています。

以上2点について、条件を満たしましたので、上記サービスについて○○○○株式会社に依頼します。

※サービスの実施にあたっては、以下の2点を遵守してください。
　①医師の処方及び薬剤師の服薬指導をもとに、看護職員の保健指導・助言を尊重してください。
　②病状が不安定であることや病状の変化が生じた場合は、すみやかに医師、歯科医師又は看護職員に連絡を取り、必要な措置を行ってください。

　　　　　平成　　年　　月　　日

　　　　　　　　　　　　　本人氏名　_____

　　　　　　　　　　　　　代理人・代筆者氏名　_____
　　　　　　　　　　　　　　　　　　　　　　　　　（続柄：　　　　　）

☆参考文献　　厚生労働省労医政局長　医政発第0726005号
☆関係法規　　医師法第17条、歯科医師法第17条、保健師助産師看護師法第31条その他関係法規

（セントケア・グループ作成）

〈 特定行為の場合 〉

　認定特定行為業務従事者又は2015（平成27）年度以降の介護福祉士でないと対応できないサービスです。お断りできない状況の場合には、その旨を利用者あるいはケアマネジャーに説明し、理解してもらいましょう。また近隣の他事業者などで対応できる情報がある場合には紹介をするなど、できる限りの対応をするようにします。

　事前調査では、必ず以下を確認します。

① 実施手順
② 使用する物品とその場所
③ 使用後の物品の取扱い
④ 過去にトラブルが起きたことがあるか、ある場合はどのようなことがあり、それに対してどのような対応をしたか

　①～③については、研修で学んだ一般的な手順や必要物品と、指示書に記載されている内容をもとに、個々の利用者によって違う部分を確認し、利用者における実施手順や必要物品、その取扱いを把握することが必要です。

　できる限り連携する訪問看護ステーションの看護師と同行し、手順の確認をするようにしましょう。

（2）実施内容・手順の確認＝サービス担当者会議

　受け入れ可能と判断すれば、サービスに入る前に、サービス提供責任者はケアマネジャーが開催するサービス担当者会議に出席して他職種と利用者への目標を確認し、利用者に関する情報交換をし、訪問介護サービスとして実施するべきサービスを具体的に把握していきます。

　すべてのサービスにいえますが、何を準備するのか、何を使うのか、どこで、どんな姿勢で行うのか。サービス提供の前後及び実施中の留意事項や記録の見方、書き方、物品の保管場所や補充についても確認します。これらについては、第3章で行為毎に「チェックシート」にまとめています。それは、事前の訪問調査で活用してもよいでしょう。基本手

順については、利用者や家族に教えてもらいながら、実際にしてみることが望ましいです。また利用者や家族に「他に注意することはないでしょうか」「普段気をつけていることを教えていただけないでしょうか」と聞き、注意事項欄に記入します。余白に書き加える、マーカーで線を引く、囲うなどして、チェックシートは大いに活用してください。

〈 原則的に医行為でない行為の場合 〉

　居宅サービス計画書に内容が明記されているかどうかを確認します。記載がなければ、居宅サービス計画書第2表のサービス内容欄に「軟膏塗布」などをケアマネジャーに明記してもらい、手元に保管します。他のサービス内容と同様に、居宅サービス計画書（以下、ケアプラン）内のサービスであるということを明確にするのがポイントです。

　そのほか使用している薬はないか、容態は安定していて医療職による継続的な観察が必要でないかなど、各行為に条件があるため、それらをクリアしているかを確認します。

〈 特定行為の場合 〉

　利用者の主治医に指示書を依頼し、受け取ります。指示書には指示期間があり、期限の切れた指示書は無効です。特定行為はあくまでも「医師の指示に基づき行うもの」ですので、指示書の期限の管理を確実に行う必要があります。その指示書をもとに、具体的な実施内容、それ以外に計画書に盛り込むべき内容を把握します。また指示書に記載された実施内容を踏まえて、サービス担当者会議で確認しておいたほうがよいことを整理しておきましょう。

　今まで特定行為の連携をとったことのない医療職には、サービス担当者会議において自分たちが訪問介護事業所として特定行為の実施にあたってとっている基本的な体制などについて説明することが必要です。そのときは事前の体制整備のなかで作成した、業務方法書などの文書（図9）を示しながら説明すると、理解を得やすくなります。

　サービス担当者会議は、在宅において特定行為を実施する場合に、安全確保体制の条件をクリアするという意味合いも兼ねています。具体的には、事業所がとらなければならない安全確保の体制にある「安全委員会等で取り決めておかなければならない事項」（27頁）を参照してください。

表5　特定行為におけるサービス担当者会議の意味

> 事業者として備える条件である安全確保体制の代替としての場。そのため、ここで決めた事項を確実に実施し、利用者の安全確保につなげる。具体的には、
> ① サービス開始前の手技の確認方法を決定する。
> ② その後の定期的な手技の確認方法を決定する。

(3) 訪問介護計画書の作成

　サービス提供責任者は、ケアプランをもとに目標を定め、それを達成するための具体的なサービス内容について立案し、計画書に落とし込んでいきます。事前の調査やサービス担当者会議においてケアプランの内容に疑問があれば、ケアマネジャーに相談し、ケアプランを変更してもらいます。

〈 原則的に医行為でない行為の場合 〉

　サービス提供責任者は、訪問介護計画書の「サービス内容」欄に、ケアプランと同様に、たとえば「軟膏塗布」などと明記します。

　新規の依頼ではなく、既存のサービスに加える場合は、既存の訪問介護計画書に、サービスが追加になった日付とサービス内容を追記します。その際、連携する訪問看護師から、助言をもらうことも可能です。

〈 特定行為の場合 〉

　医師からの指示書、サービス担当者会議での決定事項、事前調査内容を踏まえて「喀痰吸引等業務（特定行為業務）計画書」（図7）を作成します。

　作成後は、利用者へ説明して同意を得なければなりません（図12）。

図12　介護職員による痰の吸引等の実施に係る説明書兼同意書

介護職員による痰の吸引等の実施に係る説明書兼同意書

平成　　年　　月　　日

利用者_____様

事業所の名称
事業所の長　　　　　　　　㊞

　当事業所では、「社会福祉士及び介護福祉士法」(昭和62年法律第30号)の改正を受け、お客様に対する以下のケアの一部の医行為(特定行為)を医師、看護職員の指示及び連携体制の下、介護職員が実施する方針としております。
　これらのケアを実施する介護職員については、法に規定される研修を修了し、専門的な知識・技能を習得した者、または平成24年4月1日施行前から従事していた経過措置対象者として、医療的ケアを実施できる認定特定行為業務従事者としての認定を受けたところです。
　また、医師の指示の下、医療機関との連携・緊急時の体制整備など、お客様の安全確保に向けて最善を尽くしてまいりますので、当事業所の方針に賛同いただき、以下のケアの実施について同意していただきますよう、よろしくお願いいたします。

- ☐　口腔内のたんの吸引(咽頭の手前まで)
- ☐　鼻腔内のたんの吸引(咽頭の手前まで)
- ☐　気管カニューレ内部のたんの吸引
- ☐　胃ろう又は腸ろうによる経管栄養
- ☐　経鼻経管栄養

同　意　書

　私は、上記説明および喀痰吸引等業務(特定行為業務)計画書の説明を受け、医師の指示、喀痰吸引等の手順、緊急時の対応について了承し、以下のケアの実施について同意いたします。

- ☐　口腔内のたんの吸引(咽頭の手前まで)
- ☐　鼻腔内のたんの吸引(咽頭の手前まで)
- ☐　気管カニューレ内部のたんの吸引
- ☐　胃ろう又は腸ろうによる経管栄養
- ☐　経鼻経管栄養

(利用者氏名)_____㊞
(家族等の氏名)_____㊞

(セントケア・グループ作成)

2　実施内容・手順の確認

（1）手順書の作成

　サービス提供責任者は利用者ごとに手順書を作成しておくと、スムーズにサービス提供ができるとともに、訪問するヘルパー担当者が変わっても、同様のサービスを提供することができます。これらは、ヘルパーの申し送りにも活用します。

　そこでサービス提供責任者は、事前調査やサービス担当者会議での確認事項をもとに、実際のサービスにあたっての「手順書」を作成します。手順書に必要な項目は以下の①～⑤です。

> ① 必要物品の準備
> ② 利用者に関する準備
> ③ 実際の手技
> ④ 利用者への実施後の対応
> ⑤ 使用した物品の片付け

　また、緊急時の対応のしかたについても文書化しておきましょう。

　第3章の各行為にあるチェックシートは、手順書としても活用できるように作られています。サービス提供責任者は、チェックシートをもとに事前の訪問調査を行い、訪問介護計画書と一緒にファイリングしたり、既存の手順書に転記したりします。

　手順書は、事業所と利用者宅の双方に置き、サービスにかかわる人が常に確認できることが望ましいでしょう。

（2）ヘルパーへの申し送り

　ケアを実施する前に、必ず訪問するヘルパーへ申し送りを行います。申し送りは、口頭と書面にて、何のためにサービスを実施するのかを理解してもらいます。そして、できる限り事前の練習を行います。練習などができない場合は、初回にサービス提供責任者が必ず同行し、実際に実施してみせる必要があります。いずれにしても、申し送りの段階で実施するヘルパー自身に不安がなく、サービスを受ける利用者・ご家族にも不安のない状態にすることが一番重要です。

事業所内での申し送り

　安全確保のために、必ず事業所内でかつ文書による申し送りを行います。文書での確認によって実施内容・注意点などをイメージしておくと、利用者宅での申し送りがスムーズ

に行えるからです。またある程度把握しているヘルパーの訪問は、利用者の安心感にもつながります。

　サービス提供責任者は、ヘルパーにチェックシートの〈基本手順〉と〈注意点〉に目を通してもらい、サービスが実施できるように指導します。安全なサービス提供につなげるため、チェックシート（手順書）に目を通す際にはヘルパーに音読してもらい、読めない字＝わからないことがないようにします。また事業所内にあるものを使って、手順に沿って練習してもらうことも重要です。

> 利用者宅での申し送り

〈原則的に医行為でない行為の場合〉

　できる限りサービス提供責任者が同行し、実施してみせます。事業所内の練習でできていた場合には、実際にヘルパーが利用者宅でサービスを実施している様子をみて、見極めます。

〈特定行為の場合〉

　利用者宅での申し送りでは、実際の手技の確認を含めて実施することが必要です。手技の確認は、医療職の立ち会いのもと確認してもらうようにします。但し、確認と指導ができる利用者あるいはご家族がいらっしゃる場合又は申し送りをするサービス担当者自身が認定特定行為業務従事者であり、事前調査時などに医療職から手技の指導を受けていて、その利用者における特定行為の手技の確認や指導ができる場合には、利用者・家族、あるいはサービス提供責任者などによる確認と指導でもかまいません。

> 申し送りの完了

　ヘルパーに正しく伝わったかどうかを確認してから、申し送りは完了となります。ヘルパー同行訪問後、もしくは近いうちに事業所に立ち寄ってもらい、フィードバックすることが望ましいでしょう。

3　サービス提供中の留意点

(1) 日々の状況確認

　訪問介護サービスの運営基準（指定居宅サービス等の人員、設備及び運営に関する基準）第24条には、サービス提供責任者が当該サービスの『実施状況の把握を行い、必要に応じて当該訪問介護計画の変更を行うものとする』とあります。また厚生労働省通知（医政発第0726005号）によれば、『介護サービスの事業者等は、事業遂行上、安全にこれらの行為が行われるよう監督することが求められる』とあります。

　サービス提供責任者は、ヘルパーが計画に沿って手順通り安全にサービスを提供しているか、利用者の状態に変化はないかなどをスタッフから確認し、サービスの見直しや継続

の有無などを判断し、ケアマネジャーに報告します。特に16項目や特定行為のサービス実施については、医療職への連携や報告も必要となります。

　サービス提供責任者が利用者の日々の状況を確認できる帳票には、実地時の記録があります。これは、あらかじめ事業所で定めた記録用紙に、訪問したヘルパーが実施した内容を記録するものです。具体的な記録の視点については、第3章の各行為にあるチェックシート〈記録のポイント〉を参照してください。

　そのうえで、普段と違う気になることがあった場合に、ヘルパーは早目にサービス提供責任者に報告をすることが必要です。もちろん緊急を要する場合には、すぐにその場で、あらかじめ指示されている医療職あるいは家族などへの連絡をします。緊急でなくても「普段と違うことがあった」場合には、早目に報告をしてもらうよう、サービス提供責任者はヘルパーを指導します。

　また「ヒヤリハット」については、その都度報告してもらうようにします。報告を待つだけでなく、サービス提供責任者のほうからヘルパーに状況を確認することも必要です。サービスがスタートした直後は頻回に、慣れてきたら週に1回程度を目安に確認をします。

（2）モニタリング

　初回のみならず、1か月後、3か月～半年毎と定期的に同行訪問を行い、ヘルパーのサービス実施状況を把握します。利用者の状態を把握するには、あえてサービス提供責任者がヘルパーとして訪問し、家族の声などを聞くことも大切です。

表6　モニタリングの目的

① ヘルパーは計画通りに実施しているか。→安全に留意し、記録をつけているか。
② 利用者の状態把握。→状態や環境に変化はないか。
③ （特に16項目や特定行為における）ヘルパーの手技の確認
④ 利用者・家族の要望はないか。

（3）ヘルパーミーティング

　月に1回は、ヘルパーを集めてミーティングを行います。ヘルパーが情報を共有し、事例検討などを行うことで、事故防止につなげるのが主な目的です。特に複数のヘルパーが1人の利用者宅を訪問している場合は、ヘルパーによって内容や手順に違いがないよう

に、定期的に打ち合わせをする必要があります。

　また、訪問しているうちに、内容や手順が少しずつかわっていったり、留意点が追加されることもあります。サービス提供責任者は、ヘルパーの気付きからくる変化を聞き取り、手順書を作りかえていく必要があります。但し特定行為の場合には、医療職への確認が必要です。そして事業者は、ミーティングを定期的に開催してヘルパー一人ひとりが自由に発言できる雰囲気をつくることが大切です。ちょっとした不安でも解消していくことが、結果的に利用者への安全なサービス提供につながるからです。そして、日ごろの業務についてヘルパーからの報告を義務付けることなどを徹底します。

　セントケア・グループでは、事業所単位で月1回のミーティングを業務として位置付けています。そこで情報を共有し、意見交換を行ったあと、技術研修も実施しています。なかでも、特定行為についてはヘルパーの自己流による手技や解釈による誤った対応を防ぐために、確認・指導の時間をもつようにしています。

表7　ミーティングで確認する事項

① 実施手順や手技の確認
② ヘルパーが不安に感じていることの解消
③ ヒヤリハット事例の共有や事故にしないための対応策の確認
④ 医療者へ報告・相談すべき内容の共有など

（4）他職種との連携

①ケアマネジャー

　モニタリングやヘルパーミーティングで得た利用者の状況や要望について、情報をまとめてケアマネジャーに報告します。安全にサービスを実施するためには連絡を密にし、口頭だけでなく、文書でやりとりすることを心がけたいものです。

　また定期的な利用者の状態などを把握し、医療や保健の専門家からアドバイスを受けるためにも、サービス担当者会議を確実に開催してもらうことが必要です。会議の主催者であるケアマネジャーに開催を依頼するなどの対応をしていきます。

　特に16項目や特定行為のサービスについてはケアプランに位置付けられるサービスになりますので、ケアマネジャーとの連携は大切です。看護師や医師への報告内容・連携事項は、同時にケアマネジャーにも常に報告するようにします。

②看護師

　特に特定行為の実施状況については、連携している訪問看護ステーションなどの看護師

と連携をしていくことが必要です。実施の指示書は主治医から出されますが、日々の変化への指導や状況報告は看護師が直接担うことも多いと思います。はじめのサービス担当者会議で取り決めた報告頻度や方法などにあわせて、随時報告・相談をしていきましょう。

訪問看護サービスには「看護・介護職員連携強化加算」(※)があります。特定行為における手技への疑問などについては、利用者宅にて指導を受けるなどの対応もお願いしていきましょう。

③ **医師**

特定行為については、指示書で指示を受け、実施報告書で報告するのが、医師との基本的な関係です。特に特定行為の実施日・内容・結果については、医師へ実施報告書での定期的な報告が必要になります。頻度については法的な定めはありませんが、月1回の報告を基本に考えてよいと思います。

また指示書の指示期間がきれる際には、必ず次の指示書を依頼します。

（5）記録の整備と管理

サービス実施時には必ず記録することをヘルパーに指導します。サービス提供責任者はヘルパーの記録の管理及び利用者の経過を記録します。また必要に応じて訪問介護計画書や手順書をつくりなおします。喀痰吸引等業務（特定行為業務）計画書も同様に、モニタリングや医師・看護師との連携（特にサービス担当者会議での状況確認）などを踏まえて、利用者の状態に変化があった場合には見なおしを行います。その結果、再度作成した訪問介護計画書や喀痰吸引等業務（特定行為業務）計画書は、その都度利用者に説明し、同意をいただく必要があります。

(※) 看護・介護職員連携強化加算
　特定行為を行う訪問介護事業者の介護職員に対し、その業務が円滑に行われるよう支援を行った場合、1月に1回250単位を介護報酬に加算として算定できる。具体的には①特定行為にかかる計画書や報告書の作成、緊急時対応について助言を行う。②訪問介護員に同行し、特定行為における利用者宅での実施状況を確認する。③特定行為における安全なサービス提供体制の整備や連絡体制確保のための会議への出席。

第3節 ヘルパーの教育体制

1　医療的ケアへの対応を視野に入れた教育研修体制

(1)「原則的に医行為でない行為」を実施していくための研修

　「原則的に医行為でない行為」は、すべてのヘルパーがサービスとして提供することができます。逆に言えば、提供することが求められます。従って、一つひとつの行為について、基礎知識と手技についての教育を全員に行う必要があります。厚生労働省通知（医政発第0726005号）では、「業として行う場合には実施者に対して一定の研修や訓練が行われることが望ましいことは当然」とあるだけで、研修などの内容や回数、頻度などについては事業者の判断に委ねられています。

　そこでセントケア・グループでは、これらの研修を表8のようなカリキュラムで実施しています。すべてのヘルパーが必ず1度は受講することを基本としていますが、1度受けただけでは忘れてしまいがちなので、定期的に開催するようにしています。

表8 原則的に医行為でない行為を知る研修（セントケア・グループ）

時間	項目	内容
5分	医行為ではない行為とは	通知についての理解 医行為についての考え方の理解
25分	サービス提供のために必要なこと	「居宅サービス計画書」「訪問介護計画書」への記載や「医薬品を使用するサービスについての依頼書」の取扱いについての理解
30分	測定編	体温測定 血圧測定 パルスオキシメータの装置
30分	保清編	耳垢除去 爪切り 口腔ケア 軽微な傷の処置
30分	排泄編	パウチに溜まった排泄物の除去 自己導尿の補助 浣腸
30分	薬剤編	内服薬介助 軟膏の塗布 湿布の貼付 点眼薬の点眼 肛門部からの坐薬挿入 鼻腔粘膜への薬剤噴霧
15分	まとめ	全体のまとめと質疑応答

　上記はOff-JT(※)による基本的な研修ですが、たとえば「パウチに溜まった排泄物の除去」においては、状況によって「肌に接着しているパウチの取り替え」についてもヘルパーが実施することになりました。このようなより医療的なケアについては、一般的な研修だけでなく、定期的なOJT研修による手技の確認なども必要となります。

(※) Off the Job Training の略。職場を離れての集合研修のこと。研修施設で行われる社内研修や外部機関の研修等をいう。

（２）特定行為への教育研修体制

　2012（平成24）年４月以降、特定行為の実施が制度化され、それを実施する介護福祉士を含めた認定特定行為業務従事者への継続的な指導が必要となっていきます。この認定特定行為業務従事者は、痰の吸引や経管栄養を実施するにあたって必要な知識や技術の研修を受けています。しかし、一度研修を受けただけで、その後ずっとその知識や技術が保たれると考えるには無理があります。定期的にサービスを実施する機会がもてている場合はある程度保たれますが、相当期間実践していない場合は、知識や技術が衰えたり、実施するヘルパー自身が不安をもったりします。特に痰の吸引の場合には、継続して訪問していても、毎回必ずしも実施するとは限りません。実は実践のないまま数か月経過している、というようなことも起こってきます。そのため、継続して知識や技術のブラッシュアップをしていく機会を事業者としてつくることが必要になります。

　たとえば、
- ・知識を確認するテストの定期的な実施
- ・OJT 研修による手技の定期的な確認
- ・OJT 研修の機会がもてない場合は、シミュレーターなどでの実習

を年間で計画を立てて、実施していく必要があるでしょう。

　そのためには、できる限り介護事業者で痰の吸引や経管栄養のシミュレーターを用意し、実習に必要な吸引器や吸引チューブ、経管栄養剤などを準備するようにしたいものです。

2　医療ニーズの高い利用者への研修

　介護職は、特定行為以外の医行為について実施することはできません。但し、日常的に医療機器を使用する又は医療的な治療を継続されている利用者は、それゆえに日常生活において注意するべきことも多くあります。

　たとえば、在宅酸素療法が必要な利用者が多く使用している酸素濃縮器は、室内の空気を取り込んで酸素を抽出するしくみです。そのため、酸素濃縮器は壁などから左右15cm離しておかなければなりません。在宅酸素の利用者を訪問するヘルパーに、こうした知識を指導しているでしょうか？　うちは生活援助だから在宅酸素については知らなくてもいいと考えてはいないでしょうか？　このようなことを知らないヘルパーが、生活援助の「掃除」で入ったとします。そのとき室内を少しでも広く使うために「良かれ」と思って、酸素濃縮器を壁にぴったりと押しつけてしまったらどうでしょう？　しばらくすると空気が取り込めなくなって、酸素濃縮器のアラームが鳴ることになります。そのときヘルパーがまだいる時間帯ならば、医療職に報告・相談して対処することも可能ですが、すでに退室してしまっていたら、利用者だけでは対処できない場合もあります。

このように、在宅で多い医療機器や治療についての基礎知識やそのために必要とされる日常生活上の留意点をヘルパーが理解したうえでサービス提供ができるよう、これらについても教育を行っていく必要があります。セントケア・グループでは、医行為（医療行為）を理解するために、表9のような形で何回かにわけて研修を行っています。利用者に安全な訪問介護サービスを提供するために、一人ひとりのヘルパーが必要な知識と技術をもちサービスにかかわっていくようにしたいものです。

表9　医療行為を知る研修（セントケア・グループ）

時間	項目	内容
10分	医療ニーズの高いお客様への訪問介護	医療ニーズの高い利用者への訪問介護の役割の理解
10分	呼吸のしくみを知ろう	「呼吸」とはどういうことなのかを理解する
25分	在宅酸素	在宅酸素のしくみ、利用者像、生活上の留意点など
35分	人工呼吸器	人工呼吸器のしくみ、利用者像、生活上の留意点など
35分	吸引器	吸引器のしくみ、利用者像、生活上の留意点、現在の制度についてなど
10分	心臓が動くしくみを知ろう	心臓はどうやって動いているのかを理解する
25分	ペースメーカー	ペースメーカーのしくみ、利用者像、生活上の留意点など

第4節 危機管理

1 医療的ケアにかかわる安全対策

(1) 事故防止策について
事故防止策として必要なことは以下の3つです。

> ① 利用者の把握
> ② 医療との連携体制の構築
> ③ ヘルパーの資質の向上

①利用者の把握
　そもそも介護サービスの提供にあったって「利用者の把握」は必要なことです。利用者の基本情報をサービス開始前に把握し、誰にでもわかるように文書化しておくことが基本です。
　医療的ケアを実施するにあたっては、特に、
・現在治療中の病気はあるか
・医師の治療方針はどういうものか
・現在起こる可能性のある状態変化はどのようなものがあるか
・訪問看護サービスは利用されているか
・上記を利用している場合、訪問看護サービスの内容や方針はどのようなものか
について把握するようにしましょう。
　さらに個々の医療的ケアにある確認事項は、第3章にある各行為ごとのチェックシートで〈事前に確認すること〉を参照してください。

②医療との連携体制の構築
　特定行為の提供体制のなかでも定められていますが、医療的ケアの実施にあたっては、医療との連携が非常に重要です。医療との適切な連携のなかでサービスを提供することが、安全なサービスの提供につながります。
　連携体制を構築する際には2つの視点があります。1つは日常的な連携、2つめが急変などの緊急時の連携です。

〈 日常的な連携について 〉

　日常における連携は、訪問介護ではサービス担当者会議をとおして定期的に実施ができます。サービス担当者会議が定期的に開催されることを踏まえて、サービス開始前の情報収集や手技の指導、サービス提供中の報告や定期的な指導などをそれぞれ「いつ」「どのように行うか」、介護側と医療側が共有する必要があります。

　また毎月報告すること以外に、すぐに報告すべき事項についてはあらかじめわかる範囲で、できるだけ具体的に確認しておくと適切な連携が図れ、利用者への安全にもつながります。

　一方で、介護側からだけの報告・相談ではなく、利用者の病状・治療方針・治療内容や処方内容の変更があった場合には、医療側から介護側へ速やかに情報提供してもらうことも必要です。

〈 急変など緊急時の連携について 〉

　急変などにおける緊急時の連携については、「誰に」「どのように連絡をとるのか」を明確にしておくことが必要です。特に連絡先の優先順位については、介護側と医療側で共通の認識をもつようにしましょう。

　介護職が実施できる医療的ケアには、緊急の事態になった場合に介護職では対処しきれないことも多いので、その点の理解を得ることとそのような場合にすぐに来てもらえる体制作りが重要となります。

　急変時の連携体制については、特定行為における関連通知のなかで役割分担の明確化が求められています。介護職として対応できる範囲や医療職にどの部分を担ってもらうのかについて、明確にしておきましょう。

③ **ヘルパーの資質向上**

　ヘルパーの資質の向上により、知識と技術をもったヘルパーが増えれば、実施するサービスの安全性が高まるのはいうまでもありません。そのためには本章第3節で述べたようなヘルパーへの教育を行い、ヘルパーの資質の向上を図ることが必要です。

　それ以外にヘルパーに求められているのが、「観察」の視点です。医療との連携体制が構築されていても、適切な報告や情報提供がなければ連携を行うことはできません。その適切な報告には、日々サービス提供を行うヘルパーの適切な観察が重要です。ヘルパーに必要な観察の視点は、「いつもと違うことに気付くこと」です。「いつもと違うこと」に早く気付き、すぐに報告することで医療職が対処を行う、これが医療と介護の連携の基本になるからです。

　当たり前ですが、「いつもと違うこと」に気付くためには、「いつも」がわかることが必要です。「いつも」がわかるからこそ「いつもと違うこと」に気付けるのです。従って、利用者の「いつも」の姿をつかむことをヘルパーに指導しましょう。「いつも」の呼吸の仕方、「いつも」の歩き方、「いつも」の食べ方、「いつも」の話し方……。利用者のさま

ざまな「いつも」の姿をまず把握する。そして「何となくいつもと違うな」と感じたとき、「何が」「どう違うのか」を観察する、そんな資質をもったヘルパーを育てていきましょう。

　また日ごろからヒヤリハット報告を習慣化し、ヘルパーそれぞれの経験と照らし合わせながら、再発・事故防止のためにはどうしたらよいか話し合う機会を定期的にもつことは、事故に対する意識向上につながり、ヘルパーの資質の向上が図れます。

　ヒヤリハット報告や事故報告は、必ず書面に残すことを基本にします（図13）。書くことでひとつの事故（未遂事故）を定性分析し、それを集約することで定量分析もでき、個人レベルから集団レベルでの再発防止策へとつながるからです。このようなヒヤリハットの取り組みは、安全なサービス提供のために非常に有効です。

図13 ヒヤリハット報告書

ヒヤリハット報告書（介護職員・指導看護師記入）

※指導看護師からの指示があった場合、あるいはご自身がヒヤリとしたことやハッとしたことがあった場合のすべてについてご記入下さい。

介護職受講番号		介護職員氏名	
実地研修 施設名又は居宅		指導看護師 氏名	

発生日時	平成　年　月　日（　曜日）　　　午前・午後　　時　　分頃
発生場所	□ ベッド上　　□ 車椅子　　□ その他（具体的に　　　　　　　　）
ご利用者	※実地研修　自己評価票に示すケアの利用者番号を記入。
	番号　　　当日の状況

出来事の情報（1連のケアにつき1枚）

ケアの種類	【たんの吸引】 ①人工呼吸器の装着の有無　□なし　　□あり ②部位　（□ 口腔　　□ 鼻腔　　□ 気管カニューレ内） 【経管栄養】（□ 胃ろう　　□ 腸ろう　　□ 経鼻経管）
出来事の発生 STEP	□STEP1　安全管理体制確保 □STEP2　観察　　　　□STEP3　実施準備 □STEP4　ケア実施　　□STEP5　結果確認報告 □STEP6　片付け　　　□STEP7　評価記録
第1発見者 （○は1つ）	□記入者自身　　　　　　　　□医師　　　　　　　□家族や訪問者 □記入者以外の介護職員　　　□生活相談員　　　　□その他 □指導看護師　　　　　　　　□介護支援専門員　　（　　　　　） □指導看護師以外の看護職員　□事務職員
出来事の発生状況	※誰が、何を行っている際、何を、どのようにしたため、利用者はどうなりましたか。
医師への報告	□なし　□あり →　1.自施設の医師（配置医） 　　　　　　　　　2.(配置医以外の医師で)実施施設と契約・提携している医師 　　　　　　　　　3.利用者のかかりつけ医・主治医 　　　　　　　　　4.その他（　　　　　　　　　　　　　　）
看護職員への報告	□なし　□あり →　1. 指導看護師 　　　　　　　　　2. 指導看護師以外の看護職員
出来事への対応	※出来事が起きてから、誰が、どのように対応しましたか。

救急救命処置の実施	□なし □あり(具体的な処置：　　　　　　　　　　　　　　　　　　　　　　　)
出来事が発生した背景・要因	※なぜ、どのような背景や要因により、出来事が起きましたか。
(当てはまる要因を全て)	【人的要因】 □判断誤り　□知識誤り　□確認不十分　□観察不十分　□知識不足　□未熟な技術 □技術間違い　□寝不足　□体調不良　□慌てていた　□緊張していた □思いこみ　□忘れた　□その他(　　　　　　　　　　　　　　　　　　　) 【環境要因】 □不十分な照明　□業務の中断　□緊急時　□その他(　　　　　　　　　　　) 【管理・システム的要因】 □連携(コミュニケーション)の不備　□医療材料・医療機器の不具合　□多忙 □その他(　　　　　　　　　　　　　　　　　　　　　　　　　　　　　　)
出来事の影響度分類(レベル0〜5のうち一つ)	□ 0　エラーや医薬品・医療用具の不具合が見られたが、利用者には実施されなかった
	□ 1　利用者への実害はなかった(何らかの影響を与えた可能性は否定できない)
	□ 2　処置や治療は行わなかった(利用者観察の強化、バイタルサインの軽度変化、安全確認のための検査などの必要性は生じた)
	□ 3a 簡単な処置や治療を要した(消毒、湿布、皮膚の縫合、鎮痛剤の投与など)
	□ 3b 濃厚な処置や治療を要した(バイタルサインの高度変化、人工呼吸器の装着、手術、入院日数の延長、外来患者の入院、骨折など)
	□ 4a 永続的な障害や後遺症が残ったが、有意な機能障害は伴わない
	□ 4b 永続的な障害や後遺症が残り、有意な機能障害の問題を伴う
	□ 5　レベル4bをこえる影響を与えた

　　　　　　　　　　　　　　　　　　　　　介護職員　報告書記入日　平成　　年　　月　　日

指導看護師の助言等	指導看護師の方は以下の①②について具体的に内容を記載して下さい。(②は必須) ① 医師又は看護職員が出来事への対応として実施した医療処置等について
	② 介護職員へ行った助言・指導内容等について
	③ その他(今回実施したケアで介護職員の対応として評価できる点など)

　　　　　　　　　　　　　　　　　　　　　指導看護師　報告書記入日　平成　　年　　月　　日

(セントケア・グループ作成)

（2）事故発生時の対応

　万全を期して慎重にサービスにあたっても、事故が起きてしまう場合があります。医療的ケアの利用者は疾患をもった高齢者であることから病気を原因とする日々の体調の変化が大きかったり、自身の体調変化に対して体力がないことから大きな変化につながったりします。人為的なケアレスミスが起こる可能性もゼロではありません。

　特に特定行為は、他の訪問介護でのサービス以上に心肺停止などの急変に出会う確率の高いサービスです。人工呼吸器を使用している利用者などは、一層その可能性が高くなります。そこで、そのようなときに適切な対応ができるような教育が必要になります。

　事業者のなかでの研修も有効ですが、消防署で開催している普通救命講習を受講してもらうのも1つの方法です。多くの消防署で定期的に開催されていて、無料又は教材費だけで受講ができます。実際にシミュレーターを使用してのCPRなどの体験ができますので、是非利用してみてください。受講すると修了証がもらえます。3年で認定期間が切れますので、3年ごとに受講ができるとなおよいでしょう。

　事業者や管理者、サービス提供責任者は常に事故発生を念頭におき、発生時には適切な対応をする必要があります。事故発生時には、以下の2点が肝要です。

① ヘルパーの適切な初期対応
② 医療を含めた関係機関への迅速な連絡・報告

①ヘルパーの適切な初期対応

　介護中に事故又は利用者の容態急変が起きた場合は、「利用者の救命を第一に考える」ことです。何よりも利用者の生命を救うことを第一に行動します。

　そこでまず、事前の緊急時対応の指示に従って、主治医・訪問看護事業者又は救急車へ連絡をします。そのうえで、自分のできる限りの対応をし、主治医・訪問看護師又は救急隊の到着を待ちます。

　その際、もし心肺停止の状態であるならば心肺蘇生（CPR）の実施が必要です。それ以外の応急手当が必要となる場合もあるでしょう。これらの対応については普通救命講習で学ぶことができます。本章第3節のヘルパーへの教育体制のなかで述べたように、やはりヘルパーは普通救命講習の受講を基本とした体制をとりたいものです。

　訪問介護は、1人で訪問することがほとんどです。目の前で利用者が急変している場合、利用者への対処か、主治医や救急車への連絡のどちらを先にすべきかという判断も非常に重要となります。前述の通り「まずは主治医・訪問看護事業者や救急車への連絡をし

たうえで利用者への対処」でよいのですが、その点をヘルパーにはっきり伝えておかないと、目の前で急変している利用者をそのままにして電話連絡をするという決断ができなくなる場合もあります。1人で応急処置を続けていても、次の解決策にはつながりません。先に医療へつなぐための連絡を行い、そのうえで応急処置を実施するという順番でよいわけです。「なぜ」ということも含めて、ヘルパーに伝えていくとよいでしょう。

　当然ですが、事故や急変は突然起こります。事前にさまざまな教育を行い、シミュレーションを実施していても、突然のことに動揺し、適切な対応や行動がとれなくなるヘルパーも多くいます。そのため、上記のような対応の仕方を文書化し、ヘルパーがすぐに見て確認できるようにしておくことも1つの方法です。

　セントケア・グループでは「緊急時対応フローチャート」（図14）という形で対応手順を示し、事故対応マニュアルやヘルパー全員が常に携帯している「スタッフハンドブック」に掲載されています。

②医療を含めた関係機関への適切な連絡・報告

　取り急ぎ医療職へ連絡を行い、その到着を待って利用者の対応を医療へつなぐことができたら、それ以外の関係機関への連絡・報告を行わなければなりません。ヘルパーはまず事業者へ連絡し、管理者へ報告することを第1に指導するとよいでしょう。

　連絡を受けた管理者が、ケアマネジャーをはじめとした関係機関（サービス担当者会議で連携している機関）への連絡と報告を行います。ケアマネジャー経由で連絡がくる場合もありますので、随時ケアマネジャーと確認をとりながら実施しましょう。もちろん、家族への連絡も早い段階で必要です。

　これらの連絡を漏れなくスムーズに行うために、利用者ごとに「緊急時連絡先一覧」をまとめておくと間違いがありません。セントケア・グループでは「緊急時連絡票」（図15）という様式を利用者ごとに作成しています。

図14　緊急時対応フローチャート

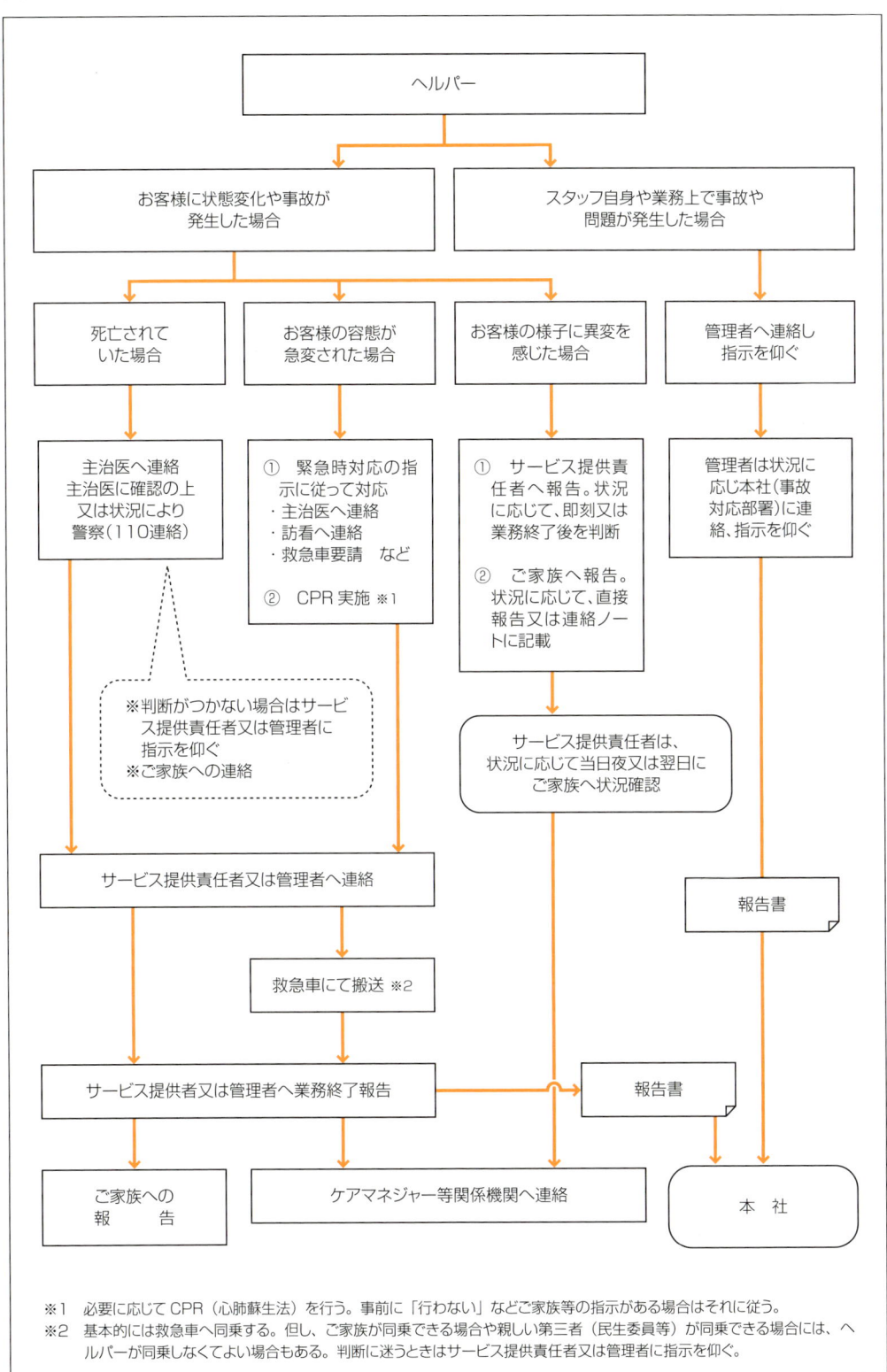

```
                        ヘルパー
                    ┌──────┴──────┐
         お客様に状態変化や事故が        スタッフ自身や業務上で事故や
         発生した場合                  問題が発生した場合
    ┌────────┬────────┬────────┐             │
  死亡されて  お客様の容態が  お客様の様子に異変を  管理者へ連絡し
  いた場合    急変された場合  感じた場合          指示を仰ぐ
    │          │              │                  │
 主治医へ連絡  ① 緊急時対応の指  ① サービス提供責  管理者は状況に
 主治医に確認の上  示に従って対応    任者へ報告。状況  応じ本社(事故
 又は状況により   ・主治医へ連絡    に応じて、即刻又は  対応部署)に連
 警察(110連絡)   ・訪看へ連絡     業務終了後を判断   絡、指示を仰ぐ
                ・救急車要請 など ② ご家族へ報告。
              ② CPR 実施 ※1     状況に応じて、直接
                                 報告又は連絡ノー
                                 トに記載
```

※判断がつかない場合はサービス提供責任者又は管理者に指示を仰ぐ
※ご家族への連絡

サービス提供責任者は、状況に応じて当日夜又は翌日にご家族へ状況確認

サービス提供責任者又は管理者へ連絡

救急車にて搬送 ※2

サービス提供者又は管理者へ業務終了報告

報告書

ご家族への報告　　ケアマネジャー等関係機関へ連絡　　本社

※1　必要に応じてCPR（心肺蘇生法）を行う。事前に「行わない」などご家族等の指示がある場合はそれに従う。
※2　基本的には救急車へ同乗する。但し、ご家族が同乗できる場合や親しい第三者（民生委員等）が同乗できる場合には、ヘルパーが同乗しなくてよい場合もある。判断に迷うときはサービス提供責任者又は管理者に指示を仰ぐ。

図15　緊急時連絡票

〈　緊急時連絡票　〉

Saint-Care

● お客様情報

お客様名	フリガナ　　　　　　　　　　　様	性別	年齢　　　歳	生年月日　　年　月　日
住所	〒　　－		電話番号	－　　－

● 緊急時の連絡　※意識不明・生命に危険がある場合は、下位順位に関係なく救急車を要請すること。

1　救急車、ご家族、医療機関　その他（　　　）
2　救急車、ご家族、医療機関　その他（　　　）
3　救急車、ご家族、医療機関　その他（　　　）

● 救急車連絡時必要事項

自宅付近の目印など	
搬送先の病院指定	あり　なし　　　　　　病院　　　　　　科
治療（薬）への注意	
上記以外の必要事項	

● ご家族連絡先　※震災、停電にともない固定電話以外、自宅以外があればできるだけ記載。

	指名　　　（続柄）	住所（市区町村）	電話	時間帯
1	フリガナ　　　　様（　）		自宅　－　－　　携帯　－　－	昼・夜　昼・夜
2	フリガナ　　　　様（　）		自宅　－　－　　携帯　－　－	昼・夜　昼・夜
3	フリガナ　　　　様（　）		自宅　－　－　　携帯　－　－	昼・夜　昼・夜

● 医療機関　※緊急時対応の可否を確認。

	機関名（科）	主治医名	電話	時間帯
1	フリガナ		自宅　－　－　　携帯　－　－	昼・夜　昼・夜
2	フリガナ		自宅　－　－　　携帯　－　－	昼・夜　昼・夜

● 他事業者　※緊急時の対応、役割を確認。

	機関名（科）	担当者名	電話	時間帯
1			電話　－　－	昼・夜
2			電話　－　－	昼・夜
3			電話　－　－	昼・夜
4			電話　－　－	昼・夜

◆災害用伝言ダイヤル　●伝言を録音する場合　171-1-（お客様のご自宅の電話番号）
　　　　　　　　　　　●伝言を再生する場合　171-2-（お客様のご自宅の電話番号）
◆第一次避難場所（　　　　　　　　）　◆広域避難場所（　　　　　　　　）

営業所名　　　　　　　　　　　　　　☎　　－　　－
（作成・更新　　年　　月　　日　記入者　　　　）

（セントケア・グループ作成）

2　家族との事前確認と信頼関係の重要性

（1）事故発生の影響を最小限にするために

　事故や利用者の急変は、家族が不在のときに発生したり、それがヘルパーの過失によると思われるようなことも多いため、家族との事前確認や日ごろからの信頼関係が、事後における家族とのコミュニケーションや補償問題などに大きく影響します。そもそも信頼関係が希薄だった場合の事故では、家族の不信感・不快感が倍増し、コミュニケーションが成立しなくなってしまうことも多々あります。

　事故や急変の話を事前に持ち出すのは家族の不安を高めるのではないかと心配して話をしないことのほうが、かえってよい結果になりません。サービス開始前の事前調査の際には、是非家族と話をし、予測される状態変化やそのときの対応についての申し合わせをしておきましょう。

　また、日ごろから利用者の状態について家族とも連携をとることを心がけ、基本的な信頼関係を構築しておきましょう。

（2）疎遠な家族にこそ目を向けて

　家族、特にキーパーソンとなる人との意思の疎通は非常に大切です。そのため、家族が私たちのサービスやヘルパーに対して疑問・不安・要望をもっていないかを常に確認しながら、サービスを提供してくことが必要です。担当ヘルパーが信頼されることはもちろんですが、訪問介護においてはサービス提供責任者も信頼を得ることが必要です。そのためには定期的なモニタリングを行い、そのたびに家族の疑問・不安・要望がないかを確認し、ある場合は一つひとつ解決していくという作業を積み重ねていくことが大切です。サービス提供責任者の業務は多岐にわたりますが、この部分についても忘れずに実施しましょう。

　日中は家族が不在でなかなか話ができなかったり、離れたところに別居されていたりする場合は、ついつい連絡を取り損ねてしまいがちです。しかし、このような家族こそ意識した信頼関係が必要です。電話や手紙・電子メールなどを利用して、連絡を密にとることで、家族にも安心していただけるサービスにしていきましょう。

3　事業者として安全対策のための組織づくり

　事業者の規模にもよりますが、ミーティングやヒヤリハットなど、事故報告を利用した事故防止及び再発防止への取り組みは、サービス提供責任者やヘルパーなどの現場レベルだけでなく、組織全体としての取り組みも必要です。

　一般的には「事故防止対策検討会」や「事故防止委員会」などを設置して、ヒヤリハットや事故報告をもとに、具体的な再発防止策を決定し、現場で実践していけるようなしくみをつくることが大切です。

　サービス提供責任者やヘルパーだけの話し合いでは決定できない、費用を必要とする事故防止策の決定などもできるのが、事業者の安全対策として組織がもっている強みとなります。

第3章
医療的ケアの実際

　本章では、「原則的に医行為でない行為」とされた16項目と、「特定行為」としての痰の吸引と経管栄養について、必要な知識、事前準備、手順など、実施にあたって効率よくかつ安全にできるように必要な事項をまとめました。構成は以下のとおりです。

- **どんな人が対象になるの？** ＝この行為はどのような人が必要となるのかをイメージできるように、主な利用者像を挙げています。
- **導入時の判断！** ＝医療的ケアを実施するにあたって、法令などで定められた手続き・条件をまとめています。
- **基礎知識** ＝各行為を行う際に知っておきたい知識をまとめています。理解してからあたることで、より安全に、的確なケアを行うことを目的にしています。
- **チェックシート** ＝コピーして現場で活用できるシートです。事前調査→ケアの実施→記録という一連の業務に対応できるようになっています。

●チェックシートの項目●
- ・事前調査時に確認しておくこと：事前調査で確認しておくべき事項をまとめています。
- ・必要物品：ケアの際に必要な物品リストです。保管場所も確認できます。
- ・基本手順：基本的な実施方法について順を追って示しています。
- ・実施後の確認事項：ヘルパーがケア実施後に確認するべき事項をまとめました。利用者の身体状態にかかわるケアなので、利用者の安全を守るためにも必須の項目です。
- ・記録のポイント：記録が苦手なヘルパーでも、この項目に沿って記録すれば大丈夫というポイントを挙げています。記入例を参考に、医療職との連携がしっかりとれる記録を書きましょう。

第1節　「原則的に医行為でない行為」

1　体温測定

どんな人が対象になるの？

- 健康管理のために定期的に測っている人。
- 入浴や運動を実施する際の可否判断のために測っている人。
- 発熱しやすい身体状況にある人。たとえば、
  - 脳血管障害の後遺症で、体温調節機能がうまくはたらかない人。
  - 肺炎・腎炎など、炎症性の病気を繰り返す人。
  - 脱水を起こしやすい人（脱水を起こすと微熱が続くため）。

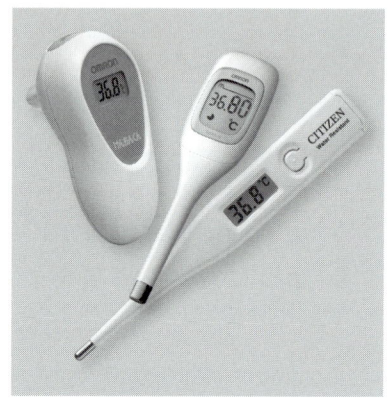

写真提供：（左・中）オムロンヘルスケア／（右）シチズン・システムズ

導入時の判断！（関連第2章18頁〜）

1. 厚生労働省通知（医政発第0726005号）による実施条件
   (1) 水銀体温計・電子体温計を使って腋窩（わきの下）で測定すること。
   (2) 又は耳式体温計を使って外耳道で測定すること。
   (3) 専門的な管理が必要でないこと。
2. 実際のサービス提供にあたって
   (1) サービスが必要か否か。
   - 本人が測定できない状態で家族なども対応できず、援助が必要な状況であるか。
   (2) サービス提供が可能か否か。
   - 上記通知条件(1)〜(3)を満たしているか。
   - 熱発等が多いことが予測される状況にある場合は、報告先や熱発時の対応方法がはっきりわかっているか。
   - 入浴や運動の可否判断のための測定の場合は、具体的な体温値の指示が出ているか。

上記について確認し、判断をする。

基礎知識

▶ **体温はいつもと同じ状況、同じ部位で測る！**

　人間の体で作られる熱と体から出される熱は、脳の視床下部（首の後ろにある盆の窪あたり）にある体温調節中枢というところでコントロールされ、体温がほぼ一定に保たれる。しかし、さまざまな要因で体温は大きく変動する。

〈体温変動の主な要因〉

　①人：個人によりもともとの平熱に差がある。
　②測る場所：腋窩・外耳道など部位によって差がある。また左右差もある。
　③年齢：高齢者は成人よりも低めである。子どもは逆に高めである。
　④測る時間帯：早朝睡眠中が最も低く、起床とともに上昇し、午後3時頃に最も高くなる。一日のなかでの変動は約0.2〜0.4℃である。
　⑤季節：冬は低めに、夏は高めになる。
　⑥活動状況：安静時は低めに、排泄前や入浴後、運動後は高めになる。
　⑦精神状況：落ち着いているときは低め、興奮しているときは高めになる。
　⑧環境：特に高齢者は環境の影響を受けやすい。衣類や掛けもので熱がこもると、高めになりやすい。

従って、できるだけいつもと同じ状況、同じ部位で測定することが大切である。

低め	高め
安静時　冬　高齢者	入浴後　夏　子ども

▶ **測っているときの体温計の管理はしっかりと！**

　体温測定における事故は、測定した体温計の取り忘れで起こることが多い。たとえば水銀体温計が着衣のなかで破損したり、電子体温計の先端部分で体を傷つけたりすることがある。測定後は、利用者まかせにせず、ヘルパーが確認して片付けるようにすることが大切である。

01　体温測定チェックシート

■事前調査時に確認しておくこと

何のために測定しているか。	□健康管理のため　□入浴・運動前の可否判断のため □その他（　　　　　　　　　　　　　　　　　）
それは誰の指示か。	□主治医　　□訪問看護師　　□家族　　□本人
どの体温計で どの部位を測るか。	□電子体温計　　□水銀体温計　　□耳式体温計 □腋窩［　左　右　］　□外耳道［　左　右　］
普段の体温は何度くらいか。	（　　　　　）℃　　　一般的な　　36〜37℃ 　　　　　　　　　　　　正常値
具体的な体温値の指示はあるか。	□ある　　　　　　　　　　□ない ▶どんな指示か。 体温（　　　　　）℃ 以上で 　□［　入浴　　運動　］中止 　□連絡　　　　【連絡先】 　　　　　　　　　名称 　　　　　　　　　担当者 　　　　　　　　　TEL 　□その他（　　　　　　　　　　　　　　　）
体温測定にあたって注意することはあるか。 それはどんなことか。	□ある　　　　　　　　　　□ない ▶どんなことか。
何かあったときは 誰に連絡すればよいか。	□訪問看護師　□主治医　□ケアマネジャー　□家族 名称 担当者名 TEL

■必要物品

物品名	保管場所
□体温計［　電子　水銀　耳式　］	
□その他	

CHECK SHEET #001

■基本手順 ※必要物品の用意と後片付け、事前・事後の手洗いは省く。

手　順	注意点
腋窩の場合	
1.測定するわきの下が汗ばんでいないか確認し、汗ばんでいれば乾いたタオル等で拭く。	できれば30分くらい安静にしてから測る。
2.電子→スイッチを入れる。 　水銀→目盛が35℃以下に下がっていることを確認する。	
3.わきの下に体温計を差し込み、皮膚に密着させる。	
4.電子→終了音が鳴るまで待つ。 　水銀→5〜10分待つ。	測定中に体温計がずれないように注意する。
5.測定値を確認する。	
6.電子→スイッチを切る。 　水銀→35℃以下に下げる。	
外耳道の場合	
1.プローブ部(測定部)をアルコール綿等で拭く。	
2.プローブを鼓膜に向けてまっすぐになるよう差し込む。	
3.終了音が鳴ったら測定値を確認し、スイッチを切る。	

■実施後の確認事項

☐ 測定した体温は指示の範囲内か。

☐ 範囲外の場合は、指示通りの対応をしたか。

☐ 体温計の確認をし、所定の場所に戻したか。

■記録のポイント

1.いつ？	<例> 10:00にトイレ後20分休んでいただいてから左腋窩にて体温測定をしました。37.5℃のため、指示通り△△訪問看護ステーション○○さんへ連絡し、指示によりアイスノン®をしました。寒気や気分不快はないとのことでした。
2.どこで？　…測定部位	
3.何℃だったか？　…測定結果	
4.どう対応したか？	
5.利用者の様子は？	

2　血圧測定

どんな人が対象になるの？

- 健康管理のために定期的に測っている人。
- 高血圧や心疾患があり、入浴や運動を実施するための可否判断として測っている人。
- 高血圧や心疾患があり、心臓の状態や薬による血圧のコントロールができているかを確認するために測っている人。

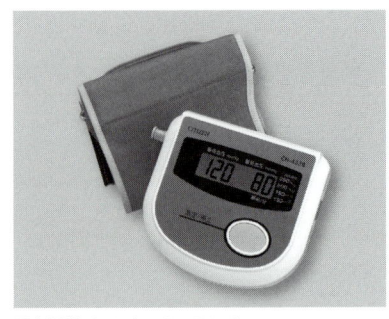

写真提供：シチズン・システムズ

導入時の判断！（関連第2章18頁～）

1．厚生労働省通知（医政発第0726005号）による実施条件
(1) 自動血圧測定器で測定すること。
(2) 専門的な管理が必要でないこと。

2．実際のサービス提供にあたって
(1) サービスが必要か否か。
- 本人が測定できない状態で家族なども対応できず、援助が必要な状況であるか。

(2) サービス提供が可能か否か。
- 上記通知条件(1)～(2)を満たしているか。
- 降圧剤を飲まれている人については、正常血圧の範囲が医療職に確認できているか。
- 入浴や運動の可否判断のための測定の場合は、具体的な血圧値の指示が出ているか。

上記について確認し、判断をする。

●**降圧剤とは**
血圧を下げる作用のある薬のこと。

基礎知識

▶ 血圧は心臓の働きを示している！

血圧とは心臓から出る血液が血管の壁に与える圧力のこと。

心臓が収縮して全身に血液が送り出されるときの血圧を収縮期血圧（上の血圧）という。

心臓が拡張して全身から血液が戻ってくるときの血圧を拡張期血圧（下の血圧）という。

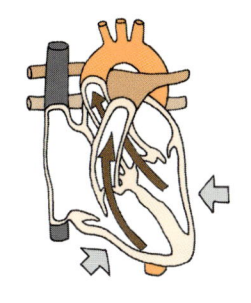

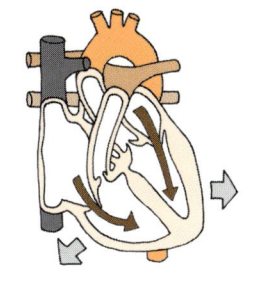

収縮期血圧　　　　拡張期血圧

▶ 正確に測るためにマンシェットの巻き方には注意！

マンシェットの巻き方により測定値が変わることがあるので、それぞれの機器の説明書を確認する必要がある。

一般的な巻き方の注意としては、

1．上腕式
　①手のひらを上に向ける。
　②エア管の接続部分が中指の延長線上にくるように、またマンシェットの端が肘関節の内側から1〜2cm上にくるように、マンシェットをあてる。
　③指が1〜2本入るくらいの緩さで巻く。
2．手首式
　①測定値の表示される面が手首の親指側にくるようにする。
　②手首の内側のすじから1〜1.5cm（人差し指1本分）離して巻く。

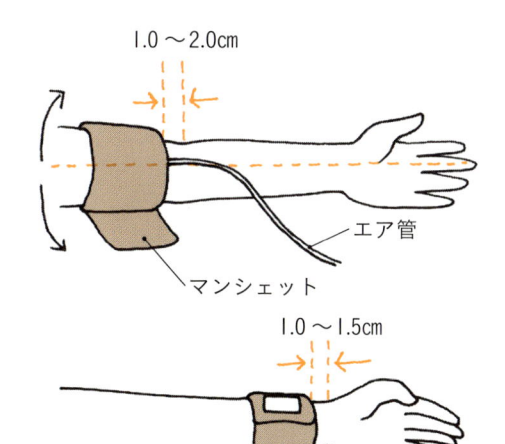

▶ 異常値が出た場合には、少ししてから再測定を！

血圧はいろいろな要因により変動しやすいので、異常値が測定された場合は、5分ほど安静にしていただき、再度測定する。それでも同じような値だった場合には、指示に従って対応する。

また、具体的な指示がなくてもそのままにせず、頭痛・吐き気・めまいなどの症状はないか確認し、医療職や家族へ報告する。

02 血圧測定チェックシート

■ 事前調査時に確認しておくこと

何のために測定しているか。	□健康管理のため　□入浴・運動前の可否判断のため □その他（　　　　　　　　　　　　　　　　　　）
それは誰の指示か。	□主治医　　□訪問看護師　　□家族　　□本人
どの血圧計で 左右どちらで測るか。	□上腕式　　　□手首式　　　□指式 □左　　　　　□右
普段の血圧はどのくらいか。	収縮期血圧　　　　mmHg　一般的な正常値　100〜140mmHg 拡張期血圧　　　　mmHg　一般的な正常値　60〜90mmHg
具体的な血圧値の指示はあるか。	□ある　　　　　　　　□ない ▶どんな指示か。 ［　収縮期　　拡張期　］血圧が （　　　　　　　）mmHg［　以上　　以下　］で □［　入浴　　運動　］中止 □連絡　　　【連絡先】 　　　　　　　　名称 　　　　　　　　担当者 　　　　　　　　TEL □その他（　　　　　　　　　　　　　　　　　　　）
血圧測定にあたって注意することはあるか。 それはどんなことか。	□ある　　　　　　　　□ない ▶どんなことか。
何かあったときは 誰に連絡すればよいか。	□訪問看護師　□主治医　□ケアマネジャー　□家族 名称 担当者名 TEL

CHECK SHEET #002

■必要物品

物品名	保管場所
□自動血圧計　[　上腕式　手首式　指式　]	
□その他	

■基本手順　※必要物品の用意と後片付け、事前・事後の手洗いは省く。

手順	注意点
1.いつも測っている姿勢をとってもらう。	できれば排尿し、5分くらい安静にしてから測る。
2.いつも測る側にマンシェットを巻く。	麻痺がある場合は健側が基本。
3.マンシェットの中心が心臓の高さになるようにする。（手首式・指式は測定器が心臓の高さにくるように）	測定する側の腕に力が入らないように、台やクッションで支えて調整する。
4.スイッチを入れて加圧する。	
5.数値が表示されたら、値を確認する。	
6.スイッチを切り、マンシェットをはずす。	

■実施後の確認事項

□測定した血圧は指示の範囲内か。

□範囲外の場合は、指示通りの対応をしたか。

□血圧計は所定の場所に戻したか。

■記録のポイント

1.いつ？	<例> 訪問後、少し安静にしていただいてから、左上腕にて血圧測定をしました。162/86でした。5分後に再度測定しましたが、162/82でしたので、指示通り入浴は中止しました。頭痛や気分不快はないとのこと。ご家族にその場で報告しました。
2.どこで？　…測定部位	
3.いくつだったか？　…測定結果	
4.どう対応したか？	
5.利用者の様子は？	

3　パルスオキシメータの装着

どんな人が対象になるの？

- 慢性呼吸不全などにより、呼吸の機能が低下している人（そのために在宅酸素（HOT）を使用している場合が多い）。たとえば、
  - ・健康管理のために定期的に測っている人。
  - ・動脈血酸素飽和度をもとに酸素の使用量を調節している人。
  - ・動脈血酸素飽和度をもとに入浴や運動の可否判断をしている人。

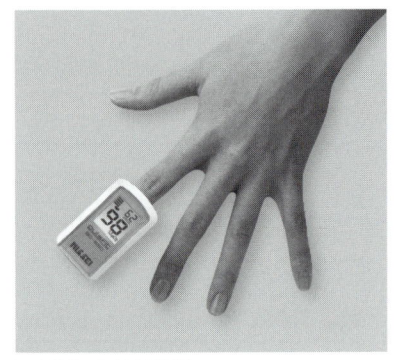

写真提供：日本精密測器

導入時の判断！（関連第2章18頁～）

1．厚生労働省通知（医政発第0726005号）による実施条件
 (1) 新生児以外であり、入院治療が必要でない状態にあること。
 (2) 動脈血酸素飽和度を測るためにパルスオキシメータを装着すること。
 (3) 専門的な管理が必要でないこと。

2．実際のサービス提供にあたって
 (1) サービスが必要か否か。
  - 本人が測定できない状態で家族なども対応できず、援助が必要な状況であるか。
 (2) サービス提供が可能か否か。
  - 上記通知条件(1)～(2)を満たしているか。
  - 酸素の使用量を調整するために測る場合は、酸素量の調整については本人又は家族等が実施できるか。
  - 入浴や運動の可否判断のために測る場合は、具体的な数値の指示が出ているか。
  - 異常値が測定された場合の報告先や対処方法がはっきりわかっているか。

上記について確認し、判断をする。

基礎知識

▶ **動脈血酸素飽和度とは**

血液中のヘモグロビンのうち、酸素を運んでいるものの割合を示すもの。

単位はパーセント（％）。サチュレーション（Saturation／飽和度）やサット（SAT）という言い方をすることもある。

▶ **パルスオキシメータとは**

動脈血酸素飽和度を測る機器。

酸素を運んでいないヘモグロビンは赤い色を吸収し、酸素を運んでいるヘモグロビンは、赤い色を吸収しない。この性質を利用して、指先の末梢血管のなかの血液に赤い光をあてて測定する。

▶ **酸素は勝手に増やさない！**

動脈血酸素飽和度を測定している利用者は、在宅酸素療法（HOT）を行っている人が多い（在宅酸素療法については191頁～参照）。

酸素は、不足すると息苦しさや倦怠感が出てきて人間の活動を阻害するが、多く吸えばよいというわけではない。急に多くの酸素を吸うと、肺での酸素と二酸化炭素の受け渡しがうまくできなくなり、体のなかに二酸化炭素が溜まってしまい、意識障害などに陥る危険がある。

そのため、利用者が息苦しさを訴えていても、あるいは動脈血酸素飽和度がいつもの値より低くても、介護職の判断で酸素の量を増やすことは決してしてはならない。事前に具体的な指示を受けている場合以外は、必ず医療職に報告し、指示を受ける必要がある。また、いずれの場合でも、操作は利用者又は家族が行う必要がある。

03　パルスオキシメータチェックシート

■事前調査時に確認しておくこと

何のために測定しているか。	□健康管理のため　□酸素流量の調節のため □入浴・運動前の可否判断のため □その他（　　　　　　　　　　　　　　　　　　　）
それは誰の指示か。	□主治医　□訪問看護師　□家族　□本人
どの指で測るか。	□人差し指　［左　右］　□他の指（　　　　　　　）
普段の動脈血酸素飽和度は。	（　　　　　　　）%　｜一般的な正常値　96%以上
具体的な動脈血酸素飽和度の指示はあるか。	□ある　　　　　　　　□ない ▶どんな指示か。 動脈血酸素飽和度（　　　）%　［以上　以下］で □酸素流量（　　　）ℓ／分に増量 □［　入浴　運動　］中止 □連絡　【連絡先】 　　　　　　名称 　　　　　　担当者 　　　　　　TEL □その他（　　　　　　　　　　　　　　　　　　）
動脈血酸素飽和度の測定にあたって注意することはあるか。それはどんなことか。	□ある　　　　　　　　□ない ▶どんなことか。
何かあったときは誰に連絡すればよいか。	□訪問看護師　□主治医　□ケアマネジャー　□家族 名称 担当者名 TEL

CHECK SHEET #003

■必要物品

物品名	保管場所
□パルスオキシメータ	

■基本手順　※必要物品の用意と後片付け、事前・事後の手洗いは省く。

手　順	注意点
1.スイッチを入れる。	スイッチを入れても、電源が入らない場合は、電池が切れていないか確認する。
2. 赤く点灯している面が爪側にくるようにはめる。	指先がしっかり中まで入るようにはめる。
3.数秒で動脈血酸素飽和度と脈拍数が表示されるので、数値を確認する。	パルスオキシメータは継続的に動脈血酸素濃度を表示し続けるので、数値の変動がなくなり安定したところを測定値とする。
4.スイッチを切る。	

■実施後の確認事項

□測定した動脈血酸素飽和度は指示の範囲内か。
□範囲外の場合は、指示通りの対応をしたか。
□パルスオキシメータは所定の場所に戻したか。

■記録のポイント

1.いつ?	
2.どこで?　　…測定部位	<例> 入浴前に左人差し指で動脈血酸素飽和度の測定をしました。92%で指示の範囲内でしたので、入浴していただきました。入浴中・入浴後も息苦しさ等なく終了しました。
3.何%だった?　　…測定結果	
4.どう対応したか?	
5.利用者の様子は?	

4　軽微な傷の処置

どんな人が対象になるの？

- 受診するほどの傷ではないが、日常の傷の消毒や保護が必要な人。
- 利用者（又は介護者）の処置では傷を化膿させてしまう危険性がある人。たとえば、
  - 認知症で、清潔不潔の区別ができない人。
  - 麻痺や老化により、手指が動かしづらくなったり視力が落ちるなどの理由で、1人（又は介護者も含む）では傷の処置が難しい人。

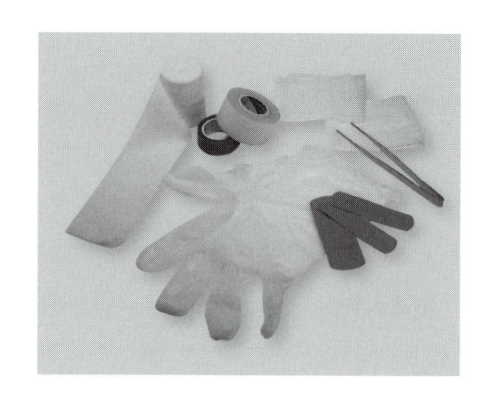

導入時の判断！（関連第2章18頁〜）

1．厚生労働省通知（医政発第0726005号）による実施条件
  (1) 軽い擦り傷、切り傷、やけどであること。
  (2) 処置の内容が専門的な判断や技術を必要としないこと。
  (3) ガーゼ交換の場合は、上記(1)に該当する傷を覆っているガーゼが汚物で汚れた場合の交換であること。
  (4) 専門的な管理が必要でないこと。

> ● "傷"などの解釈
> 過去に起きた傷の継続的な処置であり、突発的な事故等による応急処置はこの限りではない。

2．実際のサービス提供にあたって
  (1) サービスが必要か否か。
   ● 本人が処置ができない状態で家族なども対応できず、援助が必要な状況であるか。
  (2) サービス提供が可能か否か。
   ● 上記通知条件(1)〜(3)を満たしているか。
   ● 主治医や訪問看護師が傷を管理している場合には、処置の方法、傷の状況の報告先がはっきり指示され、あきらかであるか。

上記について確認し、判断をする。

> ● 糖尿病と易感染
> 糖尿病の人は感染しやすい状態になっている。血糖のコントロールがうまくいっていない人は、特にその傾向が強い。従って、たとえ軽微な傷の処置であっても、介護職が安易に引き受けられない場合もあるので、注意が必要である。

基礎知識

▶ それぞれどんな傷？

① 擦り傷
　擦りむいてできる傷。擦過傷。

② 切り傷
　刃物など鋭いもので切れた傷。

③ やけど
　熱により皮膚にできた傷。

> ● 低温やけど
> それほど熱くなく、心地よいと感じられる程度の温度が長時間にわたって皮膚に作用し続けることで起こるやけど。皮膚の奥深くまで達していることが多く、なおりにくい。

▶ 水ぶくれやかさぶたはやぶらない！

　やけどや褥瘡の初期の水ぶくれなどはつぶさないように保護することが基本である。水ぶくれのなかには、皮膚を再生するための栄養分がたくさん含まれている。そして、外から雑菌が入らないようにシールドする役割ももっている。そのため、絆創膏やガーゼでつぶさないように保護することが大切である。

　またなおりかけると掻痒感があるため、利用者が無意識にかいてしまい、かさぶたを無理にはがして出血し、なかなかおらないケースも多い。そのような場合には、かさぶたをはがさない目的で、傷をガーゼなどで覆う。

▶ ガーゼをはがすときは要注意！

　処置のために古いガーゼや絆創膏をはがすときは注意が必要である。ガーゼと一緒にかさぶたをはがしてしまうことが多いからである。

　ガーゼが浸出液や血液などで傷にくっついてしまっているときは、消毒液などを多めにガーゼにかけ、ガーゼを濡れた状態にし、ゆっくりと慎重にはがす。どうしてもガーゼとかさぶたが離れないようであれば、無理をしないことが大切である。

▶ 発赤や腫れ、痛みは注意信号！

　傷や傷の周囲の皮膚が発赤したり、腫れていたり、痛みが強くなった場合には、感染のサインであることが多い。できるだけ早く医療職の判断を仰げるよう、利用者やケアマネジャーなどに働きかける。

4　軽微な傷の処置チェックシート

■事前調査時に確認しておくこと

どんな傷か。	□擦り傷　□切り傷　□やけど □その他（　　　　　　　　　　　　　　　）
けが（やけど）をした時期。	年　　　　月　　　　日　　　　時ごろ
傷の場所はどこか。	

具体的にどのような処置をすればよいか。	消　毒	
	薬	
	保　護	
	その他	

| 傷の処置にあたって注意することはあるか。
それはどんなことか。 | □ある | □ない |
| | ▶どんなことか。 | |

何かあったときには 誰に連絡すればよいか。	□訪問看護師　□主治医　□ケアマネジャー　□家族	
	名称	
	担当者名	
	TEL	

CHECK SHEET #004

■必要物品

物品名	保管場所
□消毒薬	
□軟膏	
□ディスポーザブル（使い捨て）手袋	
□綿棒	
□ガーゼ・絆創膏	
□固定テープ	
□はさみ	
□その他	

■基本手順　※必要物品の用意と後片付け、事前・事後の手洗いは省く。

手　順	注意点
1.手袋をつける。	
2.傷を流水で洗う。	
3.消毒する。	
4.軟膏等、薬をつける。	
5.絆創膏・ガーゼ等で保護する。	
6.手袋をはずす。	

■実施後の確認事項

□傷の状態は前回とかわりないか。発赤・腫れ・痛みなどはないか。

□使用した物品は所定の場所に戻したか。

□不潔なもの（手袋、古いガーゼ、綿棒など）はまとめて所定の場所に捨てたか。

■記録のポイント

1.いつ？	<例>
2.どんな処置を？	入浴後、アルコールで消毒。ゲンタシン軟膏®を塗布し、ガーゼ保護しました。テープを貼ったあとが少し赤くなっていました。傷周囲に腫れはなく、痛みもないとのことです。
3.傷の状態は？	
4.利用者の様子は？	

第1章　介護職と医療行為

第2章　サービス提供の流れ

第3章　医療的ケアの実際

第4章　現場で役立つ事例Q&A

第5章　医療ニーズの高い利用者に対する訪問介護サービス

5　軟膏の塗布

どんな人が対象になるの？

- 何らかの理由で軟膏が処方されている人。たとえば、
  - 手指や視力の障害などにより自分で塗布することができない人。
  - 認知症、その他の理由により塗布することを忘れてしまう人。

〈高齢者に軟膏塗布が必要な主な理由〉
- 皮膚が乾燥しやすいためかゆみがある。
- 皮膚の衛生が保てていないため皮膚疾患をもっている。
- 栄養状態がよくないために皮膚疾患に罹りやすく、治りにくい。
- 体の関節のあちこちに痛みをもっている。

導入時の判断！（関連第2章18頁〜）

1．厚生労働省通知（医政発第0726005号）による実施条件
(1) 本人が入院・入所して治療する必要がなく、容態が安定していること。
(2) 副作用の危険性や投薬量調整のため、医師又は看護職員による連続的な容態の経過観察が必要でないこと。
(3) 当該医薬品の使用方法そのものについて専門的な配慮が必要でないこと。
(4) そのうえで、医師、歯科医師や看護師の資格のない者でも介助できることを、本人・家族に伝えてあること。
(5) そのうえで、利用者・家族より介助の依頼があること。
(6) 医師の処方による薬であること。
(7) 皮膚への軟膏塗布であること（褥瘡の処置を除く）。
(8) 専門的な管理が必要でないこと。

2．実際のサービス提供にあたって
(1) サービスが必要か否か。
  - 本人が実施できない状態で家族なども対応できず、援助が必要な状況であるか。
(2) サービス提供が可能か否か。
  - 上記通知条件の(1)〜(5)について本人が理解し、依頼の意思があるか。
  - 皮膚への軟膏塗布であり、褥瘡や粘膜への塗布ではないか。

上記について確認し、判断をする。

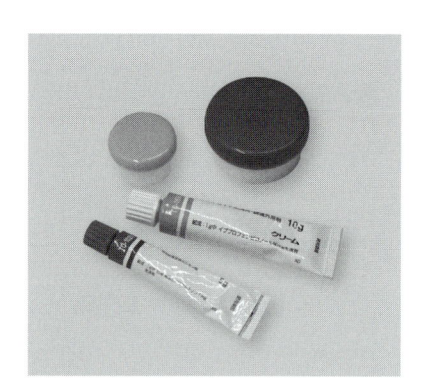

基礎知識

▶ **軟膏薬を清潔に保つためのちょっとしたポイント！**

　軟膏チューブや軟膏つぼから軟膏を追加で取り出すときは、一度利用者の体にふれた指で取り出さず、違う指で取り出す。軟膏チューブや軟膏つぼはある程度の期間使い続けることが多いので、できるだけ雑菌の混入を避け、軟膏薬を清潔に保つように配慮する。

　追加で取り出さずに済むよう、はじめに取り出す際に必要量を見極めて取り出すようにすることも大切である。

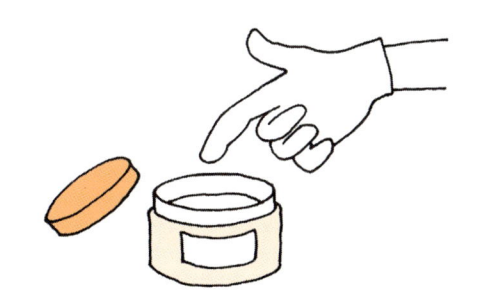

▶ **軟膏を塗る間隔についても確認を！**

　かゆみ止めや痛み止めなどで使用する軟膏は、一度塗布したあと、サービス時間中に再度塗布してほしいと利用者から頼まれる可能性がある。

　そのようなことが予測される場合は、1日何回くらいまで塗ってよいのか、あけなければいけない時間はどのくらいかについても確認しておく必要がある。

▶ **皮膚の状態の観察をしっかり行う！**

　軟膏を塗布する前に、皮膚の状態を確認する。前回と比較してあまりにも大きく状態が変わっている場合は、指示のまま軟膏を塗布してよいかを医療職に確認できるとよい。

　また、皮膚の状態について記録を残しておく。

5　軟膏の塗布チェックシート

■事前調査時に確認しておくこと

医師の処方を受けたものか。	□はい		□いいえ	
塗布する薬は何か。 どんな作用(効果)のある薬か。 どこにどのくらい塗るか。	薬の名前・作用		部位	量
	① 作用)			
	② 作用)			
	③ 作用)			
塗布する皮膚の状態はどうか。 　・病名は何か。 　・症状はあるか。 　　（発疹・発赤・かゆみ・痛みなど）				
今までに軟膏を使用してトラブルはあったか。 それはどんなトラブルで どのように対処したか。	□あった		□ない	
	▶どんなトラブルで、どのように対処したか。			
軟膏の塗布にあたって注意することはあるか。 それはどんなことか。	□ある		□ない	
	▶どんなことか。			
何かあったときは 誰に連絡すればよいか。	□訪問看護師　□主治医　□ケアマネジャー　□家族			
	名称			
	担当者名			
	TEL			

CHECK SHEET #005

■必要物品

物品名	保管場所
□軟膏	
□ディスポーザブル(使い捨て)手袋	
□その他	

■基本手順　※必要物品の用意と後片付け、事前・事後の手洗いは省く。

手　順	注意点
1. 原則として手袋をつける。	
2. 前に塗った軟膏が残っている場合は、拭き取る又は洗浄する。	薬の上塗りは効果が得られない。また、雑菌の温床となりかえって皮膚の状態を悪化させる危険性もある。
3. 薬の名前と塗布する部位を確認する。	
4. 必要量の軟膏を片手にとり、反対の手でなでるように塗る。	塗布の際は、手掌や指の腹で塗り、爪を立てないようにする。
5. 手袋をはずす。	

■実施後の確認事項

□使用した物品は所定の場所に戻したか。

■記録のポイント

1. いつ？	
2. どこに？　…部位	<例>
3. どの薬を？	入浴後、背中と左右上腕にヒルドイド®を塗布しました。乾燥が続いていて、皮膚の表面はガサガサしていました。また、陰部の発疹にゾビラックス軟膏®を塗布しました。発疹の状態は前回と変わりありませんでした。
4. 皮膚の状態は？	
5. 利用者の様子は？	

6　湿布の貼付

どんな人が対象になるの？

- 何らかの理由で湿布が処方されている人。
  たとえば、
    - 背中や肩など自分では貼りにくいところに貼る必要がある人。
    - 手や指、視力等に問題があり、湿布を自分で貼ることができない人。
    - 認知症や物忘れにより、湿布を貼ることを忘れてしまう人。

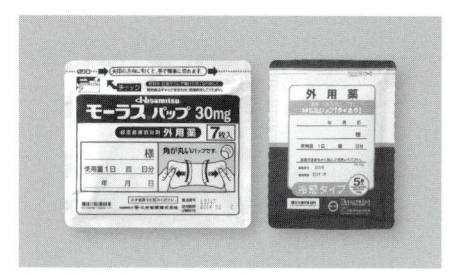

写真提供：（左）久光製薬／（右）大鵬薬品工業

　高齢者は、加齢により関節のまわりを支える筋力が低下する。そのため、関節に大きな力がかかり、クッションの役目をする軟骨が磨り減って炎症が起こり、痛みや腫れが生じる。また、中年以上の女性は関節リウマチを罹っている人も多い。

　関節に痛みがあると動かさなくなってしまうことが多いため、関節の拘縮や筋力低下を招く。従って、湿布により痛みが抑えられるのであれば、適切に使用することが、利用者の生活を支えることにつながる。

導入時の判断！（関連第2章18頁〜）

1．厚生労働省通知（医政発第0726005号）による実施条件
(1) 本人が入院・入所して治療する必要がなく、容態が安定していること。
(2) 副作用の危険性や投薬量調整のため、医師又は看護職員による連続的な容態の経過観察が必要でないこと。
(3) 当該医薬品の使用方法そのものについて専門的な配慮が必要でないこと。
(4) そのうえで、医師、歯科医師や看護師の資格のない者でも介助できることを、本人・家族に伝えてあること。
(5) そのうえで、本人・家族より介助の依頼があること。
(6) 医師の処方による薬であること。
(7) 湿布を貼付すること。
(8) 専門的な管理が必要でないこと。

2．実際のサービス提供にあたって
(1) サービスが必要か否か。
   - 本人が実施できない状態で家族なども対応できず、援助が必要な状況であるか。
(2) サービス提供が可能か否か。
   - 上記通知条件の(1)〜(5)について本人が理解し、依頼の意思があるか。

上記について確認し、判断をする。

基礎知識

▶ 冷やす湿布と温める湿布は作用が違う！

湿布には冷湿布と温湿布の2種類がある。

・冷湿布：冷やすことで皮膚の血管が収縮し、血行が緩やかになるため、腫れや熱がひく。急性の痛み（起きたばかりの痛みや炎症）に効果がある。

・温湿布：温めることで皮膚の血管が拡がり血行がよくなるため、酵素や栄養が体内をよくめぐるようになり、老廃物も除去されるため腫れや熱がひく。慢性の痛み（長く続いている痛みや炎症）に効果がある。

▶ 湿布は貼り方にコツがある！

湿布は、皮膚を通して成分を体内に吸収・刺激させるのが目的なので、皮膚にしっかりと密着させることがポイントである。しかし、人間の体は立体的でまるみを帯びているうえに、関節部は特に動きが大きい部分なので、ハサミで切り込みを入れるなどの工夫が必要である。

動きの激しい部位などは、はがれないようにテープなどで固定することもあるが、湿布によって皮膚が荒れていることが多いので、使用する場合は最小限にする。

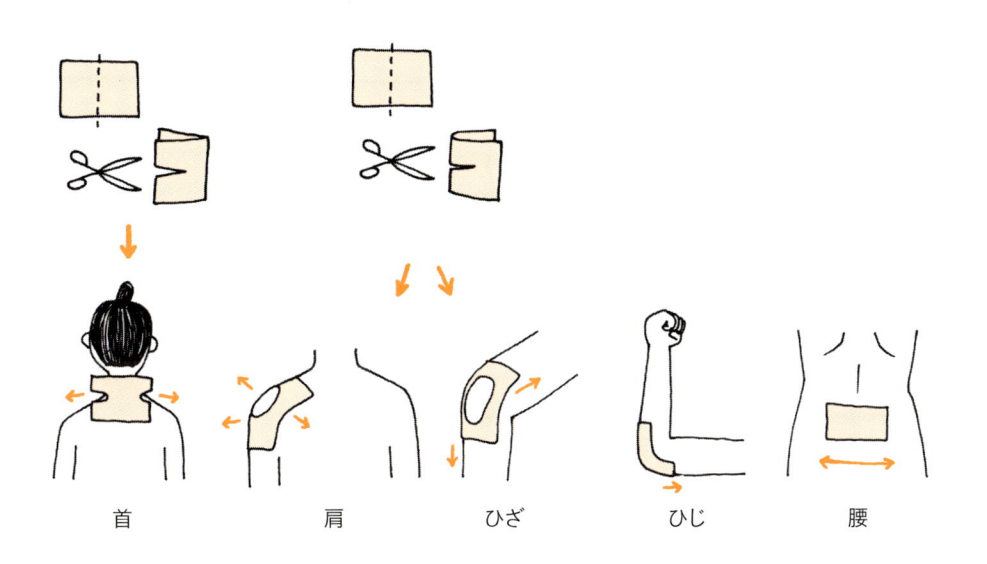

首　　肩　　ひざ　　ひじ　　腰

6　湿布の貼付チェックシート

■事前調査時に確認しておくこと

医師の処方を受けたものか。	□はい	□いいえ
貼る場所にはどんな症状があるか。	□痛み　□腫れ　□打撲　□捻挫 □その他（　　　　　　　　）	□特に なし
湿布薬は何か。	①　　　　　　　　　　　　　　　　冷　温 ②　　　　　　　　　　　　　　　　冷　温	
貼る場所はどこか。 それぞれ何枚貼るか。	（人体図　前面・背面）	
今までに（又は現在）湿布により皮膚がかぶれたことはあるか。それはどのように対処したか。あるいは対処しているか。	□あった　又は　ある　　□ない ▶どのように対処したか。しているか。	
湿布の貼付にあたって注意することはあるか。それはどんなことか。	□ある　　□ない ▶どんなことか。	
何かあったときは誰に連絡すればよいか。	□訪問看護師　□主治医　□ケアマネジャー　□家族 名称： 担当者名： TEL：	

CHECK SHEET #006

■必要物品

物品名	保管場所
□湿布	
□固定用テープ	
□はさみ	
□その他	

■基本手順 ※必要物品の用意と後片付け、事前・事後の手洗いは省く。

手　順	注意点
1.利用者に貼る部分を出してもらう。	
2.貼り替えの場合は、貼ってあるものをはがす。	皮膚を傷つけないように、静かにはがす。
3.そのまま貼れる場合はセロハンをはがす。切り込みを入れるなどしたほうがよい場合は、セロハンをはがす前に切り込みを入れる。	慣れない場合は、セロハンをはがす前に一度あててみて、どこに切り込みをいれるとフィットするかを確認するとよい。
4.新しい湿布薬を貼る。	

■実施後の確認事項

□貼った湿布がはがれてきたりしていないか。

■記録のポイント

1.どこに？　…部位	<例> 右肘と腰に湿布を貼付しました。 腰はかぶれて赤くなっていたので、ご相談して1枚分下にずらして貼りました。痛みは落ち着いているとのことでした。
2.皮膚の状態は？	
3.痛みや腫れの状態は？	
4.利用者の様子は？	

第1章　介護職と医療行為

第2章　サービス提供の流れ

第3章　医療的ケアの実際

第4章　現場で役立つ事例Q&A

第5章　医療ニーズの高い利用者に対する訪問介護サービス

7　点眼

どんな人が対象になるの？

- 何らかの理由で点眼薬を処方されている人。たとえば、
  - 細かい手作業ができないため、自分で点眼ができない人。
  - 認知症や物忘れにより、点眼を忘れてしまう人。
  - 視力の低下や障害により、点眼薬の確認ができない人。

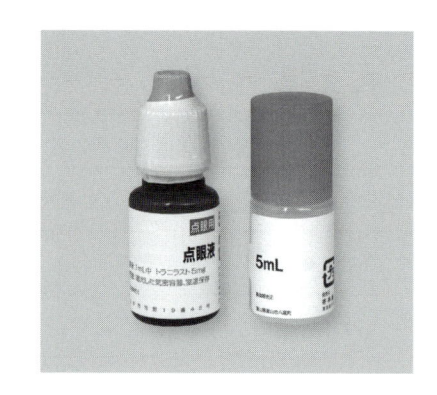

高齢者は、ほかの病気の合併症や加齢による機能低下により目に症状が出たりするため、何らかの点眼薬を使用している割合は高い。

導入時の判断！（関連第2章18頁～）

1．厚生労働省通知（医政発第0726005号）における実施条件

(1) 本人が入院・入所して治療する必要がなく、容態が安定していること。
(2) 副作用の危険性や投薬量調整のため、医師又は看護職員による連続的な容態の経過観察が必要でないこと。
(3) 当該医薬品の使用方法そのものについて専門的な配慮が必要でないこと。
(4) そのうえで、医師、歯科医師や看護師の資格のない者でも介助できることを、本人・家族に伝えてあること。
(5) そのうえで、本人・家族より介助の依頼があること。
(6) 医師の処方による薬であること。
(7) 点眼薬を点眼すること。
(8) 専門的な管理が必要でないこと。

2．実際のサービス提供にあたって

(1) サービスが必要か否か。
  - 本人が実施できない状態で家族なども対応できず、援助が必要な状況であるか。
(2) サービス提供が可能か否か。
  - 上記通知条件の(1)～(5)について本人が理解し、依頼の意思があるか。

上記について確認し、判断をする。

基礎知識

▶ 特に指示のない限り、点眼薬は1滴でOK！

　点眼薬1滴の分量はおよそ0.03〜0.05ml。まぶたのなかに留めておける点眼薬の量は0.025〜0.03mlである。すなわち、1滴以上さしてもあふれてしまうのである。また目は目頭から鼻の奥、口へとつながっているので、多い分は鼻や口へと流れてしまう。点眼後、口のなかが苦くなるのはそのためである。

▶ 2種類以上の点眼を同時にするときは、さす順番に注意！

　点眼薬は、薬の作用や効き目の強さによってさす順番が決まっているので、医師からどのような指示を受けているのかを確認する。不明の場合は、薬を出してもらった薬局に確認する方法もある。

　通常、あとにさす目薬のほうが効果を得られるので、重要性の高い目薬をあとにさすことが多い。

▶ 点眼時のポイント！
①眼球ではなく、引き下げた下まぶたに落とすようにする。
②点眼薬が瞳孔にまっすぐ見えると、反射的に目をつぶりたくなるので、脇からさすようにしてもよい。
③高齢者は、目の機能低下によりまぶしさに敏感なので、明るすぎる場所では目をあけにくいこともある。周囲の明るさにも配慮するとよい。
④上を向くのが難しい利用者の場合は、臥床する・イスの背もたれにもたれてもらうなどするとよい。頭部と頸部が安定し、かつ利用者も安楽な姿勢を工夫する。

▶ 点眼薬は保管方法に配慮する！
①保管は目薬に記載された方法に従う。
　・冷所保存：雑菌の繁殖や薬の変質を防ぐため、冷蔵庫に保管する。
　・常温保存：通常の室内でよい。但し直射日光があたったり、温度が高くなりやすいところは避ける。また冷やすと結晶ができて変質したりするものもあるため、常温保存のものは冷蔵庫に入れない。
　・暗所保存：日の当たらない暗いところに保管する。
②「遮光」と書かれているものは必ず付属の袋に入れる（日光により変質するため）。
③目薬に表示されている使用期限は、開封前の状態での期限である。開封したあとの使用期限は1か月以内くらいが目安である。

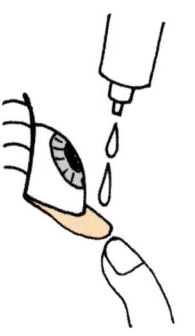

7　点眼チェックシート

■事前調査時に確認しておくこと

医師の処方を受けたものか。	□はい		□いいえ
目の病気はあるか。	□はい（　　　　　　　　　　）		□いいえ
現在、何か症状はあるか。	□はい ｛目やに　充血　眼圧が高い 　その他（　　　　　　　）｝		□いいえ

	薬の名前	使用する目	時間・順序
点眼する薬は何か。 どんな作用(効果)のある薬か。 どちらの目にさすか。 使用する時間や順序は決まっているか。	① 作用）	左　　右	
	② 作用）	左　　右	
	③ 作用）	左　　右	
	④ 作用）	左　　右	

今まで点眼に関してトラブルはあったか。 それはどんなトラブルで どのように対処したか。	□あった	□ない
	▶どんなトラブルで、どのように対処したか。	

点眼にあたって注意することはあるか。 それはどんなことか。	□ある	□ない
	▶どんなことか。	

何かあったときは 誰に連絡すればよいか。	□訪問看護師　□主治医　□ケアマネジャー　□家族	
	名称	
	担当者名	
	TEL	

CHECK SHEET #007

■必要物品

物品名	保管場所
□点眼薬	
□ティシュペーパー	
□清浄綿	
□その他	

■基本手順　※必要物品の用意と後片付け、事前・事後の手洗いは省く。

手　順	注意点
1.点眼薬をよくふる(ふる指示のある薬のみ)。	
2.キャップをはずす。	先端に触らないようにする。
3.利用者に顔を少し上に向けてもらう。	
4.ティッシュ等を点眼する目の下に軽くあてながら、下まぶたを引き下げる。	
5.反対の手で点眼薬の容器を押して点眼する。	先端がまつげや目に触らないよう、距離を保つ。
6.2〜3分は目を閉じていただくか、ティッシュで目頭を軽く押さえる。	
7.あふれた点眼薬があれば拭きとる。	

■実施後の確認事項

□目薬は所定の場所に戻したか。

■記録のポイント

1.いつ(時間の指定のある場合)?	
2.どこに? …どちらの目に?	<例>
3.なんという点眼薬を?	10:00にタリビットを両眼に点眼しました。左目に少し目やにが出ていました。
4.目の状態は?	
5.利用者の様子は?	

第1章　介護職と医療行為

第2章　サービス提供の流れ

第3章　医療的ケアの実際

第4章　現場で役立つ事例Q&A

第5章　医療ニーズの高い利用者に対する訪問介護サービス

8　内服薬介助

どんな人が対象になるの？

- 何らかの理由で薬を処方されている人。たとえば、
  ・手指や視力の障害などにより、自分で飲むことができない人。
  ・認知症、その他の理由により飲むことを忘れてしまう人。
  ・発作時に薬を自分で取り出して服用することに不安がある人。

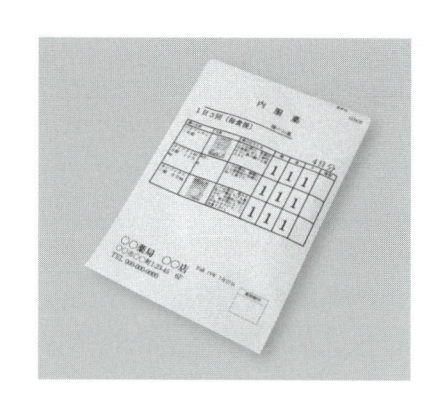

導入時の判断！（関連第2章18頁〜）

1．厚生労働省通知（医政発第0726005号）による実施条件
（1）本人が入院・入所して治療する必要がなく、容態が安定していること。
（2）副作用の危険性や投薬量調整のため、医師又は看護職員による連続的な容態の経過観察が必要でないこと。
（3）誤嚥の可能性がないことなど、当該医薬品の使用方法そのものについて専門的な配慮が必要でないこと。
（4）そのうえで、医師、歯科医師や看護師の資格のない者でも介助できることを、本人・家族に伝えてあること。
（5）そのうえで、本人・家族より介助の依頼があること。
（6）医師の処方による薬であること。
（7）一包化されていること。
（8）内服薬であること、あるいは舌下錠であること。
（9）専門的な管理が必要でないこと。

2．実際のサービス提供にあたって
（1）サービスが必要か否か。
　●本人が実施できない状態で家族なども対応できず、援助が必要な状況であるか。
（2）サービス提供が可能か否か。
　●上記通知条件の(1)〜(5)について本人が理解し、依頼の意思があるか。
　●薬が一包化されている又は一回分をヘルパーがわかるようにわけられているか。
上記について確認し、判断をする。

基礎知識

▶ 内服薬にもいろいろな形状がある！

「内服薬」とは「飲み薬」「経口薬」ともいい、口から飲む薬のことをいう。錠剤・カプセル・粉末・液剤などいろいろな形状のものがあるが、形状の違いにより、飲みやすさ・飲んでから薬が効くまでの時間・保存性などに違いがある。

同じ薬で形状の異なるものも存在するので、利用者が薬を飲みにくい場合は他の形状の薬にかえられないかを医療職に相談してみるのも一案である（たとえば錠剤は飲み込みにくいが粉末なら飲みやすいなど）。

また、錠剤については噛み砕いて服用するチュアブル錠といわれるもの以外は、そのまま飲み込むのが原則である。そのため、利用者から「薬の粒が大きくて飲み込みにくい」といわれても、医療職の許可なしに勝手に割って飲ませてはならない。割って飲むことで薬の効果が早く出てしまったり、効果が得られなかったりする危険性があるからである。この場合も、まず医療職に利用者の状態を伝え、相談する必要がある。

▶ 舌下錠とは？

舌の下に入れておき、溶けるのを待つ薬。溶けた薬の成分は、口の粘膜にたくさんある血管から吸収されるので、1分程度で薬の効果があらわれる。しかし、効果は長く続かない。

舌下錠を間違って飲み込んでも心配はないが、効果がすぐにあらわれない可能性がある。そのような場合は、まず医療職に報告し、指示を受ける。

よく使われるのは狭心症の発作時に使用する薬である。

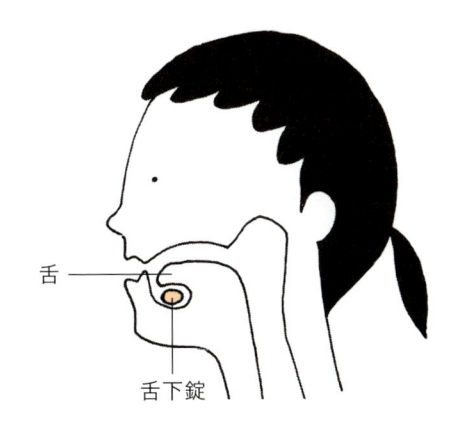

▶ 薬を飲むときは水か白湯！

薬のなかには飲み物や食事によって薬の作用に影響が出るものもある。よくいわれるのは、お茶・グレープフルーツジュース・牛乳・カフェイン・アルコールなどである。従って、特に指示のない限りは水か白湯で飲んでもらうようにする。

8 内服薬介助チェックシート

■事前調査時に確認しておくこと

定期処方の服用				
医師の処方を受けたものか。	□はい		□いいえ	
服用するのはいつか。	□食前　□食直前　□食間 □食後　□食直後　□就寝前　□発作時			
服用する薬は何か。 それぞれどのくらい飲むか。 どんな作用(効果)のある薬か。 それぞれどんな色や形の薬か。	薬の名前・作用		量	色・形・形状
	①			
	作用)			[錠　カプセル　粉　液]
	②			
	作用)			[錠　カプセル　粉　液]
	③			
	作用)			[錠　カプセル　粉　液]
	④			
	作用)			[錠　カプセル　粉　液]
	⑤			
	作用)			[錠　カプセル　粉　液]
内服にあたって注意することは あるか。				

発作時の舌下錠の服用		
医師の処方を受けたものか。	□はい	□いいえ
発作の判断は自分でできるか。	□できる	□できない
発作時はどのような状態になるか。		
追加して飲んでいいのは何錠か。	錠まで	
何かあったときは 誰に連絡すればよいか。	□訪問看護師　□主治医　□ケアマネジャー　□家族	
	名称	
	担当者名	
	TEL	

CHECK SHEET #008

■必要物品

必要物品	保管場所
□服用する薬	
□コップ ・ 湯のみ	
□その他	

■基本手順　※必要物品の用意と後片付け、事前・事後の手洗いは省く。

手　順	注意点
1.薬の確認をする。	
2.利用者に座位になってもらう。	座位になれない人でもギャッチアップするなどして上体を起こすようにする。
3.口のなかに薬を含み、水などで飲んでもらう。	薬の錠数が多い場合は数回にわける。 コップ1杯(100ml)程度は水分をとってもらう（食道に留まるのを防ぐため）。 飲み込みのよくない人は、顎を引くと咽頭が上がるので、嚥下しやすくなる。
4.口腔内に薬が残っていないかを確認する。	頬と歯茎の間、舌の下、麻痺側などはよく確認する。

■実施後の確認事項

□口のなか、ベッド、テーブルの下などに薬が残っていないか。

□使用した物品は所定の場所に戻したか。

■記録のポイント

舌）＝舌下錠の場合

1.いつ？	<例> 昼食後、食後の薬を飲んでいただきました。 13：30頃、胸苦しさを訴えられ、「発作の薬を」と言われたのでニトロをお渡ししました。 1錠では治まらず、もう1錠なめると胸苦しさがなくなったと笑顔で話されました。
2.舌）発作時の状況（訴えや症状）は？	
3.舌）何錠なめたか？	
4.舌）発作は改善したか？	
5.舌）その後の対応は？	
6.利用者の様子は？	

9　肛門からの坐薬挿入

どんな人が対象になるの？

- 何らかの理由で坐薬を処方されている人。たとえば、
  - ・便秘がちで、排便を促す坐薬を使用している人。
  - ・痔があって、坐薬の治療薬を使用している人。
  - ・慢性の痛みなどに対して、坐薬の鎮痛剤を使用している人。
  - ・熱や吐き気に対して坐薬を使用している人。
  - ・手指や視力の障害などにより、自分で坐薬を挿入することができない人。
  - ・認知症、その他の理由により坐薬を挿入することを忘れてしまう人。

導入時の判断！（関連第2章18頁～）

1．厚生労働省通知（医政発第0726005号）による実施条件
(1) 本人が入院・入所して治療する必要がなく、容態が安定していること。
(2) 副作用の危険性や投薬量調整のため、医師又は看護職員による連続的な容態の経過観察が必要でないこと。
(3) 肛門からの出血の可能性など、当該医薬品の使用方法そのものについて専門的な配慮が必要でないこと。
(4) そのうえで、医師、歯科医師や看護師の資格のない者でも介助できることを、本人・家族に伝えてあること。
(5) そのうえで、本人・家族より介助の依頼があること。
(6) 医師の処方による薬であること。
(7) 肛門からの坐薬挿入であること。
(8) 専門的な管理が必要でないこと。

2．実際のサービス提供にあたって
(1) サービスが必要か否か。
  - ●本人が実施できない状態で家族なども対応できず、援助が必要な状況であるか。
(2) サービス提供が可能か否か。
  - ●上記通知条件の(1)～(5)について本人が理解し、依頼の意思があるか。
  - ●肛門が出血しやすい状態にないか。

上記について確認し、判断をする。

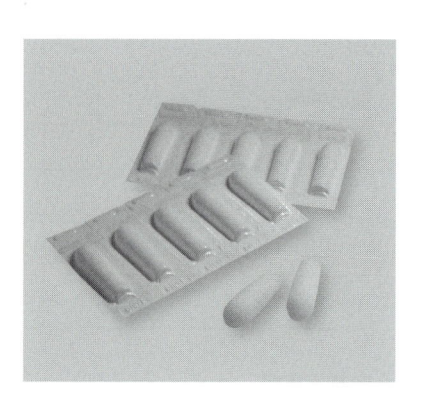

基礎知識

▶ **坐薬ってどんな薬？**

薬品をカカオ脂に混ぜて固めた薬。肛門から挿入し、直腸で溶けて粘膜から吸収される。

よく使われる坐薬には、
- 緩下剤（便秘時に便を出しやすくする薬）
- 痔の薬
- 解熱鎮痛剤（熱を下げたり、痛みをおさえたりする薬）
- 制吐剤（せいとざい）（吐き気止めの薬）
- 抗鎮痙剤（こうちんけいざい）（けいれんをおさえる薬）

などがある。

▶ **坐薬は肛門括約筋を利用して入れる！**

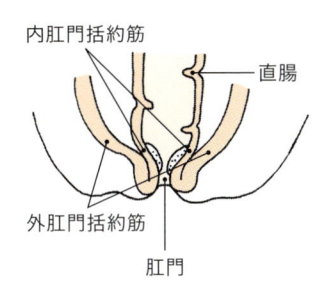

左図のように、肛門の入り口には「肛門括約筋」という筋肉がある（正確には、内肛門括約筋と外肛門括約筋の2種類）。肛門括約筋により、肛門は通常閉じている。坐薬を挿入するときは、この筋肉の存在を意識するとよい。

指で挿入するときは、この筋肉より奥に坐薬を入れれば、出てきてしまうことはまずない。その目安が人差し指の第2関節である。指を入れていくと、坐薬がすっと吸い込まれていくところがあるのがわかる。それが肛門括約筋の奥に入った印である。

また、うまく奥まで入れられない場合は、次のような方法がある。

①臥位での挿入

膝を曲げた（抱えた）姿勢で側臥位になり、坐薬の2/3以上挿入したところで足を伸ばす。

②立位での挿入

中腰で坐薬を挿入し、坐薬の2/3以上挿入したところでまっすぐ立つ。

▶ **坐薬を切るときは斜めに！**

坐薬を半分量使用するときは、包装のまま斜めに切る。

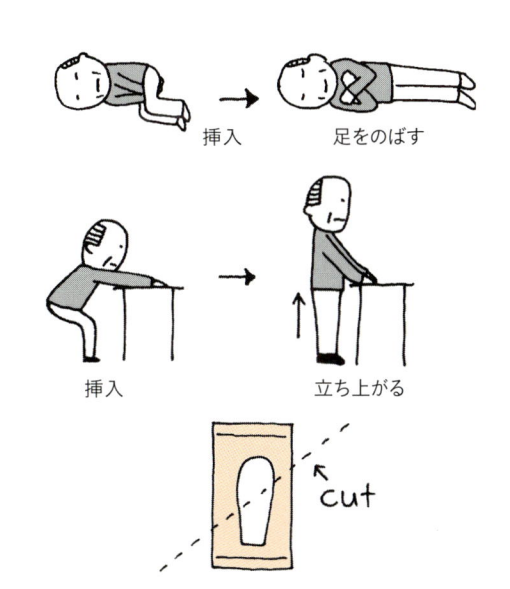

9　肛門からの坐薬挿入チェックシート

■事前調査時に確認しておくこと

医師の処方を受けたものか。	□はい		□いいえ	
挿入する坐薬は何か。 どんな作用（効果）のある薬か。 使用するのはいつか。	薬の名前・作用			いつ
	①			
	作用）			
	②			
	作用）			
今までに坐薬を使用してトラブルはあったか。 それはどんなトラブルで、 どのように対処したか。	□あった		□ない	
	▶どんなトラブルで、どのように対処したか。			
坐薬の挿入にあたって注意することはあるか。 それはどんなことか。	□ある		□ない	
	▶どんなことか。			
何かあったときは 誰に連絡すればよいか。	□訪問看護師　□主治医　□ケアマネジャー　□家族			
	名称			
	担当者名			
	TEL			

■必要物品

必要物品	保管場所
□坐薬	
□潤滑油	
□ディスポーザブル（使い捨て）手袋	
□その他	

CHECK SHEET #009

■基本手順　※必要物品の用意と後片付け、事前・事後の手洗いは省く。

手　順	注意点
1. 手袋をつける。	
2. 坐薬の包装をはがし、先端に潤滑油をつける。	潤滑油がない場合は、坐薬の先端を手であたためて少し溶かすとよい。
3. 利用者の体位を整え、肛門部がみえるようにする。	プライバシーの保持につとめる。 臥位の場合は左側臥位がよい。
4. 声かけをして息を吐いてもらいながら、坐薬の尖っている側から挿入する。人差し指の第2関節くらいまで入れる。	力がうまく抜けない場合は、「アー」と声を出していもらうとよい。
5. 手袋をはずす。	
6. 利用者の着衣を整える。	
7. 下剤の場合は、その後の排便の対応をする。	

■実施後の確認事項

□ 肛門から出血などはないか。

□ 坐薬が出てきてないか。　→　すぐに出てきた場合は再挿入する。
　　　　　　　　　　　　　→　時間が経過してからの場合は医療職の判断を仰ぐ。

□ 利用者に気分不快等はないか。

□ 下剤使用の場合は、排便はあったか。

■記録のポイント

1. いつ？	<例> 11：00にレシカルボン坐薬を1個挿入しました。 30分後に排便が多量にありました。 「すっきりした」とおっしゃって、下腹部の張る感じがなくなったとのことでした。
2. どの薬を？	
3. 利用者の様子は？	

10　鼻腔粘膜への薬剤噴霧

どんな人が対象になるの？

- 何らかの理由で噴霧する薬剤を処方されている人。たとえば、
  - アレルギー性鼻炎や風邪による鼻づまりがある人。
  - 気管支喘息の人の喘息発作の予防あるいは発作を落ちつかせるため。

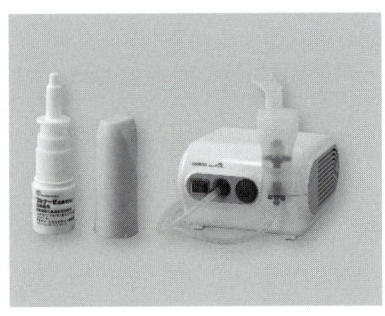

写真提供：（左）グラクソ・スミスクライン／（右）オムロンヘルスケア

導入時の判断！（関連第2章18頁〜）

1．厚生労働省通知（医政発第0726005号）による実施条件

(1) 本人が入院・入所して治療する必要がなく、容態が安定していること。
(2) 副作用の危険性や投薬量調整のため、医師又は看護職員による連続的な容態の経過観察が必要でないこと。
(3) 当該医薬品の使用方法そのものについて専門的な配慮が必要でないこと。
(4) そのうえで、医師、歯科医師や看護師の資格のない者でも介助できることを、本人・家族に伝えてあること。
(5) そのうえで、本人・家族より介助の依頼があること。
(6) 医師の処方による薬であること。
(7) 鼻腔粘膜への薬剤噴霧であること。
(8) 専門的な管理が必要でないこと。

2．実際のサービス提供にあたって

(1) サービスが必要か否か。
- 本人が実施できない状態で家族なども対応できず、援助が必要な状況であるか。

(2) サービス提供が可能か否か。
- 上記通知条件(1)〜(5)について本人が理解し、依頼の意思があるか。
- 喘息発作や、たんが多量に出る、又は出ないことによるトラブルが起こった場合の対応方法がはっきりとわかっているか。特にネブライザーを実施したあと、吸引が必要な可能性があるのか、その場合は誰が実施するのかについてはあきらかにしておくこと。

上記について確認し、判断をする。

基礎知識

▶ 鼻腔粘膜への薬剤噴霧とは？

薬液や精製水などを霧状にして噴出する器具を使用して、薬剤を鼻腔粘膜や鼻腔を経由して気道の粘膜から吸収させること。噴霧のために使用する器具には、点鼻薬やネブライザーなどがある。前者は主にアレルギー性鼻炎や風邪による鼻づまりに、後者は主に喘息のある人や痰をやわらかくするときに使う。

点鼻薬

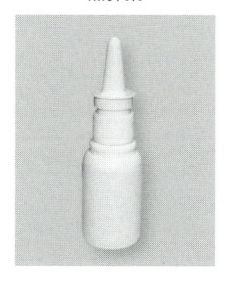

ネブライザー

写真提供：オムロンヘルスケア

点鼻薬によく使われる薬剤は、以下のようなものがある。
- 血管収縮剤（一時的に鼻の粘膜を収縮させて鼻づまりをおさえる薬）
- 抗アレルギー剤（アレルギー反応を抑える薬）

ネブライザーによく使われる薬剤は以下のとおり。生理食塩水・精製水に薬剤を溶かして使用する。
- 副腎皮質ホルモン剤（喘息などの炎症を抑える薬）

▶ 痰のつまりが起きやすい！

ネブライザーは痰を出しやすくする効果があるため、実施している途中や終了後に、痰が一度に出てくることがある。多量の痰によって口や気道がふさがれてしまうと、呼吸困難になったり、ひどいときは窒息の可能性もある。

吸引をする場合は、特定行為としてヘルパーが行う、ご家族にお願いする、訪問看護師にお願いするなどがある。ヘルパーが自分で実施する場合以外は、必要なときにスムーズに吸引が行えるよう事前に待機していただくなど、利用者が苦しい時間を過ごさなくて済むような配慮が必要である。

10　鼻腔粘膜への薬剤噴霧チェックシート

■事前調査時に確認しておくこと

点鼻薬の場合

医師の処方を受けたものか。	□はい	□いいえ	
噴霧する薬は何か。 どんな作用(効果)のある薬か。 量は決まっているか。 使用する時間又は症状は決まっているか。	薬の名前 ① 効果) ② 効果)	使用する量 ml プッシュ ml プッシュ	 時間・症状
今まで使用に際してトラブルはあったか。 どんなトラブルでどのように対処したか。	□あり ▶どんなトラブルで、どのように対処したか。	□なし	

ネブライザーの場合

医師の処方を受けたものか。	□はい		□いいえ
肺や気管等の病気はあるか。	□はい（　　　　　　　　　）		□いいえ
喘息発作時に使用する薬か。 「発作時」はどんな状態か。	□はい ▶発作時の様子は。		□いいえ

吸入する薬は何か。 どんな作用(効果)のある薬か。 量は決まっているか。 使用する時間又は症状は決まっているか。	薬の名前 ① 作用) ② 作用) □精製水 □生理食塩水	使用する量 ml プッシュ ml プッシュ ml	 時間・症状
今までに薬剤噴霧に関してトラブルがあったか。 それはどんなトラブルで どのように対処したか。	□あった ▶どんなトラブルで、どのように対処したか。	□ない	
吸入中や吸入後に吸引をすることはあるか。 それは誰が行っているか。	□ある（保管場所　　　　　　　） ▶誰が。		
吸入にあたって注意することはあるか。 それはどんなことか。	□ある ▶どんなことか。	□ない	□ない
何かあったときは 誰に連絡すればよいか。	□訪問看護師　□主治医　□ケアマネジャー　□家族 名称 担当者名 TEL		

CHECK SHEET #010

■必要物品

物品名	保管場所
□点鼻薬　□ネブライザー	
□精製水・生理食塩水・薬液	
□その他	

■基本手順　※必要物品の用意と後片付け、事前・事後の手洗いは省く。

手　順	注意点
点鼻薬（噴霧タイプ）の場合	
1.鼻をかみ、とおりをよくしておいてもらう。	
2.頭をうつむき加減にして片方の鼻をふさぎ、他方の鼻に容器の先端部分を入れる。	
3.息をゆっくり吸い込みながら缶を強く押し噴霧する。	呼吸とタイミングをあわせる。
4.少しの間、その姿勢を保ち、薬剤が行き渡るようにする。	
点鼻薬（滴下の場合タイプ）の場合	
1.鼻をかみ、とおりをよくしておいてもらう。	
2.座位で行う場合は、頭を後方に傾ける。臥位で行う場合は仰臥位で枕を肩の下にあて、頭を後方に反ってもらう（鼻腔が上を向くようにする）。	
3.鼻腔内に指示された滴数を滴下する。	点鼻薬の先が鼻に触れないようにする。
4.2～3分そのままの姿勢を保ち、薬を行き渡らせる。	
ネブライザーの場合	
1.機器を準備し、薬剤を使用する分だけ準備する。	スポイトや目盛りなどを使って、目の高さで正確に測る。
2.準備した薬剤を薬液ボトルに入れる。	
3.機器のスイッチを入れる。	実施中から、痰をまめに拭いとる。
4.薬剤がなくなったらスイッチを切る。	部品はバラしてきれいに洗う。

■実施後の確認事項

□使用した薬剤等は所定の場所に戻したか。

□たんは絡んでいないか（ネブライザーの場合）。

□使用した器具は指示通りに洗って、消毒したか（ネブライザーの場合）。

■記録のポイント

1.いつ？	<例>
2.噴霧した薬液の名前と量は？	15:00にベネトリン®0.2ml＋精製水2ml吸入しました。
3.利用者の様子は？　…たんの状態、発作時の状態など	吸入中に咳き込みあり、黄色いたんが多量に出ました。

11　爪切り

どんな人が対象になるの？

- 麻痺や振戦（しびれやふるえ等）があり、爪切りを使うのが危険な人。
- 特に疾患がなくても、視力の低下により、爪と肉の境がみえにくい人。
- 体が硬くなって、特に足の爪を切る姿勢がとれない人。

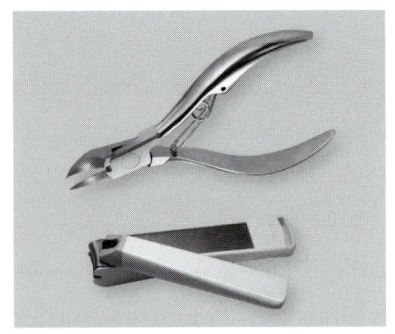

写真提供：（上）グリーンベル

導入時の判断！（関連第2章18頁〜）

1．厚生労働省通知（医政発第0726005号）による実施条件
(1) 爪そのものに異常がないこと。
(2) 爪の周囲の皮膚にも化膿や炎症がないこと。
(3) 糖尿病等の疾患に伴う専門的な管理が必要でないこと。
(4) 以上(1)〜(3)を満たしたうえでの爪切りまたはヤスリがけであること。
(5) 専門的な管理が必要でないこと。

2．実際のサービス提供にあたって
(1) サービスが必要か否か。
- 本人が爪を切ることができない状態で家族なども対応できず、援助が必要な状況であるか。

(2) サービス提供が可能か否か。
- 上記通知条件(1)〜(4)を満たしているか。
- 爪や周囲の皮膚が異常かどうかの判断ができかねる場合、医療職の判断を受ける。

上記について確認し、判断をする。

●「糖尿病等の疾患に伴う専門的な管理」とは

糖尿病の人は血流障害が起こりやすく、また細菌や真菌（水虫など）に対する抵抗が低下する。それに加えて神経障害により、痛みを感じにくい状態になる。そのため、専門的な管理が必要となる場合がある。

ほかにも、腎疾患の人などは抵抗力の低下により専門的な管理が必要となる場合がある。但し、糖尿病や腎疾患のあるすべての利用者が(3)の条件に該当する訳ではない。医療との連携をとり、個別に判断を受ける必要がある。

基礎知識

▶ **爪の役割は？**
- 指先を支え、保護する。
- 指の腹に加わる力を支え、細かいものをつかめるように力の加減の調節をする。

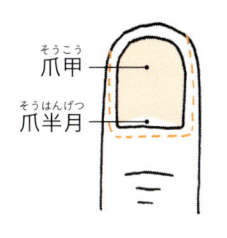

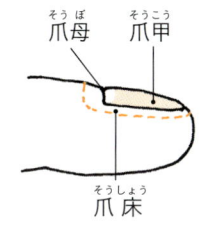

（図：爪甲、爪半月／爪母、爪甲、爪床）

▶ **「歩く」ためにも爪は大切！**

　足の爪は、つま先を保護するだけでなく、体が傾いたり倒れたりしないよう、足の指に力を入れてバランスをとる重要な役割をもっている。足の爪がはがれたり、変形したりすると、この機能が失われてしまう。

　そのため、高齢者にとって足の爪の手入れは歩行との兼ね合いからも重要である。誤った爪の切り方をしたり、手入れを怠っていると、歩行が困難になり、寝たきりの原因になる可能性もある。

▶ **足の爪は切り方に注意！**

　足の爪は角を四角く切る。

　足には体重がかかるため、爪の周りに指の肉が広がっている。そのため、角を丸く切ると、指の両側の肉が爪を圧迫して巻き爪になってしまう。

　長さは先端の白い部分が1mm前後残るくらいに。

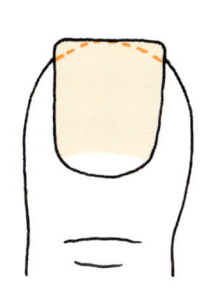

爪切りを深く入れるとカーブがついてしまうので、浅めに切りながら、まっすぐ整える。

切りすぎた深爪。両脇も丸くなっている。

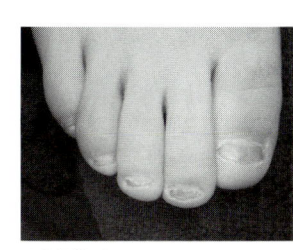

写真提供：ネイルサロン BAJA NAIL&SCHOOL

▶ **爪はいかにひびを入れないように切るかがポイント！**

　爪をパチンパチンと爪切りで切るとひびが入ったり、2枚爪になったりしやすい。

　一番よいのは爪切りを使わずに、ヤスリで削ることであるが、実際のサービスでは爪切りで切らざるをえないことが多い。そのため、

- 爪切りで切る前にはできるだけ入浴・手浴・足浴等で爪をやわらかくしておく。
- 爪切りで切るときは、少しずつ切っていく。
- ヤスリをかけるときは、往復させずに、両端から中心に向かって一方向にかける。

といった注意が必要である。

11 爪切りチェックシート

■事前調査時に確認しておくこと

いつもは誰が行っているか。	□家族　□訪問看護師　□その他（　　　　　　　　　）
何を使用しているか。	□爪切り　□ニッパー　□ハサミ式　□その他（　　　　　）
爪の病気はあるか。	□はい ／ □いいえ
現在何か症状はあるか。	□はい　巻き爪　爪が肥厚している　爪が硬い　その他（　　　） ／ □いいえ
爪の異常や周囲の皮膚の異常で介護職が対応できない爪はどれか。それは誰が対応するか。	▶誰が異常のある爪の対応をするか。
今まで爪切りに関してトラブルはあったか。それはどんなトラブルでどのように対処したか。	□あった ／ □ない ▶どんなトラブルで、どのように対処したか。
爪切りをするにあたって注意することはあるか。それはどんなことか。	□ある ／ □ない ▶どんなことか。 ▶糖尿病・肝臓病の既往。　▶左の事項による抵抗力の低下。 □ある　□ない　　　　　□ある　□ない
何かあったときは誰に連絡すればよいか。	□訪問看護師　□主治医　□ケアマネジャー　□家族 名称： 担当者名： TEL：

CHECK SHEET #011

■必要物品

物品名	保管場所
□爪切り	
□ヤスリ	
□ディスポーザブル(使い捨て)手袋	
□ティッシュ・ちらし等	

■基本手順　※必要物品の用意と後片付け、事前・事後の手洗いは省く。

手順	注意点
1.皮膚や爪に感染症のある利用者の場合は手袋を使用する。	
2.切ろうとしている指を、自分の人差し指と親指でもつ。	深爪や周囲の皮膚を傷つけないようにする。
3.爪の下の指の肉を人差し指で引き下げるようにしながら、爪と指の間に爪切りをそっと差し込み、爪の端から少しずつ切る。	手と足をそれぞれにあわせた切り方で切る。
4.爪を切り終わったらヤスリで爪の両端から中心に向かって削り、仕上げをする。	ゴシゴシと往復してこすらない。爪が割れたり、ひびが入ったり、2枚爪の原因となることがある。
5.手袋を使用した場合は、手袋をはずす。	

■実施後の確認事項

□爪きり後、爪や周囲の皮膚に異常はなかったか。

□使用した物品は所定の場所に戻したか。

□切った爪は決められたところに処理したか。

■記録のポイント

1.爪きり前の対応は？　…入浴・手浴・足浴	<例> 入浴後、手の爪は爪切りで、足の爪はニッパーで切りました。爪切り後、ヤスリがけもしました。爪や皮膚に傷などはみられませんでした。
2.何で？　…道具	
3.爪や周囲の皮膚の状態は？	
4.利用者の様子は？	

12　口腔内の刷掃・清拭

どんな人が対象になるの？

- あらゆる高齢者が対象となるが、特に
  ・口腔機能の低下がみられる人。
  ・口腔内の保清が保たれていない人。

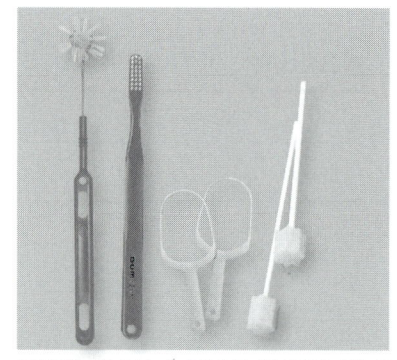

写真提供：(左から) オーラルケア／川本産業／サンスター／ユニロック

導入時の判断！（関連第2章18頁～）

1．厚生労働省通知（医政発第0726005号）による実施条件
(1) 重度の歯周病がないこと。
(2) 日常的な口腔内の保清として行うものであること。
(3) 歯ブラシや綿棒、巻き綿子などで、歯・口腔粘膜・舌に付着している汚れを取り除き、清潔にすること。
(4) 専門的な管理が必要でないこと。

2．実際のサービス提供にあたって
(1) サービスが必要か否か。
- 本人が口腔内の保清をできない状態で家族なども対応できず、援助が必要な状況であるか。

(2) サービス提供が可能か否か。
- 上記通知条件(1)～(3)を満たしているか。
- トラブル発生時の報告先や対応方法がはっきりわかっているか。

上記について確認し、判断をする。

基礎知識

▶ 口の健康はQOLの向上につながる！

口腔ケアには汚れを取り除くケアと口腔機能の維持・回復のためのケアという2つの側面がある。これらは、毎日のセルフケアと歯科医師又は歯科衛生士によるプロフェッショナルケアの組み合わせで成り立つ。

厚生労働省通知にある「日常的な口腔内の刷掃・清拭」はセルフケアの介助にあたる。

口腔内の保清が保たれ、口腔機能の維持・回復が図られると、

口からおいしく食べられる ▶ 食事が楽しくなる ▶ 体力の向上
▲ ▼
積極的になる ◀ コミュニケーションがとれる ◀ 身体機能の回復
▼
はりのある楽しい生活
QOLの向上が図られる！

▶ 歯磨きの基本は歯と歯肉のブラッシング！

歯磨きの目的は

① 口のなかに溜まった食べかすや歯垢（プラーク）をきれいにし、微生物の繁殖を抑えて歯石がつかないように（プラークコントロール）すること。

② 歯肉をマッサージすることで、血行をよくすること。

歯ブラシの選び方

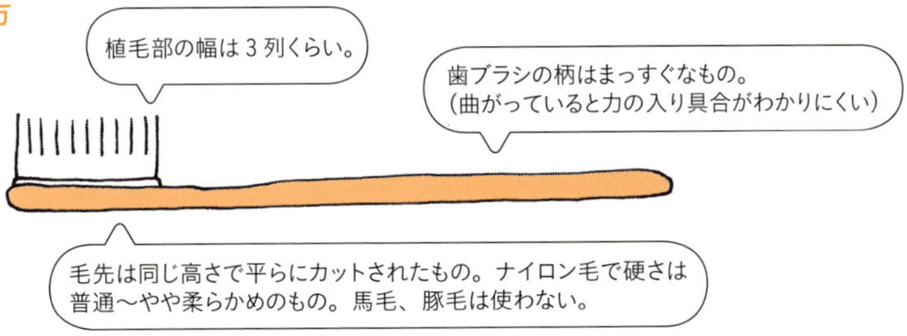

- 植毛部の幅は3列くらい。
- 歯ブラシの柄はまっすぐなもの。（曲がっていると力の入り具合がわかりにくい）
- 毛先は同じ高さで平らにカットされたもの。ナイロン毛で硬さは普通〜やや柔らかめのもの。馬毛、豚毛は使わない。

歯ブラシの当て方

・毛先をきちんとあてて磨く　・軽い力で磨く　・小刻みに動かして磨く　45度

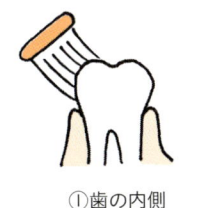

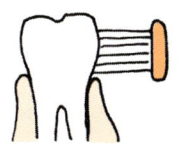

① 歯の内側　② 歯の外側　③ 下の奥歯　④ 歯と歯肉の境目

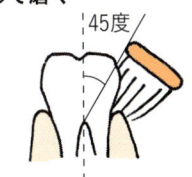

12　口腔内の刷掃・清拭チェックシート

■事前調査時に確認しておくこと

現在、口のなかに何かトラブルはあるか。	□はい 歯肉からの出血　　舌苔　　乾燥している 食べ物が残りやすい　　歯がぐらぐらしている その他（　　　　　　　　　　　　　　　　　）	□いいえ
いつもは誰が行っているか。	□本人　□家族　□その他（　　　　　　　　　　　　　　　　　　　　　　）	
普段いつ義歯をつけているか。	□寝ているとき以外ずっと　　□食事のときだけ □その他（　　　　　　　　　　　　　　　　　　　　　　　　　　　）	
義歯のとりはずしは誰が行っているか。	□本人　□介助者（　　　　　　　　　　　　　　　　　　　　　　　）	
口腔ケアをするにあたって注意することはあるか。 それはどんなことか。	□ある ▶どんなことか。	□ない
何かあったときは 誰に連絡すればよいか。	□訪問看護師　□主治医　□ケアマネジャー　□家族 名称 担当者名 TEL	

■必要物品

物品名	保管場所
□歯ブラシ・スポンジブラシ	
□コップ・吸い呑み	
□ディスポーザブル（使い捨て）手袋	
□タオル	
□ティッシュペーパー	
□歯磨き粉	
□義歯洗浄剤	
□義歯容器	
□うがい薬	
□その他	

CHECK SHEET #012

■ **基本手順** ※必要物品の用意と後片付け、事前・事後の手洗いは省く。

手　順	注意点
歯ブラシを使っての歯磨きの場合	
1. 手袋をつける。	
2. 実施前に口腔内のトラブルをチェックする。	「見られたくない」という思いがあるため、口腔内の問題がある人ほど口を開けたがらない。ケアを始める前に声かけをする。「これから口の中をきれいにしますね」など。
3. 利用者が楽な体位で行うが、可能な限り座位、半座位で行う。	できるだけ楽な姿勢をとってもらう。疲れないようにクッションなどを利用してポジショニングする。 座位をとれない人は誤嚥に注意して、 ・横向きに寝るか、顔を横にして行う。 ・麻痺のある人は麻痺側を上にする。 ・防水シーツやタオルで顎の下と肩を覆う。 ・カーグルベースン等受けるものを顔の横におき、衣類を汚さないようにする。
4. 首から胸にかけてタオル等をかける。	
5. うがいをして口腔内を湿らしたあと、歯ブラシを濡らして歯磨き剤をつける。	唾液分泌が低下した人は口のなかが乾燥しているので、デンタルリンスなどの洗口剤を歯ブラシにつけて磨く方法もある。
6. 歯を磨く（汚れが付きやすい所から先に磨くと磨き残しが少ない）。	入れ歯のある人ははずしてから歯を磨く。 残っている歯がない人も同じように磨く。
7. 歯ブラシが届かない奥歯の裏側や頬は綿棒等にうがい薬を含ませて行う。	
8. 舌も歯ブラシで軽く10回くらい、奥から手前にかきだす。舌クリーナーを使ってもよい。	あまり奥に入れると嘔吐しやすくなるので注意する。
9. 口腔内がきれいになるまで数回、口をすすぐ（ブクブクうがい）。	うがいの水は少しずつにする。 座位のとれない人は、吸い呑みで水・お湯を少量含ませ、うがいを繰り返す。
10. 口のまわりを乾いたタオルで拭く。	
11. 手袋をはずす。	
口腔清拭（ガーゼ・綿棒などによる）の場合	
1.～4. は歯ブラシを使っての歯磨きの手順と同様。	
5. 水で湿らしたガーゼ等を指や割り箸の先に巻きつけて口のなか全体をまんべんなく拭く。ガーゼは強くこすらずに、汚れたら何度でも交換する。 スポンジブラシを使用してもよい。	ガーゼは目が粗く、汚れはとれるが、粘膜を傷つけないように力を加減する。 余分な水分はしぼる。 スポンジブラシは清掃効果が高く、粘膜への刺激も少ない。
6. 歯と歯の間や細かいところは綿棒や歯間ブラシを使用するとよい。	
7. 舌は奥から手前に向けて拭く。	
8. 手袋をはずす。	

12 口腔内の刷掃・清拭チェックシート

■基本手順（続き）

手　順	注意点
義歯（入れ歯）の洗浄の場合	
1.手袋をつける。	
2.義歯をとりはずし、歯ブラシで十分に水洗いする。	市販の入れ歯洗浄剤を使用してもよいが、ブラシを使わないと汚れが落ちないので、必ず歯ブラシで洗ったあとに使用する。
3.特にスラスブ（止め金）部分は丁寧に洗う。	
4.洗浄が終わったら、また装着する。 　利用者により次の食事まではずしておく人もいるので、利用者のやり方に従う。	入れ歯をはずしておく場合は、水を入れた専用の容器に保管しておく。
5.手袋をはずす。	

■実施後の確認事項

☐ 口腔内に出血はないか。

☐ 義歯は確実に装着できているか。

☐ 使用した物品は所定の場所に戻したか。

■記録のポイント

1.いつ？	<例> 昼食後、口腔ケア実施。前面の歯はご自分で、奥歯は介助する。うがい時のむせこみは前回に比べて少なく、歯肉からの出血はありませんでした。 「口のなかがすっきりして気持ちいいです」とのことでした。
2.口腔内の状態は？ 　（チェックシート事前調査項目を参考に）	
3.利用者の様子は？	

CHECK SHEET #012

13　耳垢の除去

どんな人が対象になるの？

- 加齢や認知症によって整容に関心がなくなり、耳及び耳周囲の清潔が保たれていない人。
- 腕や手の動きに麻痺や振戦（しびれ、ふるえ等）がある人。
- 筋力や巧緻性の低下により、細かい手の動きが困難な人。

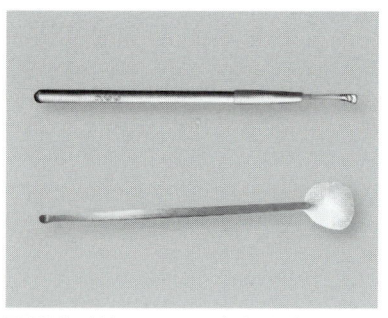

写真提供：（上）コモライフ／（下）ピップフジモト

導入時の判断！（関連第2章18頁～）

1. **厚生労働省通知（医政発第0726005号）による実施条件**
   (1) 耳垢栓塞の除去ではないこと。
   (2) 専門的な管理が必要でないこと。
2. **実際のサービス提供にあたって**
   (1) サービスが必要か否か。
   - 本人ができない状態で家族なども対応できず、援助が必要な状況であるか。
   (2) サービス提供が可能か否か。
   - 上記通知条件(1)～(2)を満たしているか。
   - 耳だれ・出血・かさぶた等はみられないか（これらがみられるということは、耳のなかに何らかのトラブルのある可能性が高く、介護職としての対応は難しいため）。

上記について確認し、判断をする。

> ● **耳垢塞栓とは**
> 耳垢が多量にたまり、外耳道をほとんど閉塞してしまう状態になっているものをいう。

基礎知識

▶ 耳垢って？

耳のなかの皮膚が古くなって剥がれ落ちたものや、ちり・ほこりなどが固まったもの。

耳には、耳垢を耳の入口のほうへゆっくりと移動させて押し出す力が自然に備わっている。従って、大方の耳垢は日数を経れば入口付近に運ばれてくる。物を噛んだときや顎が動いた拍子に自然と外に出ていくこともある。

耳垢は人によりカサカサと乾いたタイプ（乾性耳垢）とねっとりと湿ったタイプ（湿性耳垢）がある。

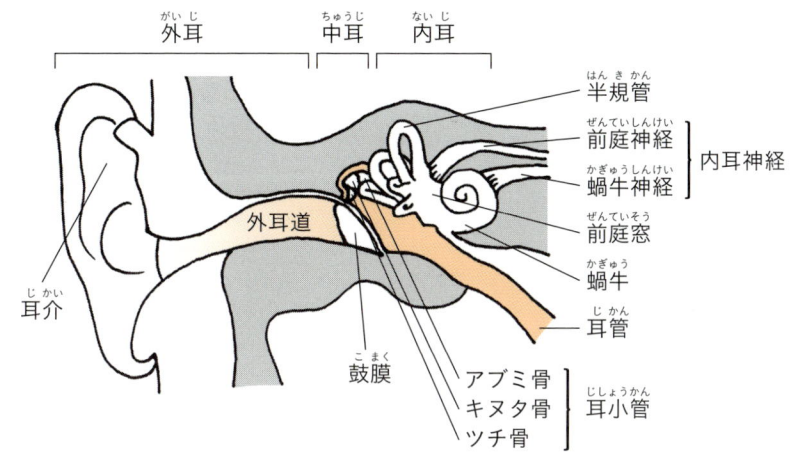

耳の構造

▶ 耳垢の除去は出口付近を！

上記のとおり、耳には自然に耳垢を外に出す機能が備わっているので、無理に耳垢を除去しなくても耳垢が溜まってしまう心配はない。但し、高齢者の場合は加齢による代謝の低下や、長い間耳かきを頻繁にされていたことによって、その機能が多少落ちている人もいる。また寝たきりなどにより、何かの拍子に体の外に排出される機会がなく溜まってしまう人もいる。

もし、依頼を受けて耳垢の除去をする場合には、入口付近に押し出されてきた耳垢をとればよい。耳垢が溜まっているのは、入口から1cmくらいのところである。奥まで耳かきや綿棒を入れると、かえって耳垢を押し込んでしまい、耳垢塞栓の原因をつくってしまうこともあるので、注意が必要である。

13　耳垢の除去チェックシート

■事前調査時に確認しておくこと

いつもは誰が行っているか。	□家族　□訪問看護師　□その他（　　　　　　　　　）
何を使用しているか。	□耳かき　　□綿棒
耳の病気はあるか。	□はい（　　　　　　　　　　）　　□いいえ
現在何か症状はあるか。	□はい｛耳だれ　出血　かさぶた　痒み　その他（　　　　　　　）｝　□いいえ
今まで耳かきに関してトラブルはあったか。それはどんなトラブルでどのように対処したか。	□あった　　□ない ▶どんなトラブルで、どのように対処したか。
耳かきをするにあたって注意することはあるか。それはどんなことか。	□ある　　□ない ▶どんなことか。
何かあったときは誰に連絡すればよいか。	□訪問看護師　□主治医　□ケアマネジャー　□家族 名称： 担当者名： TEL：

CHECK SHEET #013

■必要物品

物品名	保管場所
□耳かき	
□綿棒	
□その他	

■基本手順 ※必要物品の用意と後片付け、事前・事後の手洗いは省く。

手　順	注意点
1.照明をつけて手元を明るくする。	明るくできないときは、入口付近を綿棒で拭き取る程度にする。
2.利用者が普段使っているものを使用して行う。	
3.中指で耳かきの背を押さえ、親指と人差し指をあわせた3本の指でもつ。薬指を軽く頬にあてて耳かきを安定させて掻き出す。	
4.その際、反対側の手で耳たぶを後ろに引っ張るようにする。	

■実施後の確認事項

□痛みや出血などはなかったか。

□使用した物品は所定の場所に戻したか。

■記録のポイント

1.何で？　…道具	<例>入浴後に綿棒で両耳の耳かきを行いました。左の耳から耳垢が少し綿棒につきました。特にトラブルはみられませんでした。
2.汚れなど耳の清潔状態は？	
3.痛みや出血などは？	
4.利用者の様子は？	

14　ストマ装具のパウチに溜まった排泄物の除去

どんな人が対象になるの？

- がんなどにより腸を切除し、人工肛門を造っている人。
- がんなどにより膀胱を切除し、人工膀胱を造っている人。

ストマは、セルフケアが原則である。しかし高齢になるに従って、セルフケアを続けられない人

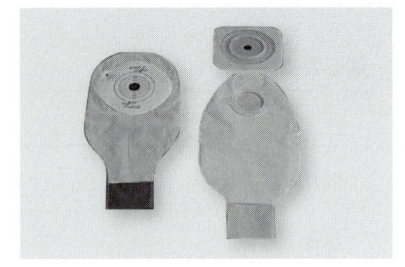

写真提供：公益社団法人日本オストミー協会

も出てくる。ストマ造設者の平均年齢は71.1歳である（2010（平成22）年度日本オストミー協会調べ）。セルフケアができなくなったときは、他者の手助けが必要になる。

導入時の判断！（関連第2章18頁～）

1．厚生労働省通知（医政発第0726005号）による実施条件

(1) パウチに溜まった排泄物を捨てること。
(2) ストマの状態にトラブル等がなく、専門的な管理が必要でないこと。

2．実際のサービス提供にあたって

(1) サービスが必要か否か。
- 本人が排泄物を捨てることができない状態で家族なども対応できず、援助が必要な状況であるか。

(2) サービス提供が可能か否か。
- 上記通知条件(1)～(2)を満たしているか。
- トラブル発生時の報告先や対応方法がはっきりわかっているか。

上記について確認し、判断をする。

●肌に接着しているパウチの取り替えについて

2005（平成17）年厚生労働省通知（医政発第0726005号）では「肌に接着したパウチの取り替えを除く」という一文が記載されていたが、日本オストミー協会の照会に対する回答として、厚生労働省は2011（平成23）年7月に「肌への接着面に皮膚保護機能を有するストーマ装具については、ストーマ及びその周辺の状態が安定している場合等、専門的な管理が必要とされない場合には、その剥離による障害等のおそれは極めて低いことから、当該ストーマ装具の交換は原則として医行為には該当しない」という見解を示した。

基礎知識

▶ ストマとは？

腹部に造られた排泄口のこと。

人工肛門……腸に問題があって便が出せない場合に、腸の一部を腹部に出して造ったもの。
- コロストミー（大腸を出す）
- イレオストミー（小腸を出す）

人工膀胱……膀胱に問題があって排泄できない場合に、腸の一部を使って腹部に尿を排泄する出口を造ったもの。
- ウロストミー（結腸・回腸を出す）

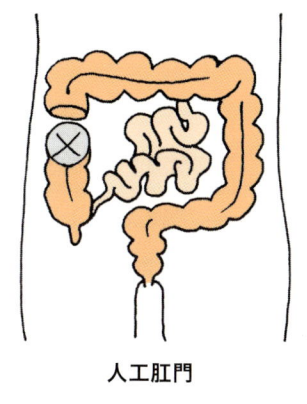

人工肛門

▶ パウチとは？

ストマは肛門や尿道口のように筋肉がないので、便や尿が出るのをコントロールすることができない。そのため排泄物が漏れないよう、ストマにかぶせてつける袋をパウチ（ストマ袋）という。

出てきた便（ガスを含む）、尿はパウチに溜められる。

▶ パウチの種類！

パウチはその形状によっていくつかの種類に大きく分類できる。

パウチは、皮膚に貼る面板（フランジ）と袋で構成されている。面板と袋が一体化しているものをワンピース型、別々になっているものをツーピース型という。

また、袋の部分に排泄口があるものを開放式、排泄口がないものを閉鎖式という。

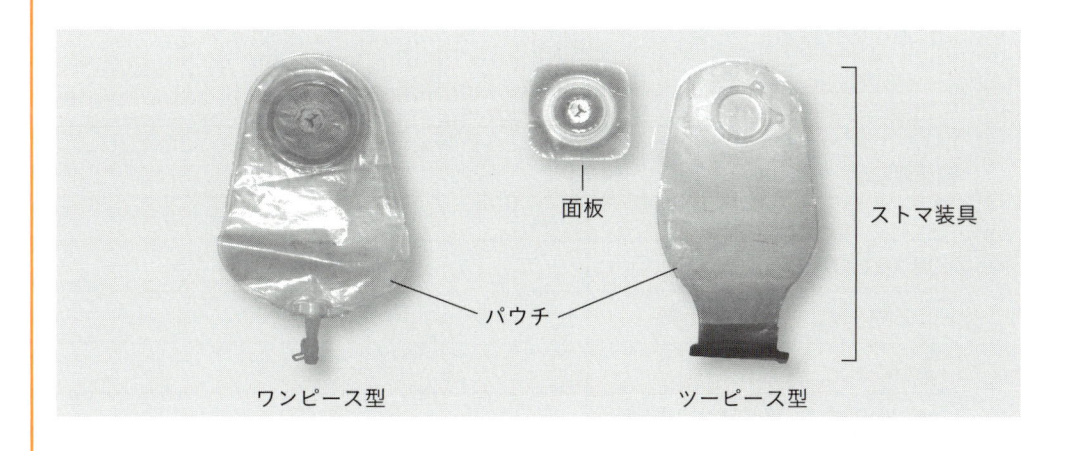

ワンピース型　　ツーピース型
面板　パウチ　ストマ装具

それぞれ長所と短所があるので、利用者のストマや排泄の状態にあわせて医師等が選択している。

14 ストマ装具のパウチに溜まった排泄物の除去チェックシート

排泄物除去

■事前調査時に確認しておくこと

いつ造設したか。	（　　　）年　（　　　）月
いつもは誰が行っているか。	□家族　□訪問看護師　□その他（　　　）
どこで行うか。	□トイレ　□居室　（□Pトイレ　□ベッド上）　□その他
ストマの状態はどうか。	□安定している　□不安定（　　　）
今まで排泄物の除去に関してトラブルはあったか。それはどんなトラブルでどのように対処したか。	□あった　□ない ▶どんなトラブルで、どのように対処したか。
排泄物の除去にあたって注意することはあるか。それはどんなことか。	□ある　□ない ▶どんなことか。
何かあったときは誰に連絡すればよいか。	□訪問看護師　□主治医　□ケアマネジャー　□家族 名称： 担当者名： TEL：

■必要物品

物品名	保管場所
□排泄物を受けるもの	
□ディスポーザブル(使い捨て)手袋	
□トイレットペーパー	
□新しいパウチ(ツーピースを交換する場合)	
□その他	

CHECK SHEET #014

■基本手順　※必要物品の用意と後片付け、事前・事後の手洗いは省く。

手　順	注意点
人工肛門の場合	
1.手袋をつける。	
2.パウチに溜まっている便を、ビニールの上からできるだけ下のほうにまとめる。	
3.パウチの留め具をはずし、パウチの先端を外側に折り返す。	パウチを新しいものに交換する場合は、パウチごとはずす。
4.折り返した排泄口を下に向け、おむつや専用容器にあてて便を出す。	臭いに対し配慮する。
5.折り返した部分の汚れをトイレットペーパー等で拭く。	
6.折り返しを戻し、パウチの留め具を留める。	
7.手袋をはずす。	
人工膀胱の場合	
1.手袋をつける。	不潔な手で操作すると感染を起こすので、注意が必要である。
2.キャップをはずす。	
3.尿瓶や専用容器などで受けられるようにし、ロックをはずして尿を出す。	
4.ロックをし、キャップをつける。	
5.手袋をはずす。	
人工肛門ガス抜きの場合	
手順は人工肛門と同じであるが、ガスのためビニール袋が膨らんでいる部分を押しつぶし、ガスを抜く。	換気等、臭いに対し配慮しながら行う。

■実施後の確認事項

□ パウチの留め具はきちんと留めてあるか。漏れはないか。

□ パウチはフランジからはずれかけていないか。

□ 排泄物は決められたところに処理したか。

■記録のポイント

1.いつ？	<例> 14:00全身清拭中に柔らかい便がパウチに1/3くらい溜まったので捨てました。 ストマからの出血はありませんでした。
2.便・尿の量や性状は？	
3.ストマや周囲の皮膚の状態は？	
4.利用者の様子は？	

| 14 | ストマ装具のパウチに溜まった排泄物の除去チェックシート |

肌に接着しているストマ装具交換

■事前調査時に確認しておくこと

いつ造設したか。	（　　　　　　）年　（　　　　　　）月	
いつもは誰が行っているか。	□家族　□訪問看護師　□その他（　　　　　　　　　）	
通常の貼り替えの周期は。	1回　　／	
型紙はあるか。	□ある	□ない
剥離剤や皮膚保護剤は使用しているか。	□している ▶何をどのように使っているか。	□していない
今までストマ装具の交換に関してトラブルはあったか。 どんなトラブルでどのように対処したか。	□あった ▶どんなトラブルで、どのように対処したか。	□ない
ストマ装具の交換にあたって注意することはあるか。 それはどんなことか。	□ある ▶どんなことか。	□ない
何かあったときは誰に連絡すればよいか。	□訪問看護師　□主治医　□ケアマネジャー　□家族 名称 担当者名 TEL	

■必要物品

物品名	保管場所
□新しいストマ装具	
□排泄物を受けるもの	
□ディスポーザブル（使い捨て）手袋	
□トイレットペーパー	
□型紙	
□はさみ	
□剥離剤	
□皮膚保護剤	
□その他	

CHECK SHEET #014

■基本手順
※必要物品の用意と後片付け、事前・事後の手洗いは省く。
※個々の利用者により医療職から指導がされているので、実際はその手順に従う。

手　順	注意点
1. 新しいストマ装具に型紙で印を付け、はさみで切り取る。	ぎざぎざにならないように切る。 切り口を指で滑らかにする。
2. 手袋をつける。	
3. パウチ内に排泄物がある場合は119頁の手順に従って除去する。	交換中に排泄物が出てくることが予測される場合は、ストマの下にビニール袋をあてる。
4. フランジの上部から皮膚を押さえながら剥がしていく。	微温湯で濡らしたガーゼや、剥離剤を医療職からの指導に基づいて使用する。
5. 皮膚の状態と剥がしたフランジの裏側を観察する（溶けている部分や方向を確認）。	交換間隔の目安となるので観察が必要。
6. 皮膚を清拭する。 お湯に浸したガーゼで石鹸をつけて洗い、粘着剤が残っていないようにする。	
7. 乾いたガーゼで拭き取る。	濡れていると皮膚保護剤が接着しにくい。
8. フランジの裏紙をはずし、穴の中央にストマがくるように下側から貼り、腹部の皮膚のしわをのばしながら上へと貼っていく。	フランジの穴の周囲がストマに接触しないように貼る。
9. 皮膚保護剤の部分を均等に指で押さえて密着させる。	特にストマ周囲は数秒間軽く押さえることでしっかりと密着させる。
10. フランジにパウチをはめる。 下から横（左右）、上へとはめこんでいく。	
11. フランジを軽く押さえた状態でパウチを前方向に引っ張り、はずれないか確認する。	
12. パウチを少し膨らませて、パウチの裾を密封する。	
13. パウチを軽く押して、空気がもれないことを確認する。	
14. 手袋をはずす。	

※　　部分はワンピースの場合不要。

■実施後の確認事項

□フランジはストマ周囲に隙間なく密着しているか。

□パウチはフランジに確実にはめ込んでいるか（ツーピースの場合）。

□パウチ先端の固定は確実にできているか。

■記録のポイント

1.いつ？	<例> 14:30にストマ装具の交換をしました。 ストマ周囲の皮膚には変化はありませんでした。 フランジはほぼ均等に5mmくらい溶けていました。 いつもどおり皮膚保護剤を使用したあと、フランジの接着をしました。
2.ストマや周囲の皮膚の状態は？	
3.フランジの溶け具合は？	
4.利用者の様子は？	

15　自己導尿の補助

どんな人が対象になるの？

- 何らかの原因で尿を自分で出すことができず、自己導尿を行っている人。
- 神経因性膀胱が原因の人が多い。

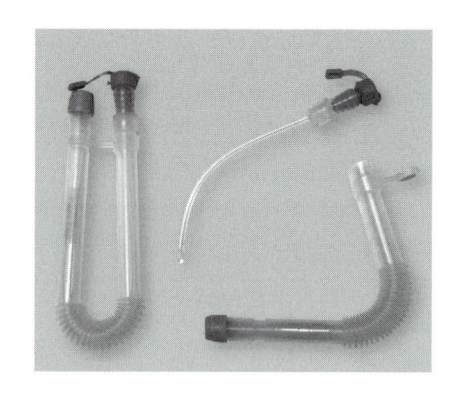

導入時の判断！（関連第２章18頁〜）

１．厚生労働省通知（医政発第0726005号）による実施条件
 (1) 自己導尿をするための補助として、カテーテルの準備・体位の保持などを行うこと。
 (2) 専門的な管理が必要でないこと。

２．実際のサービス提供にあたって
 (1) サービスが必要か否か。
- 本人が自己導尿の実施をできない状態で家族なども対応できず、援助が必要な状況であるか。

 (2) サービス提供が可能か否か。
- 上記通知条件(1)〜(2)を満たしているか。特に自己導尿そのものについては、本人又は家族が主体的に実施できるか。
- トラブル発生時の報告先や対応方法がはっきりわかっているか。

上記について確認し、判断をする。

基礎知識

▶ 自己導尿とは？

何らかの原因で尿を自分で出すことができなくなった場合に、尿道口から細い管（カテーテル）を膀胱内に挿入し、人工的に尿を体外に排出させることを導尿という。

導尿を自分で行うことを自己導尿という。

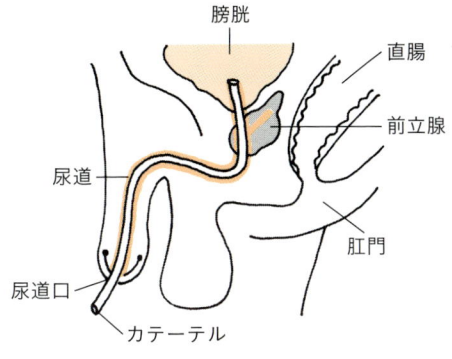

男性の場合（膀胱、直腸、前立腺、尿道、肛門、尿道口、カテーテル）

▶ 神経因性膀胱とは？

排尿をコントロールする大脳、脊髄、末梢神経のいずれかが障害されて、排尿がスムーズに行えない状態のこと。排尿に関係するすべての神経の病気が原因となる。

症状としては
- 「尿をしたくてもなかなか出ない」
- 「尿が漏れる」
- 「尿を出してもまだ膀胱に溜まっている感じがする」

などがある。

〈 神経因性膀胱を引き起こす主な病気 〉

●脳疾患によるもの	●脊髄疾患によるもの
①さまざまな原因による認知症 ②脳梗塞、脳出血 ③パーキンソン病 ④頭部外傷	①事故等による脊髄損傷 ②脊髄が圧迫を受けることによるもの（椎間板ヘルニア、脊柱管狭窄症等） ③脊髄の血管の異常によるもの（脊髄梗塞、脊髄動脈奇形等） ④先天性の病気によるもの（二分脊椎、脊髄稽留症候群等）
●脳脊髄変性疾患によるもの	●末梢神経障害によるもの
①多発性硬化症 ②脊髄小脳変性症	①糖尿病性末梢神経障害 ②骨盤内手術（子宮、直腸手術等）による神経障害

15 自己導尿の補助チェックシート

■事前調査時に確認しておくこと

いつから行っているか。	(　　　　)年　(　　　　)月
いつも誰が行っているか。	□本人　□家族　□その他(　　　　)
間隔はどのくらいか。	およそ(　　　　)時間おき
どこで行うか。	□トイレ　□居室　□その他(　　　　)
何をすればよいか。	□カテーテルや必要物品の準備　□体位の保持 □鏡の保持　□その他(　　　　)
今まで自己導尿をしていてトラブルがあったか。 それはどんなトラブルでどのように対処したか。	□あった　　　　　□ない ▶どんなトラブルで、どのように対処したか。
自己導尿を補助するにあたって注意することはあるか。 それはどんなことか。	□ある　　　　　□ない ▶どんなことか。
何かあったときは誰に連絡すればよいか。	□訪問看護師　□主治医　□ケアマネジャー　□家族 名称： 担当者名： TEL：

■必要物品

物品名	保管場所
□導尿カテーテル	
□潤滑油	
□消毒薬	
□尿器等	
□その他	

CHECK SHEET #015

■基本手順 ※必要物品の用意と後片付け、事前・事後の手洗いは省く。

手　順	注意点
男性の場合	
1.導尿に必要なものを用意し、使いやすい位置に準備する。	導尿は清潔操作で行わないと、尿路感染を起こす危険がある。 介助中に利用者の手やカテーテルに触ってしまうことのないよう注意する。
2.洋式トイレ又はイスに深く腰掛けてもらう。イスの場合は近くに尿器をおいておく。	
3.左手でペニスをもち、右手で亀頭部を消毒する。	
4.カテーテルを取り出し、潤滑油をつけ、ゆっくりと挿入する。	
5.尿が出てきたら、カテーテルの先を尿器に垂らし、排出させる。	
6.尿が出終わったら、カテーテルをゆっくり抜く。	
7.尿の量、性状をみて捨てる。	
女性の場合	
1.導尿に必要なものを用意し、使いやすい位置に準備する。	導尿は清潔操作で行わないと、尿路感染を起こす危険がある。 介助中に利用者の手やカテーテルに触ってしまうことのないよう注意する。
2.洋式トイレ又はイス、座布団などに浅く腰掛け、脚を開き、尿道口がみえるように鏡の位置をあわせる。	
3.消毒は1枚目で小陰唇の内側を拭き、2枚目で尿道口を前から後ろに向かって拭く。	
4.カテーテルを取り出し、潤滑油をつけ尿道口からやや上向きに挿入する。	
5.尿道口から4～5cm入れると尿が出てくる。そこから1～2cmカテーテルを進め、排出させる。	
6.尿が出終わったら、カテーテルをゆっくり抜く。	
7.尿の量、性状をみて捨てる。	

※　　　部分は利用者本人や家族、医療職が行う行為。

■実施後の確認事項

☐使用した物品は所定の場所に戻したか。

■記録のポイント

	<例>
1.いつ？	14:20にトイレでの導尿時、カテーテルを保持するお手伝いをしました。導尿はスムーズにでき、出た尿はきれいで混濁はありませんでした。
2.尿の性状は？	
3.利用者の様子は？	

16 浣　腸

どんな人が対象になるの？

● 何らかの原因があり、排便がスムーズにできない人。たとえば、
　・腸の働きが鈍くなっているため、慢性的に便秘がある人。
　・運動不足や寝たきりなどで腹筋の力が弱く、便を出しにくい人。
　・血圧が高いなどの理由で、強く怒張する（りきむ）ことを避けなければならない状況にある人。

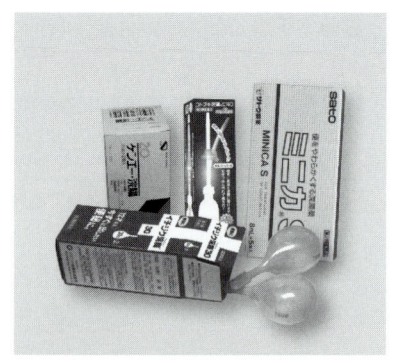

写真提供：（奥左から）健栄製薬／ムネ製薬／佐藤製薬（手前）イチジク製薬

導入時の判断！（関連第2章18頁～）

1．厚生労働省通知（医政発第0726005号）による実施条件
（1）市販のディスポーザブルグリセリン浣腸器を使用すること。
（2）挿入部の長さが5～6cm以内であること。
（3）グリセリン濃度が50％の浣腸液であること。
（4）成人用40g以下、6～12歳用20g以下、1～6歳用10g程度以下の容量のものであること。
（5）肛門部に痔などのトラブルがなく、浣腸後の気分不快が頻回にあるというようなことがないこと。
（6）専門的な管理が必要でないこと。

2．実際のサービス提供にあたって
（1）サービスが必要か否か。
　●本人が浣腸をすることができない状態で家族なども対応できず、援助が必要な状況であるか。
（2）サービス提供が可能か否か。
　●上記通知条件(1)～(6)を満たしているか。
上記について確認し、判断をする。

基礎知識

▶ **浣腸するとどうして便が出るの？**

グリセリンの2つの作用により便が出る。
① グリセリンが腸の水分を吸収。
　→腸が刺激を受ける。
　→蠕動運動が亢進する。
② グリセリンが便に浸透。
　→便をやわらかくする。

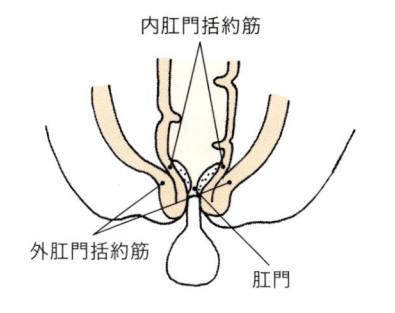

▶ **浣腸しても便が出なかったのはなぜ？**

・便が直腸まで下りていなかった。
・浣腸の挿入が浅く、浣腸液が肛門部に注入されてしまい、腸内での効果が得られなかった。
・浣腸液注入後に我慢ができず、すぐに浣腸液だけ出てしまった。

などが考えられる。

一度の浣腸で便が出なかった場合、もう1つ注入してよいかどうかについては、医療職に確認をする。

原則的に医療行為でないとされた、いわゆるイチジク浣腸®などは、病院で行われる浣腸に比べて挿入部の長さが短く、浣腸液の量も少ない。そのため、確実な効果を得るために挿入部のすべてをしっかり挿入し、浣腸液もできるだけ全部注入するようにすることが重要である。

▶ **便秘にならないためには？**

・1日3回きちんと食事をする。
・食物繊維をとる。
・水分を十分とる。
・朝など決まった時間にトイレに行く。
・便が出そうなときは我慢をしない。
・適度な運動を習慣にする。

などが、基本的な生活習慣として必要である。

高齢者の状態にあわせて、できることをできる形で行えるようなサポートをしていきたい。

16　浣腸チェックシート

■事前調査時に確認しておくこと

誰が使用を管理しているか。	□本人　□家族　□訪問看護師　□主治医 □その他（　　　　　　　　　　　　　　　　　　　）
普段の排便の状況はどうか。	□自然排便がある（　　　～　　　日間隔） □自然排便がほとんどない　□自然排便が困難
浣腸の使用状況はどうか。	□使ったことがない　　□ときどき使う □常用している　（　　　～　　　日間隔）
どこで行うか。	□自室　□トイレ　□Pトイレ　□その他（　　　　）
どのような体位で行っているか。	□（　　　）側臥位　□座位　□その他
浣腸してから排便までの時間は。	（　　　　　　　）分位
1度に何本使用しているか。	（　　　　　　　）本
肛門部・周囲にトラブルはあるか。	□はい 　肛門から出血することがある 　痔がある　かゆい　痛い □いいえ
今まで浣腸に関してトラブルはあったか。 それはどんなトラブルで どのように対処したか。	□あった　　　　□ない ▶どんなトラブルで、どのように対処したか。
浣腸をするにあたって注意することは あるか。 それはどんなことか。	□ある　　　　□ない ▶どんなことか。
何かあったときは 誰に連絡すればよいか。	□訪問看護師　□主治医　□ケアマネジャー　□家族 名称 担当者名 TEL

■必要物品

物品名	保管場所
□浣腸器	
□潤滑油	
□ディスポーザブル（使い捨て）手袋	
□便器	
□ティッシュペーパー	
□ビニールシート	
□その他	

CHECK SHEET #016

■ **基本手順**　※必要物品の用意と後片付け、事前・事後の手洗いは省く。

手　順	注意点
1. 手袋をつける。	
2. 必要物品を準備する。	
3. 浣腸液を40℃くらいのお湯につけ、体温程度に温める。	
4. ビニールシート等を腰の下に敷く。	
5. 左側臥位をとり、エビのように膝を曲げておしりを突き出した姿勢で行う。	麻痺のある場合は麻痺側を上にする。
6. 浣腸器のノズルの根元を持ち、キャップをねじりながら静かにはずす。	胴体を押さえると、なかの液が飛び出すことがあるので気をつける。
7. ノズルの先に潤滑油をつける（潤滑油がなければ、浣腸液を少量出す）。	
8. 力まないよう口で息をするように声をかけ、ノズルをゆっくり肛門に挿入する。	それでも緊張がとれない場合は、「アー」と声を出してもらう。
9. 薬液を入れることを声かけしながら、容器の中央部を押しつぶしゆっくり注入する。	緊張すると肛門が締まるのでノズルが入りにくく、浣腸液が逆流することもある。
10. 注入が終わったら静かにノズルを抜き、ティッシュ等で肛門を押さえ、しばらく我慢してもらう。	排便が間に合わず、周囲を汚すことのないよう、あらかじめ移動方法や便器の使い方などの手順を再度確認しておく。
11. 便意が強くなったら排便していただく（おむつ、便器、ポータブルトイレ、トイレそれぞれの対応をする）。	
12. 排便が終わったら、手袋をはずす。	

■ **実施後の確認事項**

☐ 排便の状況はどうだったか。

☐ 使用した物品は所定の場所に戻したか。

■ **記録のポイント**

1. 使用した浣腸の量、種類は？	<例>16:00 ベッド上でイチジク浣腸30cc実施。早めにPトイレに移っていただき、硬い便が普通量出ました。排便後少し疲れたといっていましたが、気分不快はありませんでした。
2. 排便はあったか？	
3. 便の量と性状は？	
4. 利用者の様子は？	

第2節 「特定行為」

1 痰の吸引

どんな人が対象になるの？

- 脳の機能障害により、痰などの分泌物を自分で出すことができない人。たとえば、
  - 先天性疾患や脳性麻痺などの重症心身障害児。
  - 事故による脳外傷、脳血管障害や低酸素症による重症の脳障害のある人。
- 全身の運動機能が低下し嚥下や呼吸機能が二次的に低下してしまったために、痰などの分泌物を自分で出すことができない人。たとえば、
  - 寝たきりの高齢者。
- 嚥下・呼吸機能が病気（神経・筋疾患）により一次的に障害されたために、痰などの分泌物を自分で出すことができない人。たとえば、
  - 脳梗塞や脳出血による障害のある人。
  - 筋ジストロフィーなどの筋疾患の人。
  - 進行しているパーキンソン病の人。
  - 筋萎縮性側索硬化症などの神経変性疾患の人。

写真提供：新鋭工業

導入時の判断！（関連第2章21頁〜）

社会福祉士及び介護福祉士法施行規則の一部を改正する省令等による実施条件

(1) 痰の吸引ができる範囲。
　●口腔内・鼻腔内（咽頭の手前まで）、気管カニューレ内部。
(2) 痰の吸引を行う介護職が備えておくべき条件。
　●介護福祉士、それ以外の介護職は都道府県知事に登録された研修機関で一定の研修を受講し、都道府県知事の認定証の交付を受け『認定特定行為業務従事者』となること。

注）2015（平成27）年4月1日以降の介護福祉士については研修内容が養成カリキュラムに盛り

込まれるため、介護福祉士の資格を取得すれば認定特定行為業務従事者とみなされる。
- 運用上の取り扱いとして通知(※)により実施が認められている介護職は、知識・技能を習得している旨の証明書類を都道府県知事に提出し、認定証の交付を受けること。
- 介護職は事業者（登録特定行為事業者）の業として、実施可能。

(3) 痰の吸引を行う事業者が備えておくべき条件。
- 医療関係者との連携に関する基準。
  - 医師の文書による指示、対象者の心身の状況に関する情報共有。
  - 痰の吸引の実施内容に関する計画書・報告書の作成　など。
- 安全・適正に関する基準。
  - 実地研修を修了していない介護福祉士に対し、医師・看護師等を講師とする実地研修の実施。
  - 安全確保のための体制の確保（安全委員会等）、感染症予防措置、秘密保持　など。

(※)「ALS（筋萎縮性側索硬化症）患者の在宅療養の支援について」(2003（平成15）年7月17日付)、「盲・聾・養護学校におけるたんの吸引等の取扱いについて」(2004（平成16）年10月20日付)、「在宅におけるALS以外の療養患者・障害者に対するたんの吸引の取扱いについて」(2005（平成17）年3月24日付)、「特別養護老人ホームにおけるたんの吸引等の取扱いについて」(2010（平成22）年4月1日付)

基礎知識

▶ "痰"って？　普通人間は"痰"をどうしているの？

広い意味での"痰"には
- 唾液（つば）
- 鼻汁（はなみず）
- （狭い意味での）痰

が含まれる。

　狭い意味での痰とは「空気を吸い込んだときに入ってくる小さなほこりやゴミ、肺や気管から出される老廃物などを含んだ粘液」をさす。特定行為で吸引するときの"痰"とは、これらすべて（広い意味での"痰"）の吸引を意味している。

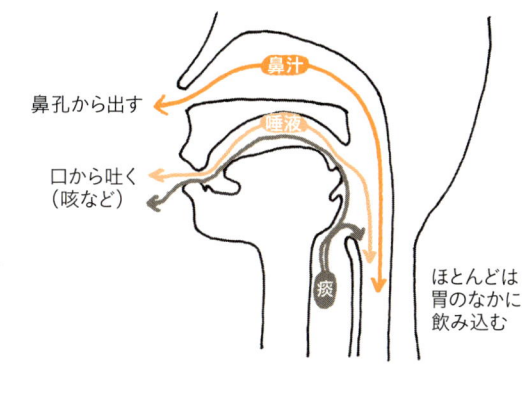

　では通常、人間はこれら広い意味での痰（以下、痰）をどう処理しているのだろうか。私たちは呼吸をして口や鼻から空気を吸い込むと、その空気と一緒に空気中のちりやほこり、ばい菌も取り込んでしまう。鼻の中の鼻毛はフィルターの役目を果たし、これらちりやほこり、ばい菌をある程度取り除いてくれる。しかし残ったものは、空気とともに咽頭→喉頭→気管を経て、体内に入ってくる。

そこで気管のせん毛運動が行われる。気管の表面は、粘液で覆われているうえに「せん毛」と呼ばれる細かい毛が生えている。この「せん毛」は常に気管の奥から喉のほうへ動いており、空気に混ざって気管まで入ってきたちりやほこり、ばい菌などの異物を粘液に閉じ込めて、外へ出そうとする。これをせん毛運動という。私たちが鼻をかんだり、くしゃみや咳などをするのは、せん毛運動によるもので、異物を外へ出そうとしているのである。しかし鼻をかんだり、くしゃみや咳で外にでていくのはほんの少量で、ほとんどは無意識のうちに胃のなかに飲み込んでいるといわれている。

▶ **介護職ができる吸引の範囲と医療職ができる吸引の範囲は違う！**
　介護職は特定行為として吸引ができるようになったが、実は介護職に許可されている吸引の範囲は、医療職が行う範囲の一部に限られている。
　範囲の違いは、安全に行える場所かどうかで判断されている。すなわち咽頭や気管カニューレ外などの吸引は、粘膜に傷をつけてしまうリスクが高かったり、出血による利用者のリスクが高いため、介護職には実施できない行為とされている。

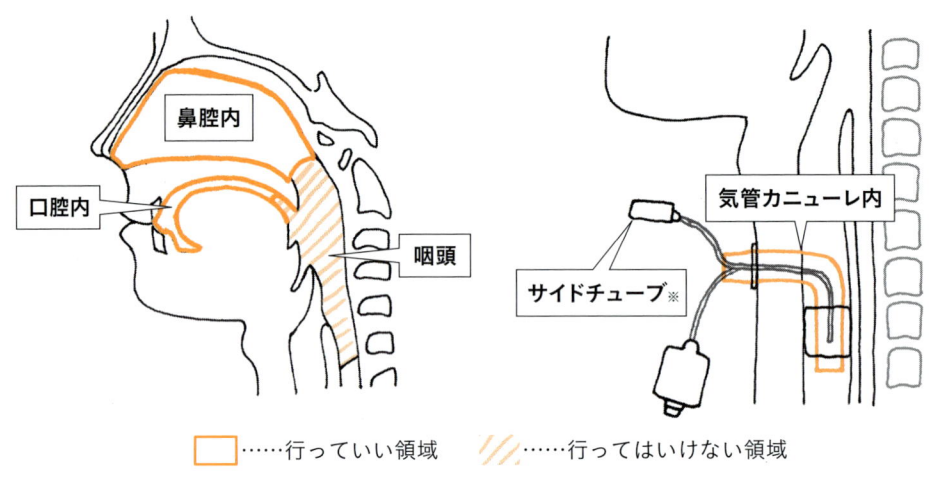

□……行っていい領域　　▨……行ってはいけない領域

※サイドチューブがついている場合はここからの吸引も可能。

▶ **利用者の心理状態は？**
- 呼吸がしにくいためにはやく痰をとってもらいたい。しかし吸引されると苦しいから嫌だ、という相反する気持ちを抱えている。
- 痰が詰まって苦しいときに、誰もいなくてとってもらえなかったらどうしようという恐怖感。
- 風邪をひくなどすると痰の量が増えるので、ほかの人から風邪などをもらいたくないという思い（外から来る人に対してウイルスを持ち込まないでほしいという思い）。

▶ 介護サービスを実施するにあたって注意することは？

①器具について。
・清潔が保てるようにする。
　痰の吸引に関する器具は清潔に保つことが重要である。研修時に習ったとおり、適切な操作を行う。
・痰が絡んだときすぐに対応できる環境を常に整える。
　痰の吸引実施後は次の吸引がすぐ行えるように必要物品を整えておく。

②利用者の状態について。
・痰が出る可能性を予測しながらケアを行う。
　痰が出る可能性の高い介護は何か、それを意識しながらケアを行う必要がある。たとえば、食事・入浴の介助では痰の出る可能性が高いので、必要に応じていつでも痰の吸引ができるようにすることが大切である。
　ヘルパーが痰の吸引を行わない場合には、吸引をする医療職や家族とのスムーズな連携が必要になる。

③日常生活の援助について。
・食事介助。
　食事前に痰が絡んでいると誤嚥につながるので、事前の痰吸引を行う。また食事中・食後も痰の絡む可能性が高いので、観察を徹底する。
　吸引の必要な人は、嚥下・咀嚼能力も低下している場合が多いので、適切な食形態であるかも常に確認する。

・掃除。
　清潔な環境を整える（関連197頁）。

01 痰の吸引チェックシート

■ 事前調査時に確認しておくこと

どこを行うか。	☐ 口腔内 ☐ 鼻腔内 ☐ 気管カニューレ内	
いつもは誰が行っているか。	☐ 家族 ☐ その他（　　　　　　　　　　　　　　　　）	
どんなときに行うか。	☐ 本人の意思表示があったとき ☐ 唾液が溜まっているとき ☐ 上気道で痰が溜まっている音がするとき ☐ 呼吸器の気道内圧上昇のアラームが鳴ったとき ☐ 酸素飽和度が［　　　　］％以下に下がっているとき ☐ その他 （　　　　　　　　　　　　　　　　　　　　　　　　　）	
今まで吸引に関してトラブルはあったか。 それはどんなトラブルで どのように対処したか。	☐ あった ▶ どんなトラブルで、どのように対処したか。	☐ ない
吸引の実施にあたって注意することはあるか。 それはどんなことか。	☐ ある ▶ どんなことか。	☐ ない

■ 必要物品

物品名	保管場所と使用後の片付け方法
☐ 吸引器	
☐ 吸引カテーテル	
☐ ディスポーザブル（使い捨て）手袋	
☐ 滅菌蒸留水（気管カニューレ用）	
☐ 水道水（口腔・鼻腔用）	
☐ アルコール綿	
☐ 吸引カテーテルの保存容器（カテーテルを再使用する場合）	
☐ その他	

CHECK SHEET #001

■基本手順　※必要物品の用意と後片付け、事前・事後の手洗いは省く。

手　順	注意点
口腔内吸引の場合	
1.利用者の姿勢を整える。	
2.手袋をつける。	
3.吸引カテーテルを取り出す。	カテーテルを不潔にしないように注意する。
4.吸引カテーテルを吸引器の連結管につなげる。	
5.吸引器のスイッチを入れ、水を吸って吸引カテーテルの内腔を洗い流す。	
6.決められた吸引圧になっていることを確認する。	
7.吸引カテーテル先端の水をよく切る。	
8.利用者に声をかける。	
9.吸引カテーテルを口腔内に入れて吸引する。	吸引中は1か所に圧がかからないように注意する。
10.吸引カテーテルの外側をアルコール綿で拭く。	
11.水を吸って吸引カテーテル内を洗い流す。	水を吸い過ぎないように注意する。
12.消毒剤入り保存液を吸引し、吸引器のスイッチを切る。	
13.吸引カテーテルを連結管からはずし、保存容器に戻す。	
14.手袋をはずす。	
15.利用者に吸引が終わったことを伝える。	意思の疎通ができる利用者の場合はとりきれたかどうかを利用者に確認する。
鼻腔内吸引の場合	
1.利用者の姿勢を整える。	
2.手袋をつける。	
3.吸引カテーテルを取り出す。	カテーテルを不潔にしないように注意する。
4.吸引カテーテルを吸引器の連結管につなげる。	
5.吸引器のスイッチを入れ、水を吸って吸引カテーテルの内腔を洗い流す。	
6.決められた吸引圧になっていることを確認する。	
7.吸引カテーテル先端の水をよく切る。	
8.利用者に声をかける。	
9.吸引カテーテルは圧をかけない状態で鼻腔内に入れ、鼻腔の奥まで入ったところで圧をかけ、左右にゆっくり回転させながら引き抜いていき、吸引する。	吸引中は1か所に圧がかからないように注意する。
10.吸引カテーテルの外側をアルコール綿で拭く。	
11.水を吸って吸引カテーテル内を洗い流す。	水を吸い過ぎないように注意する。

01 痰の吸引チェックシート

〈基本手順の続き〉

手　順	注意点
12.消毒剤入り保存液を吸引し、吸引器のスイッチを切る。	
13.吸引カテーテルを連結管からはずし、保存容器に戻す。	
14.手袋をはずす。	
15.利用者に吸引が終わったことを伝える。	意思の疎通ができる利用者の場合はとりきれたかどうかを利用者に確認する。

気管カニューレ内吸引の場合

手　順	注意点
1.利用者の姿勢を整える。	
2.手袋をつける。	
3.吸引カテーテルを取り出す。	カテーテルを不潔にしないように注意する。
4.吸引カテーテルを吸引器の連結管につなげる。	
5.吸引器のスイッチを入れ、水を吸って吸引カテーテルの内腔を洗い流す。	
6.決められた吸引圧になっていることを確認する。	
7.吸引カテーテル先端の水をよく切る。	
8.利用者に声をかける。	
9.人工呼吸器から吸気が送り込まれ、胸が盛り上がったのを確認したら、気管カニューレから呼吸器のチューブをはずし、きれいなタオルなどの上に置く。	
10.吸引カテーテルは圧をかけない状態で気管カニューレのなかに入れる。	
11.所定の長さまで入ったら、圧をかけ、左右にゆっくり回転させながら引き抜いていき、吸引する。	15秒以内で行うようにする。 吸引中は呼吸状態や顔色に注意する。 1か所に圧がかからないように注意する。
12.すぐに人工呼吸器のチューブを気管カニューレに接続する。	
13.吸引カテーテルの外側をアルコール綿で拭く。	
14.専用の水を吸って吸引カテーテル内を洗い流す。	水を吸い過ぎないように注意する。
15.消毒剤入り保存液を吸引し、吸引器のスイッチを切る。	
16.吸引カテーテルを連結管からはずし、保存容器に戻す。	
17.手袋をはずす。	
18.利用者に吸引が終わったことを伝える。	意思の疎通ができる利用者の場合はとりきれたかどうかを利用者に確認する。

CHECK SHEET #001

■実施後の確認事項

□ 痰はとれたか、取り残しはないか。

□ 利用者の呼吸はいつもどおりの呼吸か。

□ 呼吸器を使用している場合、アラームが鳴っていたり、作動音がいつもと違ったりしていないか。

□ 吸引器や利用者の周囲に水滴や分泌物が飛び散ったりしていないか。

□ 次の吸引がすぐできるように必要なものが整えられているか。

■記録のポイント

1. いつ？	<例> 14:30に痰がゴロゴロしていたため口腔内から吸引実施。粘りの強いかための痰が引けました。吸引後はゴロゴロ音もなく、静かな呼吸になり、にっこりされていました。
2. どこを？ …口腔内、鼻腔内、気管カニューレ内	
3. 吸引した痰などの量や性状は？	
4. 利用者の様子（特に呼吸）は？	

2　経管栄養

どんな人が対象になるの？

- 嚥下や摂食の障害があるため、口から食事が摂れない人。たとえば、
  - 脳血管障害の後遺症による麻痺で嚥下や摂食がしにくい人。
  - 神経筋疾患で嚥下や摂食が困難又は不良の人。
  - 頭部や顔面の外傷のため嚥下・摂食困難がある人。
  - 認知症により自主的に食事を摂ろうとしない人。
- 誤嚥性肺炎を繰り返す人。
- クローン病などの炎症性腸疾患の人。

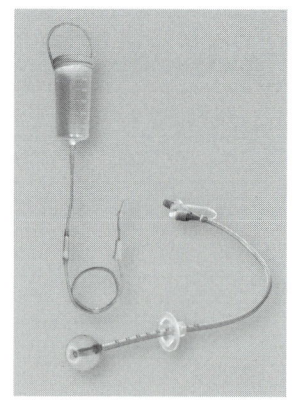

写真提供：（左）デー・エス・サプライ／
　　　　　（右）富士システムズ

導入時の判断！（関連第2章21頁〜）

社会福祉士及び介護福祉士法施行規則の一部を改正する省令等による実施条件

(1) 経管栄養ができる範囲。
- 胃ろう又は腸ろう、経鼻胃管。

(2) 経管栄養を行う介護職が備えておくべき条件。
- 介護福祉士、それ以外の介護職は都道府県知事に登録された研修機関で一定の研修を受講し、都道府県知事の認定証の交付を受け『認定特定行為業務従事者』となること。

注）2015（平成27）年4月1日以降の介護福祉士については研修内容が養成カリキュラムに盛り込まれるため、介護福祉士の資格を取得すれば認定特定行為業務従事者とみなされる。

- 運用上の取り扱いとして通知(※)により実施が認められている介護職は、知識・技能を習得している旨の証明書類を都道府県知事に提出し、認定証の交付を受けること。
- 介護職は事業者（登録特定行為事業者）の業として、実施可能。

(3) 経管栄養を行う事業者が備えておくべき条件。
- 医療関係者との連携に関する基準。
  - 医師の文書による指示、対象者の心身の状況に関する情報共有。
  - 経管栄養の実施内容に関する計画書・報告書の作成　など。
- 安全・適正に関する基準。
  - 実地研修を修了していない介護福祉士に対し、医師・看護師等を講師とする実地研修の実施。
  - 安全確保のための体制の確保（安全委員会等）、感染症予防措置、秘密保持　など。

(※)「盲・聾・養護学校におけるたんの吸引等の取扱いについて」(2004（平成16）年10月20日付)、「特別養護老人ホームにおけるたんの吸引等の取扱いについて」(2010（平成22）年4月1日付)

基礎知識

▶ 経管栄養の種類とそれぞれの利点・欠点は？

経管栄養には、
① 鼻から胃まで管（カテーテル）を通す経鼻胃管。
② 胃や腸の壁に穴をあけて、そこにカテーテルを入れる胃ろう又は腸ろう。
③ 首のつけ根に穴をあけ、食道から胃までカテーテルを通す食道ろう。

がある。以前は経鼻胃管がほとんどであったが、最近は胃ろう・腸ろうが増えてきている。また食道ろうは一番新しい経管栄養の方法である。

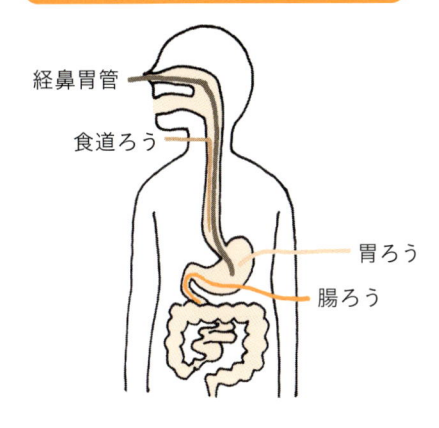

経鼻胃管と胃ろう・腸ろうの利点と欠点をまとめると、次のとおりとなる。

経管栄養の注入ルート（経鼻胃管／食道ろう／胃ろう／腸ろう）

	経鼻胃管	胃ろう・腸ろう
利点	・挿入が容易。	・抜けにくい。 ・服を着ている状態では外見に変化がない。 ・交換頻度が経鼻胃管より長い(4、5か月)。
欠点	・挿入しているときの違和感が強い。 ・外見上の変化が大きい。 ・1〜2週間で交換が必要。 ・管が胃ろうより細いので詰まりやすい。 ・抜けやすい。抜けると誤嚥性肺炎などの大きな事故につながるリスクがある。	・造設時に内視鏡下であるが、手術が必要。 ・皮膚のトラブル、腹膜炎等の合併症のリスクがある。

▶ 経鼻胃管の仕組みは？

経鼻胃管に使用するカテーテルは固定するためのバルーンなどがついていないただの管のため、鼻と頬にテープで固定する必要がある。

なおカテーテルは、鼻の穴から鼻腔→咽頭→食道→胃まで入っている。

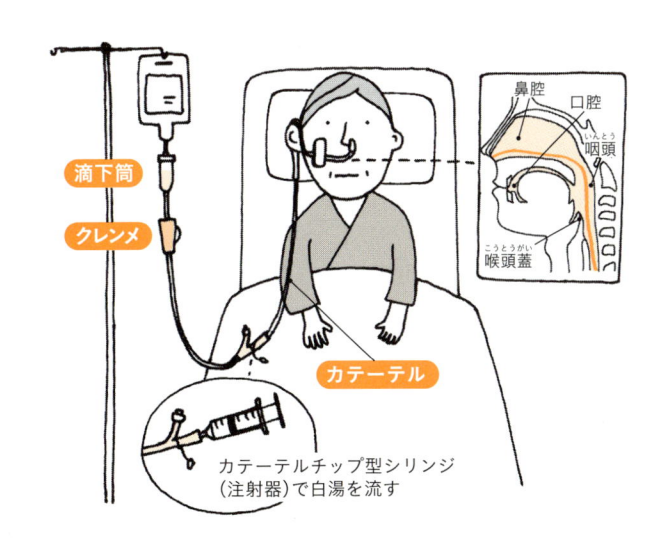

（滴下筒／クレンメ／カテーテル／カテーテルチップ型シリンジ（注射器）で白湯を流す／鼻腔／口腔／咽頭／喉頭蓋）

▶ 胃ろうのしくみは？

　胃ろうは「経皮内視鏡的胃ろう造設術（PEG/percutaneous endoscopic gastrostomy）」と呼ばれる手術でつくる。内視鏡を使ってお腹の外から胃まで穴（ろう孔）をあけ、そこにカテーテルを通す。胃の壁は、時間が経つとろう孔のところで腹壁にぴたりとくっつく。一度くっついた胃は腹壁から離れることはない。

　ろう孔に通すカテーテルには、いくつか種類がある。体の外に出ている形状により「チューブ型」と「バンパー型」、胃のなかにおける固定のしくみにより「バルーン型」と「バンパー型」にわかれる。

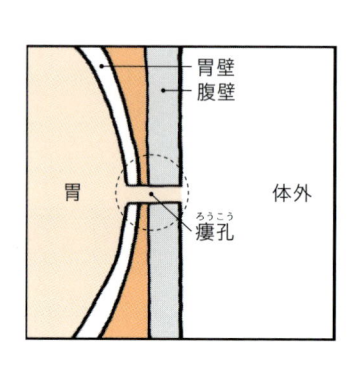

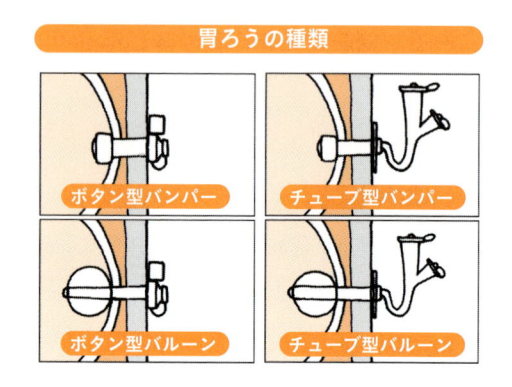

▶ 栄養剤の種類

　経管栄養剤は、液体のものとゼリー状の半固形状態のものがある。液体栄養剤が多く使われているが、誤嚥防止や胃の消化吸収機能が働きやすいなどの利点があるため、最近は半固形栄養剤も多く使われる。

▶ 利用者の心理状態は？

①経鼻胃管の場合。

- 食事が摂れない寂しさ、わびしさ。
- 滴下中は座位を保たなければならないことへの拘束感。
- カテーテルが入っていることに対する違和感、苦痛。
- 外見的な変化に対する羞恥心、戸惑い。
- 咳や痰がしにくい。
- 声が出しにくい。
- 抜けてしまうのではないかという不安、

心配。

②胃ろう・腸ろうの場合。
・食事を摂れない寂しさ、わびしさ。
・滴下中は座位を保たなければならないことへの拘束感。
・経鼻胃管から変更した場合、経鼻胃管だったときよりはすっきりしたと喜ばれる人もいる。

▶ **介護サービスを実施するにあたって注意することは？**

①器具について。
・滴下中に経管栄養のラインがはずれていないか。
　体や物がのっかってラインが途中ではずれたり、つぶれたりしていないかをときどき確認する。経管栄養のラインは指でつぶすような力が加わらない限りつぶれにくいが、重いものがのっかるとつぶれるなどして滴下が適切に行われなくなる場合があるので注意する。 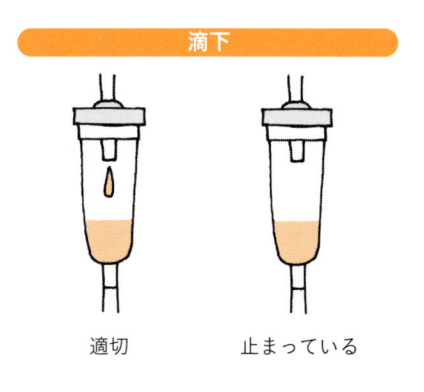
・点滴筒のしずくが落ちているか。
　介護職は適切な滴下速度までは判断できないが、ときどき確認し、まったく落ちていない状態が続くときは家族や医療職に報告する。

②利用者の状態について。
・下痢症状はないか。
　食べ物を口から食べて少しずつ小さくしながら消化していくのと違って、胃や腸に直接栄養剤が入っていくため、消化や水分の吸収がしきれず、普段より便が軟らかくなる人が多い。
　便の状態によっては、医療職が栄養剤の滴下速度を遅らせる、量を減らす、濃度を下げる、整腸剤を使用するなどの対応を考える場合があるので、あきらかに普段の便より軟らかい、水様便などの下痢症状がみられるときには医療職や家族に報告する。
・鼻腔からカテーテルが出過ぎていないか。
　経鼻胃管のチューブは特に固定の仕組みがないため、自然抜去・自己抜去しやすい。通常は挿入時に鼻腔の入り口付近にマジックなどで印をつけ

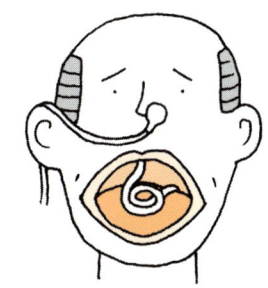

るが、その印が鼻腔入口よりも手前にきている場合は抜けている可能性がある。また外見上わかりにくいが、抜けてきたカテーテルが口のなかでとぐろを巻いている場合もある。これらに注意して観察し、気付いたときは家族や医療職に報告する。

③日常生活上の援助について。
・注入中は姿勢に注意し、注入後は安静を保つ。
　栄養剤の注入後すぐに横になったりすると胃に溜まった栄養剤が食道のほうへ逆流して逆流性食道炎を起こしたり、嘔吐する場合がある。そこで注入中と終了後はしばらく半座位を保つ必要がある。安静を保つ時間については医療職に確認しておくとよい。
・入浴介助では胃ろうの周囲を石けんでよく洗う。
　胃ろうの造設後、通常は1週間程度でシャワー浴が可能となり、2週間程度で入浴できるようになる。胃ろうの挿入部は清潔を保つ必要があるためよく洗う必要がある。実際の洗い方については医療職に確認しておくこと。また入浴後は水気を拭き取り、しっかり乾燥させることが大切である。
・移動やトイレ、入浴介助時の誤抜去に注意。
　介助中にカテーテルが物にひっかかるなどして抜けかけた場合は抜去せずに医療職へ相談・報告をすること。またバルーン型胃ろうチューブは蒸留水でバルーンを膨らませてチューブを固定するしくみになっているが、ときどき蒸留水が自然に抜けてはずれてしまうことがあるので注意する。

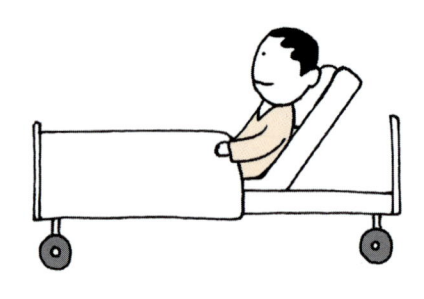

第1章 介護職と医療行為

第2章 サービス提供の流れ

第3章 医療的ケアの実際

第4章 現場で役立つ事例Q&A

第5章 医療ニーズの高い利用者に対する訪問介護サービス

02　経管栄養チェックシート

■事前調査時に確認しておくこと

どこを行うか。	☐経鼻胃管 ☐胃ろう ☐腸ろう	
使用している栄養剤の種類は何か。	☐液体栄養剤 ☐半固形栄養剤 ☐その他（　　　　　　　　　　　）	
経管栄養終了後に内服薬の注入の必要はあるか。(※)	☐ある 　その場合誰が対応するか（　　　　）	☐ない
いつもは誰が行っているか。	☐家族 ☐その他（　　　　　　　　　　　）	
どこでどのような姿勢で行っているか。		
今まで経鼻胃管あるいは胃ろう・腸ろうが抜けてしまったことがあるか。どのように対処したか。	☐あった ▶どのように対処したか。	☐ない
経管栄養の実施にあたって注意することはあるか。それはどんなことか。	☐あった ▶どんなことか。	☐ない

（※）今回の特定行為においては、薬の注入は含まれていないので注意すること。

■必要物品

物品名	保管場所と使用後の片付け方法
液体栄養剤の場合（経鼻胃管・胃ろう・腸ろう）	
☐液体栄養剤	
☐注入用バッグ	
☐接続用チューブ(必要時)	
☐カテーテルチップ型シリンジ	
☐白湯	
☐その他	
半固形栄養剤の場合（胃ろう・腸ろう）	
☐半固形栄養剤	
☐補水液	
☐接続用チューブ(必要時)	
☐カテーテルチップ型シリンジ	
☐白湯	
☐その他	

CHECK SHEET #002

■**基本手順** ※必要物品の用意と後片付け、事前・事後の手洗いは省く。

手　順	注意点
経鼻胃管の場合	
1. 利用者の姿勢を整える。	
2. チューブが抜けていないか、固定位置の確認と口のなかでチューブが巻いていないかの確認をする。	
3. 注入内容の確認。	
4. クレンメを止め、栄養剤を注入容器に入れる。	管のなかに空気が入っていないか確認する。
5. 注入容器を所定の位置にかけ、栄養剤を管の先端まで満たす。	
6. 経鼻胃管に経管栄養セットをつなぐ。	
7. クレンメをゆるめて滴下スピードをあわせる。	接続部からもれていないか。
8. 異常がないか確認する。	利用者が苦しそうではないか(顔面紅潮、息切れ、発汗、頻脈がないかなど)。
9. 栄養剤の滴下が終わったら、白湯を流す。	
10. 管をはずす。	
胃ろうの場合(液体栄養タイプ)	
1. 利用者の姿勢を整える。	
2. 注入内容の確認。	
3. クレンメを止め、栄養剤を注入容器に入れる。	管のなかに空気が入っていないか確認する。
4. 注入容器を所定の位置にかけ、栄養剤を管の先端まで満たす。	
5. 胃ろうチューブが抜けていないか、固定位置がいつも通りか確認する。	
6. 胃ろうに経管栄養セットをつなぐ。	
7. クレンメをゆるめて滴下スピードをあわせる。	胃ろう周囲や接続部からもれていないか。
8. 異常がないか確認する。	利用者が苦しそうではないか(顔面紅潮、息切れ、発汗、頻脈がないかなど)。
9. 栄養剤の滴下が終わったら、白湯を流す。	
10. 管をはずす。	

02　経管栄養チェックシート

手　順	注意点
胃ろうの場合（半固形タイプ）	
1. 利用者の姿勢を整える。	
2. 注入内容の確認。	
3. 胃ろうチューブが抜けていないか、固定位置がいつも通りか確認する。	
4. 胃ろうに半固形剤の入ったバッグ、あるいはシリンジをつなぐ。	
5. バッグあるいはシリンジを適切な圧で押しながら注入する。	胃ろう周囲や接続部から漏れていないか。
6. 異常がないか確認する。	利用者が苦しそうではないか（顔面紅潮、息切れ、発汗、頻脈などないか）。
7. 注入が終わったら、白湯を流す。	

■実施後の確認事項

☐利用者の呼吸の状態、冷や汗、顔色、腹痛などはどうか。

☐姿勢は保たれているか。

☐栄養剤のもれはないか。

☐滴下は適切なスピードでできているか（止まっている、もしくは急速に滴下しているなど）。

■記録のポイント

1. いつ？	<例>
2. 栄養剤の種類と量は？	11:00～12:30胃ろうより経管栄養を実施しました。エンシュアリキッド 250ml＋水道水 50ml。
3. 注入中の体位は？	ベッド上にファウラー位で実施。徐々に体の位置がずれてしまうため、途中2回直しました。腹部の不快感などなく終了しています。
4. 利用者の様子は？	

CHECK SHEET #002

第4章

現場で役立つ事例 Q&A

　本章は、現場から上がってきた医療的ケアに関する疑問や困った場面など、実際の事例をもとに、その解決ポイントをまとめました。内容によって、知っておこう、ヘルパーの対応、サービス提供責任者の対応とにわけて解説しています。是非、参考にしてみてください。

第1節　「原則的に医行為でない行為」

1 体温測定

CASE 1　Q. 何度測っても低体温なんですが……

　利用者のAさん（92歳・女性）は、特に病気もなくお元気です。しかし何度測り直しても、体温が34.8℃から35℃です。
　高齢者は体温が低いものなのですか？
　体温が高いときはクーリング（大きな血管を冷やして体温を下げる方法）を習いましたが、低いときはどうしたらよいのでしょうか？

A. ヘルパーの対応

　高齢になって体の代謝が悪くなってくると、一般に体温は下がってくる傾向があります。しかし個人差がありますので、事前に調査書などで平熱が何度くらいかよく確認し、把握しておきましょう。
　急な依頼のために事前の情報がなく、本人・家族も平熱を把握していない場合でも、ご本人に体調の変化の訴えがなければ、そのまま様子をみてかまいません。但しありのままに時間と体温を必ず記録に残し、ご家族にも報告してください。ご家族に報告できない場合は、必ず事業所のサービス提供責任者に報告します。
　また脇の下に汗をかいていると、汗が冷えて低い温度を示すことがありますので、一度タオルなどで脇の下の汗を拭いてから、測り直してみてもいいでしょう。

A. サービス提供責任者の対応

　ヘルパーから低体温の報告を受けたら、そのときの様子を直接対応したヘルパーから情報収集し、医療職や家族に適宜報告してください。

CASE 2

Q. 痩せすぎていて体温がうまく測れません

利用者のBさん（87歳・男性）はとてもやせていて、脇の下がぽっかり空洞状のため、どうしても体温計がうまくはさめません。どうしたらいいですか？

A. ヘルパーの対応

高齢者は脇の下が大きくくぼんでいる人がとても多いです。また、一定の状態で押さえておく力がない人も多いです。従って、利用者自身で測っていただくのではなく、ヘルパーが保持して測りましょう。測定する際は、体温計を脇の下の中央（一番深いところ）部分に向けて、身体の横にまっすぐ腕をおろした線から45度の角度で差し入れると、腋窩（脇の下）がくぼんでいる高齢者でも上手に測ることができます。

A. サービス提供責任者の対応

さまざまなアプローチをしても体温測定が不可能だとヘルパーから報告を受けたときは、ケアマネジャーや家族に連絡をして、現在の測定不可能な現状をありのままに伝え、相談することが必要です。

| CASE 3 | Q. 体温計によって測るのにかかる時間が違うのはなぜですか？ |

電子体温計は1〜2分で測れるものもあれば、10分くらいかかるものもあります。電子体温計は水銀体温計に比べて早く測れると思っていたのに、違うのでしょうか？

同じ電子体温計なのにどうしてこんなにかかる時間が異なるのでしょうか？

A. 知っておこう

体温計には2つの測定方法があります。時間の違いは、この測定方法の違いになります。「実測式」は、測定部位におけるそのときの温度を測定して表示します。これ以上上がらない温度（平衡温度）になるまで測るので、10分近くかかります。

「予測式」は、数多くの体温測定のデータをもとに、測り始めのときの体温から、10分後の平衡温度を統計的に分析して推測し、表示します。そのため、20秒程度の短時間で測ることができるのです。

これが時間の違いとなってあらわれます。最近では、まず「予測式」で体温を表示した後、そのまま測り続けていると「実測式」で測定してくれる電子体温計もあります。

2 血圧測定

CASE 4

Q. セーターを着たままでも測定できますか？

利用者のDさん（78歳・女性）は高血圧症のため、入浴の際には可否判断のために血圧を測る指示が出ています。しかしとても寒がりで、冬場はいつも衣類を何枚も重ね着しています。

今日もヘルパーが「血圧を測りますので、セーターを脱いでいただけますか？」とお願いしたところ、「寒いのでこのまま測ってほしい」といわれました。

セーターを着たまま測ってもいいですか？

A. ヘルパーの対応

Dさんの場合は高血圧症なので、降圧剤を飲まれていると思われます。入浴は心臓に負担のかかる生活行為ですので、この場合はなるべく正確に血圧を確認しなければならないケースです。

特に冬場は、厚着をしている高齢者が大変多いですが、Dさんの場合は、より正確に測定しなければならないことを説明し、厚手のセーターなどは脱いでもらうほうがよいでしょう。但し、日常的に血圧がそれほど変動のない人については、薄手のセーターくらいであれば左右されることはあまりないでしょう。

Dさんの場合、腕だけ出してもらえればよいので、寒いようなら羽織れるものや上掛けなどを準備してからセーターを脱ぎ、すぐにかわりのもので保温しながら血圧を測るとよいでしょう。

A. サービス提供責任者の対応

このケースのように、入浴介助前に血圧測定の必要が必ず予想される場合には、部屋を暖めておいたり、厚手の上着を用意しておくなど、利用者や家族にオリエンテーションをしておいたほうがよいでしょう。ヘルパーの時間と手間が省けますし、何より入浴前後のDさんの体にとってもよいなど、まさに一石二鳥です。

CASE 5

Q. 入浴許可ギリギリの測定値なんですが……

利用者のEさん（82歳・男性）は、入浴前に血圧測定をしています。今日測定をしたら、主治医から指示されている入浴可能な数値を超えていました。少し深呼吸をしてもらって再測定したら、今度はギリギリ入浴可能の範囲でした。このような場合、入浴してもよいのでしょうか？　ご本人は顔色もよく食欲もあり、特に気分も悪くないので、入浴したいといわれます。

A. ヘルパーの対応

　最初の血圧を測る前に、運動や排便、食事など血圧を上げる原因となった行動がなかったかを聞いてみましょう。そして、全身状態や意識などもよく観察します。

　血圧値が指示範囲を大きく超えていた場合は「否」の判断になりますが、この場合のように再検査で可能な範囲になったのであれば、利用者の体調にほかの変化がないことを確認すれば入浴してもかまわないでしょう。

　但し普段より少し短めの時間で切り上げるなど、心臓に負担がかからないような配慮をしてください。また入浴中の気分不快がないかなどの観察も必要です。迷う場合は自己判断せずに、サービス提供責任者に報告し、主治医やケアマネジャーに報告、相談してください。

A. サービス提供責任者の対応

　入浴や体操、散歩などの可否判断を伴う測定では、契約時の事前調査の段階で、具体的に血圧の数値と指示をもらっておくことが大変重要です。「最高血圧170以上で清拭」「最高血圧190以上で入浴中止」などの形で医療職から具体的に指示を受けておき、チェックシート（申し送り書など）に明記して、確実にヘルパーが対応できるような体制を整えておきましょう。

　また、「最近は血圧が高くて入浴できないことが多い」など利用者の変化や課題が出てきた場合には、すみやかに医療職へ現状を報告し、医療サイドから指示の変更を受け、その指示をまた現場のヘルパーに確実に返していきます。このようにきめ細かな連携が、利用者のQOLにとっては非常に重要です。

3 パルスオキシメータの装着

CASE 6　Q. マニュキュアをつけた指でも大丈夫？

利用者のFさん（76歳・女性）は、肺気腫のため、在宅酸素療法を行っています。普段は、酸素ボンベをもって通所介護に出かけるほど元気です。

ときどき苦しくなったときだけ、ベッドで安静になった状態でヘルパーが酸素の飽和度を測っています。先日Fさんは、通所介護でマニュキュアを塗ってもらったようですが、装置をはさむ指にマニュキュアが塗ってあっても測定には影響ありませんか？

A. ヘルパーの対応

マニュキュアによって光の吸収率が変わり、数値に影響が出るという実験結果がいくつか示されており、マニュキュアは影響を与える可能性があります。

今後どうするかについて、サービス提供責任者から訪問看護師や通所介護（以下、デイサービス）の担当者に相談するようにしてもらいましょう。

CASE 7　Q. 終了の判断は？

パルスオキシメータを初めてみましたが、体温計や血圧計と違って終了音が鳴らないし、コロコロと数字がかわるので、どこで終わりにしたらよいか迷います……。

A. ヘルパーの対応

パルスオキシメータはモニターする機器なので、つけている間の変動をずっと示します。装着してしばらくは数値にバラつきがありますが、少し経つとほぼ安定した数値に落ち着いてきますので、安定したときの値を記録に残してください。人間の体は常に一定ではありませんので、かわって当然といえます。

4 軽微な傷の処置

CASE 8

Q．褥瘡の"軽微な傷"の程度とは？

利用者のＰさん（86歳・女性）は、仙骨部にひどい褥瘡があります。おむつ交換に入るとガーゼが便や尿で汚れていることもたびたびです。かなり深い褥瘡なので、軽微な傷ではないと思いますが……。消毒や薬を使わずに、ガーゼ交換だけならやってもよいのでしょうか？

また「褥瘡」の処置はできかねるとお伝えすると、訪問看護師やケアマネジャーから「そんなこともできないの」「ほかのところはやってくれる」などといわれます。

A．ヘルパーの対応

今までも無理解な訪問看護師やケアマネジャー、又は医師などから強く指示されて実施してしまった、というケースは少なくありません。実際、ヘルパーの実施可能なケアの範囲について、医療関係者の間できちんと法的根拠などに基づいて周知されているとはいい難い現状があります。これは非常に残念なことです。しかし、"褥瘡の処置"は医療行為ですので、定期ケアとして依頼された場合はきちんとお断りしなければなりません。ヘルパーがただ「できません」とお断りするのではなく、サービス提供責任者へ報告し、サービス提供責任者が利用者への対応をします。

但し今回のケースのように、おむつ交換時に排泄物であまりにも汚れていた場合には傷からの感染が予測されますので、緊急処置が必要な場合と判断し、実施する必要があります。その場合もあくまで汚れているガーゼをとりかえる程度で、その後のきちんとした処置（薬の使用など）は医療職に依頼するのが原則です。そのため、サービス提供責任者に随時報告し、その後の対応を医療職へ依頼してもらいましょう。

ヘルパーに求められる役割は、記録、報告です。傷やガーゼの状況を一番よくみることができるのは、たびたびおむつ交換に入るヘルパーです。その観察記録や報告が、利用者の状況をよい方向にかえるきっかけとなります。それが、処置を行うこと以上に大切なヘルパーの役割なのです。

A. サービス提供責任者の対応

　Pさんのようにおむつ交換に入るときに便や尿での汚染が予測できる場合は、事前に汚染時の対応について医療職と話し合っておきましょう。また、ケアマネジャーにもヘルパーの可能なケアの範囲を説明し、どのような意図でその時間帯にヘルパーのおむつ交換を計画しているのかなどを明確にしておいたほうが、あとでトラブルになりません。

　それぞれの役割や責任のとれる範囲は定められているので、一方的な指示に従ってしまうのはよくありません。「そんなこともできないの」というほうが、チームケア、ケアプランについての勉強不足です。

　また、医療職と介護職に上下の関係はありません。医療の専門職、介護の専門職として、対等に意見を交換し連携しあって、お互いの分野を理解し、利用者にとってのよいケアを展開していくことが理想です。両者が歩み寄ってよい関係を築くことが、何より利用者・家族のためになるのではないでしょうか。

5 軟膏の塗布

CASE 9

Q. 軟膏は上塗りしていいの？

皮膚が弱い利用者のＳさん（92歳・女性・大腿骨頸部骨折後に寝たきりの状態）は、おむつ交換時、陰部に軟膏を塗っていますが、前に塗った軟膏が付着して残っています。そのうえから軟膏を塗ってしまってもよいのでしょうか？

A. ヘルパーの対応

いけません。軟膏の重ね塗りは、症状を悪化させることになります。特にＳさんのように皮膚の弱い方は要注意です。だからといって、ティッシュなどの乾いたものでゴシゴシとこすりとるのは逆に皮膚を傷めます。陰部洗浄時や、温タオルなどを使って、薬剤がとりやすく、皮膚を傷めない方法でとってください。

軟膏塗布における基本技術の鉄則は、前の軟膏を落とし、清潔な皮膚に塗布することです。必ず清拭または洗浄し、古い軟膏を落としてから新しく塗りなおしましょう。

CASE 10　Q. 1年前の軟膏ですが、ほかの部分に塗っていい？

　利用者のTさん（82歳・男性）は、お元気ですが、ときどき皮膚がかゆいといわれます。

　以前、胸に湿疹が出たとき処方された軟膏があるのですが、今日は背中がかゆいので、その薬を塗ってほしいと頼まれました。湿疹などはみられず、かゆみだけのようです。ご本人は大丈夫といわれますが、本当に大丈夫でしょうか？

A. ヘルパーの対応

　一言に湿疹といっても、原因はさまざまです。軟膏はその原因によって、成分がまったく違うものなのです。ですから、その軟膏はどんな湿疹に処方されたものかわからないので、安易に塗らないようにしましょう。

　またかなり昔の薬を大切にもっている人が多いですが、害はなくてもまったく効果がなくなっている場合もあります。きちんと受診して新たに処方してもらうか、湿疹などの皮膚疾患を伴わないかゆみであれば、市販のかゆみ止めなどで対応していただくことをお勧めします。

　高齢者は一般に皮膚の抵抗力が弱くなっています。間違った軟膏を塗ってしまったせいで、副作用が出てしまうこともあります。皮膚の疾患は組織の検査などをして原因を調べないと、みた目だけでは診断がつきにくいものです。ここは慎重に対応したほうがいいでしょう。

| CASE 11 | Q. 複数の軟膏から選んでといわれたのですが…… |

　利用者のUさん（82歳・女性・脳卒中後に寝たきりの状態）のお宅には、おむつ交換で訪問しています。

　鼠径部（そけいぶ）に発赤ができていることを家族にお伝えすると、「いくつか軟膏があるので、適当なものを塗っておいて」と依頼されました。「ヘルパーは薬を選ぶことはできません」とお答えすると、「訪問看護師さんはいつもこれを塗っているみたいだから、これを塗って」といわれました。塗ってしまってよいのでしょうか？

A. ヘルパーの対応

　ご家族が「訪問看護師さんはいつもこれを塗っている」といわれていますので、その軟膏をいつも本当に使っているようなら、特に問題はないと思われます。しかし、必ず軟膏塗布の経緯を記録で残し、サービス提供責任者へ報告をしてください。

A. サービス提供責任者の対応

　複数の軟膏を所持する利用者は多いですね。今後も症状によって使い分けることが出てくるようなら、Uさんの場合は訪問看護サービスが入っているようですので、念のため訪問看護師に今後の対応についての指示を受けてください。

　軟膏塗布のニーズは高く、おむつ交換、入浴介助、清拭などのケアとともに依頼が多いです。突発的な依頼にも対応しやすいよう、このようなケアの依頼を受けた際には、ケアマネジャーや医療職と、軟膏塗布などの可能性や対応について、あらかじめ話し合っておくとよいでしょう。

6 湿布の貼付

CASE 12

Q. 血圧の貼り薬は貼ってもいいですか?

利用者のVさん(86歳・男性・高血圧症)の入浴介助の際に、腰痛のために処方された湿布を貼っていると、「この貼り薬も貼ってほしい」といわれました。

血圧の薬のようですが、貼ってもいいですか?

A. ヘルパーの対応

「湿布の貼付」で貼る介助ができるのは、あくまでも「湿布」に限られます。Vさんからお願いされた血圧の薬は、確かに「貼り薬」なのですが、湿布ではありません。これは皮膚に貼って経皮的に薬効を吸収するタイプの薬剤で、血圧の薬のほかにも喘息発作を抑えるもの、心臓に作用するものなどがよく使われていますので、注意してください。

Vさんは、湿布も貼り薬も同じようなものと理解している可能性があります。「できません」と説明するだけでは「なぜ湿布は貼れて、貼り薬はダメなのか……」と納得できないかもしれません。ご理解いただけるような説明をしましょう。そういう貼り薬にはたいていマジックペンなどで日付が書かれています。入浴などの際に、薬効がきれているのであれば、はがすお手伝いをする分にはかまいません。皮膚を傷めないように注意してはがしてあげてください。

CASE 13　Q. 湿布の使用期限について

利用者のWさん（78歳・女性・軽度の左麻痺）は、最近体重が少し増え気味のせいか、膝の痛みを訴えるようになりました。そこで2年前に転倒して腰を打ったときに病院でもらった湿布を貼ってほしいと依頼されますが、湿布の期限は大丈夫でしょうか？

A. ヘルパーの対応

湿布薬に使用期限が書いてあるので、その期限に従いましょう。期限内なら貼っても大丈夫です。ただし、膝の痛みが体重増加のせいと決めつけてはいけません。膝の痛みの原因は何か、どういう痛みなのかをきちんと医療機関で診断してもらってからでなければ、同じ湿布でよいかどうかは判断できません。可能な限り、受診を勧めてください。

7 点眼

CASE 14

Q. 目やにがとれない

利用者のXさん（88歳・男性）は、点眼する際に目やにが多くてうまく点眼できません。しかし、認知症があって目やにをとらせてくれないので、困っています。どうしたらよいのでしょうか？

A. ヘルパーの対応

　認知症のある人に点眼をするだけでも大変だと思うのに、さらに難しいケースですね。基本的な点眼の技術として、目やには可能な限り取り除いてから点眼してください。

　放置され、硬くなった目やにをとられるのはかなり痛いものです。無理にとろうとすると眼球やまぶた周囲などを傷つけてしまいますので、清浄綿や温タオルなどで湿らせたり蒸らして目やにを柔らかくしてから、やさしく取り除いてください。同時に、温かいタオルを目のあたりにあてると、とても気持ちのよいものです。Xさんの場合、床屋さんのようにリラックスした姿勢で温タオル清拭などで顔全体を拭きながら、目のまわりを蒸して目やにをとり、点眼という流れではいかがでしょうか。

　また感染予防のため、目を拭くために使用するタオルと顔を拭くものとは必ずわけて使いましょう。

CASE 15　Q. 目があかない

利用者Yさん（90歳・女性）の目のまわり（上下まぶた周辺）は、とても腫れています。研修で習ったとおり、下まぶたを引き下げようとしたのですが、ほとんど目が開きません。どうやって点眼したらいいですか？

A. ヘルパーの対応

　高齢になってくると、浮腫が強い場合はまぶたが腫れることも多く、顔の皮膚のたるみもありますので、下まぶたに点眼しにくいこともあると思います。その場合は、下まぶたを引き下げるというより、まぶたの内側をめくるようにしてみるとうまくいくときがあります。眼球がみえなくても、まぶたの内側をめくってその内側に落とせれば大丈夫です。

A. サービス提供責任者の対応

　点眼は、いずれにしても特に感染に配慮しなければならない細やかで清潔な手技を必要とする介助です。
　伝聞で誤解されている点眼方法も多いので、是非スタッフ同士で点眼しあって、清潔に点眼する技術や認知症のある人にも抵抗なく受け入れてもらえそうな導入方法、まぶたのめくりかた、目やにのとりかたなどを研修してみてはいかがでしょうか。

CASE 16

Q. 目薬を何でも冷蔵庫に入れているのですが……

目薬をすべて冷蔵庫で保管している利用者Zさん（88歳・女性）がいます。気にすることなく、こちらの点眼を使っても大丈夫でしょうか？

A. ヘルパーの対応

目薬はすべて冷所保存と思い込まれている高齢者は案外多くいらっしゃいますが、実際には常温保存のものも多くあります。常温保存とは1～30℃くらいで保存することで、冷所保存は15℃以下での保存なので、どちらも冷蔵庫のなかで問題はありません。

気をつけなければいけないのは、直射日光にあたったり、暖房の吹き出し口の前などに置かないようにすることです。また逆に、凍らせないように気をつける必要もあります。冷蔵庫のなかも場所によっては凍ってしまう場合があるので注意します。一度凍ってしまった目薬は使用してはいけません。

なお、専用の袋がついている目薬があります。それは遮光のための袋ですので、必ずそのなかに入れて保管するようにしましょう。薬の成分が分解してしまうのを防ぐためです。

8 内用薬介助

CASE 17　Q. 薬を分包化してくれず困っています

独居の利用者のQさん（84歳・男性）は、昔からお付き合いのある病院にかかっています。最近は薬を飲み忘れてしまったり、手元がふるえたり、むせこんでしまったりすることが多くなってきたので、内服の介助に入っています。

ただ、お薬が1回分ずつ分包されていません。ケアマネジャーにも相談していますが、分包してくれる薬局が近隣になく、病院では対応できないといわれて困っています。どうしたらよいのでしょうか？

A. ヘルパーの対応

ヘルパーは配薬業務ができません。従って、分包されているか、今日飲む薬がわけられているものの服薬介助しかできません。

家族と同居している場合は、薬局で分包してもらえなくても、家族にその日・そのときの薬を小皿や小さなケースにとりわけてもらうことで対応ができます。しかし、このケースのように独居の人の場合はそうはいきません。

まずはその状況をサービス提供責任者に報告し、何らかの方法で一回分にわけてもらえるようにする必要があります。

A. サービス提供責任者の対応

慣れ親しんだ病院で院内処方の対応がなく、近くの薬局で一包化できるところがないというケースはときどきあります。ただ上記のとおりヘルパーは配薬ができません。従って、早急に対応する必要があります。

まずはケアマネジャーに報告・相談します。このようなケースにおいて考えられる対応は2つあります。
①薬局をかえる

処方箋は、調剤薬局であればどこで薬を調剤してもらってもかまいません。そこで、病院の近くに一包化できる薬局がない場合は、家の近く、普段買い物に行く

スーパーの近くなど、利用者が利用可能な範囲で一包化に対応できる薬局はないかを探してみましょう。そのうえで、ケアマネジャーとも相談しながら、薬局をかえていただくことを利用者に依頼します。最近は、FAX で処方箋を送ると自宅まで薬を届けてくれるサービスを行う調剤薬局もあります。ケアマネジャーと地域の情報を集めてみましょう。

②訪問看護サービスを利用する

　配薬業務ができるのは、薬剤師又は医療職です。従って訪問看護サービスを利用していれば、訪問看護師にお薬カレンダーなどに配薬してもらうことで対応ができます。

CASE 18

Q. 薬の飲み残しをみつけてしまったら……

利用者Rさん（72歳・男性・脳梗塞後に右麻痺）の昼食後の内服薬介助に入っています。血圧と心臓の薬を飲まれていますが、ヘルパーは準備だけを支援し、飲むこと自体は、ご自分の左手を使ってできます。普段しっかりされているので安心していましたが、テーブルの下をのぞいたら、カプセルが1粒落ちていました。
「これは今落とされたのですか？」とお伺いすると「ちゃんと飲んだ」とのこと。でも血圧や心臓の薬なので飲めていないと心配です。とりあえず飲んでもらったほうがよいのでしょうか？

A. ヘルパーの対応

いつのものかはっきりしない薬は飲まないのが原則です。このような場合は、サービス提供責任者にすぐ報告し、家族又は主治医や訪問看護師などの医療職に報告・相談してもらいましょう。そのうえで、指示に従います。ヘルパーの自己判断で飲ませたり、破棄するようなことはしません。

薬は飲んでから効果が出るまでの時間、その効果の持続時間によって1回の服薬量・1日の服薬回数が決まっています。1回抜けてしまうと、薬の効果が切れている時間帯が出てきます。逆に、続けて2回飲んでしまうと、薬の効果が強く出てしまうことになります。どちらも利用者にとっては危険な状態です。そのため、医療職の判断が必要になります。薬の種類、何のために飲んでいるのか、普段コントロールされている症状の状況などから判断をしてもらいます。

もう1つ、介助の視点から考えましょう。「飲むことはご自分でできる」といっても、見守りが不要ということではありません。要介護者の「自立」とは完全に放っておくという意味ではなく、手は出さなくても見守りによる確認が必要な場合も多いのです。この利用者の場合にも、ヘルパーが準備したあとご自分で服薬されるのを見守っていれば、テーブルの下にあった薬が昼食後に落としたものかどうかがわかったはずです。「自立」の意味をはきちがえないようにしましょう。

A. サービス提供責任者の対応

　内服介助のサービスを受ける際は、薬の色や形状・錠数・何の薬かといった情報を必ずもらって、ヘルパーが現場ですぐにみれるような状態にしてあげてください。チェックシート（申し送り書など）に、薬局でもらう薬の説明書などをコピーさせてもらい添付しておくとよいですね。また1回飲まないだけで急変するおそれのあるような強い薬や、絶対に忘れてはならない薬、時間をきっちり守って飲まないと体が危険に陥るような薬があるかどうか、必ず事前に確認しておきましょう。

9 肛門からの坐薬挿入

CASE 19

Q. 坐薬を半分使用するときの切り方は？

　Aさん（87歳・女性）には、排便を促すために坐薬が処方されています。1個では効きすぎてしまったらしく、新たに主治医から「1/2量を使用」という指示が出されました。坐薬はカーブした形なので、正確に半分にするのは難しいと思います。
　また、残り半分はどのように保管すればよいのですか？

A. ヘルパーの対応

　排便誘発用の坐薬であれば、それほど正確に測定して切る必要はありません。但し解熱鎮痛用の場合は、医師や訪問看護師からの指示をきちんと受けてください。
　原則として残りの半分は使用しないというのが学問的な考え方ですが、薬の費用の関係もあり、実際には残り半分を使用する利用者も多いです。その場合は、ラップなどで密閉して、冷所保存してください。しかし切り口が粗かったり、平坦で幅広かったりすると、挿入時に肛門を傷つけてしまいます。残りの半分を使うときは、挿入しやすいように坐薬の挿入部分をやや尖らせて指で少し押さえて柔らかくするか、潤滑油を使いましょう。

CASE 20

Q. 坐薬が便器のなかに落ちていたのですが……

利用者のBさん（84歳・男性）には、ベッド横のポータブルトイレで坐薬挿入と排便介助をしています。今日もポータブルにしばらくお座りになっていたのですが、便意がなく、ベッドに戻りました。そのとき、便器のなかに坐薬が少し溶けた状態で落ちていたのですが、新しい坐薬を入れたほうがよいのでしょうか？

A. ヘルパーの対応

排便誘発用の坐薬であれば、排便の有無を確認し、再度使ってもかまいません。Bさんの場合は、坐薬の成分が少しだけしか溶けていませんし、便意すらなかったので、大丈夫だと思います。おそらく早い時点で、ご本人が腹圧をかけて落ちてしまったものと考えられます。

解熱鎮痛用などの坐薬であれば、挿入時間や落ちていた坐薬の溶解状態により症状を確認し、様子をみるか再度挿入が必要かどうかを判断します。判断に迷うときは、無理をせず、サービス提供責任者や医療職に連絡して判断を仰ぎましょう。

A. サービス提供責任者の対応

ポイントは、緩下剤（かんげざい）か、そうでないのかというところです。排便用であれば取り扱いにそれほど注意は要しませんが、そのほかの場合の坐薬は体への影響が大きいことが多いので、注意が必要です。挿入からどのくらい経過して出てきてしまったのかという情報を確認し、医療職に判断を仰ぎましょう。

CASE 21

Q. 脱肛している肛門への挿入のしかた

肛門からの出血はないのですが、肛門のヒダが外に飛び出していて、どこから入れればよいかよくわかりません。いわゆる脱肛というものですが、挿入してしまって大丈夫でしょうか？

A. ヘルパーの対応

脱肛とは、直腸の粘膜の一部が肛門の外に出たままもとに戻らない状態をいいます。医学的には痔核の一種です。肛門は粘膜で形成されていますが、粘膜は少しの力でも傷つき、出血しやすく、また毛細血管が多くあるため止血しにくいという特性があります。従って、このケースのような場合には、ヘルパーによる坐薬挿入の適用外と考えられます。「原則的に医行為でない行為」の通知のなかでも、介護職が実施できる条件として「肛門からの出血の可能性など、当該医薬品の使用の方法そのものについて専門的な配慮が必要な場合ではないこと」と書かれています。

また、脱肛を肛門のなかに挿入するのは非常にリスクの高い行為です。自己判断で対応せず、そのような状況であることをまずはサービス提供責任者に報告し、医療職に指示を仰いでもらいましょう。

10 鼻腔粘膜への薬剤噴霧

CASE 22

Q. 薬剤を使わないネブライザーの使用

利用者Cさん（88歳・男性・脳梗塞後に左麻痺）は、麻痺のため口がとじにくく、口腔内がとても乾燥しています。家族から精製水で吸入してほしいという依頼がありましたが、医師の指示はありません。
このような場合実施してもよいのでしょうか？

A. サービス提供責任者の対応

精製水は医薬品ではありませんので、実施は可能です。しかし口腔内の乾燥のための保湿が目的であれば、一過性の効果しか得られません。ご本人のADL拡大のためにも、誤飲などの危険がなく可能であるようなら、こまめに水分をとってもらったり、うがいなどの対応で十分ではないでしょうか。

まずはケアマネジャーに報告し、サービス担当者会議のなかで医療職と検討する機会をつくりましょう。

CASE 23

Q. ネブライザーの手入れについて

機器の手入れについてお聞きします。ネブライザーは毎回分解して洗ったほうがよいのでしょうか？　消毒はどうしたらよいですか？

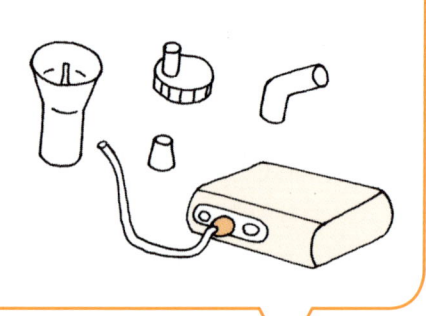

A. ヘルパーの対応

　家庭は病院と違って、ほとんどの場合本人しか使用しませんので、病院ほどの管理は必要ありません。基本的には、家庭にネブライザーが導入される時点で、病院や訪問看護師から使い方・消毒を含めた手入れの方法について家族は指導を受けています。ヘルパーは、それに準じてください。

　ただしネブライザーは、噴霧した細かな粒子が気道から肺に深く吸い込まれますので、不潔になると細菌やウイルスが肺に深く入ってしまい、肺炎を起こすなどの感染が問題になっています。家庭であまり清潔にできていないようなら、ヘルパーが入ったときだけでも、1回1回水洗いしたうえ、台所用の消毒・殺菌剤でよいので、1時間くらい浸して、よく水洗いしたあと乾燥させるなどしてみてください。

　在宅で消毒をする場合は、万が一飲み込んでも人体に害がないという理由で、哺乳瓶の消毒などでよく使われるミルトン®などが使用されている場合が多いです。乾燥させたあとは、ふたつきの専用タッパーなどに入れておくと、空気中のほこりや細菌などがつきにくく、比較的清潔に保管できます。

　定量加圧式噴霧器は、1週間に1回くらいの割合で使い捨てるのが理想といわれていますが、病院で処方されるたびについてきますので、そのとき新しいものと交換してください。また噴霧後、気道に入らなかった薬剤が内側に残っていますので、ティッシュやアルコール綿できれいに拭きとってください。

11 爪切り

CASE 24

Q. 爪を切ったらボロボロに崩れてしまいました！

利用者のJさん（78歳・女性）の足の爪を切っていたら、薬指の爪だけが厚くなり、白く濁っていました。

1本だけ放っておけず、そのまま切ってしまったところ、ボロボロ崩れてしまいました。このような場合はどこまで切ったらよいのでしょうか？

A. ヘルパーの対応

爪が白く濁り、厚くなり、切ろうとするとボロボロと崩れてしまうのが「爪白癬」です。爪に白癬菌が感染することによって起こります。白癬菌とは、いわゆる水虫の原因菌であることから、爪白癬は「爪の異常」にあたります。従って、爪白癬になっている爪は介護職が切ることはできません。

もし利用者が爪白癬に感染していた場合には、サービス提供責任者にすぐに報告をしましょう。ヘルパーは爪白癬にかかっていない爪だけを切り、感染した爪を誰に管理してもらうかについてはサービス提供責任者がケアマネジャーなどと相談し、決定をします。

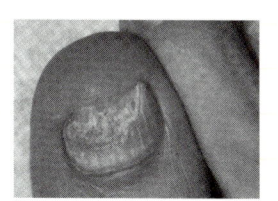

爪白癬
写真提供：医療法人社団端雲会
高田馬場病院

A. サービス提供責任者の対応

上記の通り、ヘルパーは爪白癬になっている爪を切ることができません。従って、その爪の爪切りを誰にしてもらうのか、サービス担当者会議などを通じて検討してもらう必要があります。訪問看護サービスやデイサービスの看護師、家族など、利用者の状況に応じて対応者を決定します。

爪の状態は変わります。サービス開始時に異常がなくても、ある日、本ケースのように1本の指だけ爪白癬にかかるということもあります。それをそのままヘルパーで対応していると、「原則的に医行為でない行為」の範疇を超えている状態になってしまいます。

従って、ヘルパーから変化があったときの報告を日々受ける、モニタリング時に確認するなどして、常に「原則的に医行為でない行為」の状況に変化がないかを把握していくようにしましょう。

12 口腔内の刷掃・清拭

CASE 25

Q. 残り少ない歯もグラグラしています

利用者のLさん（93歳・女性）は、自分の歯が3本しか残っていません。ご本人はあまり関心がないのですが、家族がLさんの歯磨きを強く希望しています。しかし、ちょっと歯ブラシを当ててみると、根っこのほうがグラグラしていて、抜けてしまいそうです。

このような場合、どんなケアが適しているのでしょうか？

A. ヘルパーの対応

ヘルパーでは手に負えない歯の状態ですね。「原則的に医行為でない行為」では「重度の歯周病等がない場合」という条件があるように、口腔内の状態に医療の介入が必要であると判断される状況であったり、ヘルパーが口腔ケアを行うとかえって歯が抜けてしまう危険が予測されるような場合には、無理に口腔ケアを実施しないことも必要です。

本来であれば、サービス開始前の事前調査の段階で状態を把握し、必要な治療を受けていただくという動きがあるはずですが、このケースのようにサービスに入ってからわかるということもあり得ます。このような場合には、まずサービス提供責任者に報告・相談します。ヘルパーが自己判断で今日は口腔ケアを「する」「しない」ということを決定することはできません。利用者や家族などの同意を得る必要もあります。

A. サービス提供責任者の対応

本来はサービス開始前の段階で把握し、必要な医療などの介入をしてもらうのがよいケースです。もしサービスに入って初めてわかったというような場合には、まずケアマネジャーに報告・相談をしましょう。以下のような点を相談し、決定してからヘルパーに指示を出します。

・その日はどこまで口腔ケアを行うのか。
・そのことについて誰が利用者・家族に説明し、了承を得るのか。
・歯科受診における家族との相談方法。

CASE 26　Q. なかなか口をあけてくれない利用者

利用者Mさん（82歳・男性・パーキンソン症状を伴う認知症）は、口腔ケアを行うために「口をあけてください」とヘルパーがお願いしても、なかなかあけてくれません。あけても、歯ブラシを入れた途端に口がしまってしまいます。Mさんの口をあけるには、どのようにしたらよいのでしょうか？

A. ヘルパーの対応

　Mさんがなかなか口をあけてくれない理由は何でしょうか。認知症のために口腔ケアが理解できず、いきなり口のなかに物や指を入れられることに驚いたり、不快に感じたりしたからでしょうか。それとも、パーキンソン症候群により顔や口の筋肉が動かしにくいためうまくあけることができないのでしょうか。

　まずはなぜなのかを考えたり、確認したりしましょう。認知症により理解しにくい場合は、声かけを多くしてみる、ご自身でスポンジブラシなどを口にくわえていただくことから少しずつ始めるなどの対応が考えられます。身体機能の問題であれば、いきなり口腔ケアをするのではなく、口腔体操などで筋肉や関節をほぐしてからアプローチしてみるのもいいでしょう。

　無理に口をあけさせるようなケアで嫌な思いや痛い思いをしてしまうと、さらに強い拒否につながります。なぜなのかに着目して、少しずつ進めることを心がけましょう。

　もちろん、そのような状況についてはサービス提供責任者に報告していくことも必要です。

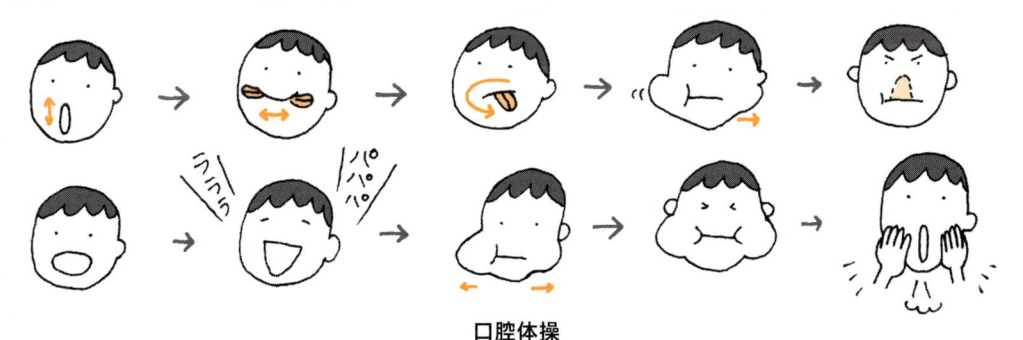

口腔体操

| CASE 27 | Q. 経管栄養なので口腔ケアは不要？ |

経鼻胃管から経管栄養をしている利用者Nさん（82歳・女性・脳卒中後に寝たきりの状態）は、口からは食べたり飲んだりしていないのですが、口腔ケアは必要ですか？ 歯は残っていません。
また、舌が乾燥してひび割れたようになっているのですが、どのようにケアしたらいいですか？

A. ヘルパーの対応

　実は経管栄養など口から食べていない人ほど、口腔ケアは必要です。高齢者にとって口腔ケアは、単に歯を磨く、きれいにすること以上に、肺の感染症を防ぐという命に直結する大事な意味をもっています。

　通常、口のなかは唾液によって洗浄され、乾燥を防いだり、バクテリアを分解して口臭がおさえられたりしています。口から食べられない人は唾液が分泌されなくなり、口のなかが雑菌のたまり場になってしまい、その雑菌を誤嚥して肺炎を起こすこともまれではありません。ですから、肺炎予防のためにも、まめにケアすることをお勧めします。

　舌のひび割れも、1日2～3回の定期的なケアで緩和されます。方法としては、口腔清拭用の綿棒を軽く湿らせ、舌に潤いをもたせながら、優しく汚れを拭き取ってあげてください。この際、舌を潤そうとして綿棒に多量の水分を含ませると、汚れた水分を誤嚥する可能性があります。綿棒の水分量には十分注意してください。霧吹きを使用して、口腔内を湿らす方法もあります。

13 耳垢の除去

CASE 28

Q. 耳かきしなくても病気になりませんか？

利用者のHさん（68歳・男性）の耳は、みただけでもかなり汚れています。右半身麻痺のため、右手が使えず、耳の掃除ができないようです。

デイサービスに通うようになったので、「耳かきのお手伝いをしましょうか」と提案してみましたが、「耳かきなんかしなくても病気にならない」といいます。

耳かきは、まったくしなくてもよいものなのでしょうか？

A. ヘルパーの対応

確かに、耳は垢を自分で外に出す力がありますので、Hさんの言い分は間違っていません。しかし、高齢者になると外に押し出す力が少しずつ衰えます。また、体を大きく動かすような行動が少なくなるため、ポロッと外に出るチャンスがあまりなく、放っておくと耳の入口付近にたまっていくことになります。

特に高齢者は耳垢が溜まりすぎて耳の聴こえが悪くなるということもあるので、入口付近だけでもきれいにできるとよいでしょう。毎回少しずつ入口付近をきれいにしていくことで、奥の耳垢が入口に押し出されてくるので、聴こえが悪くなったり、耳垢塞栓になるのを防ぐことができます。

Hさんには、そのようにお話ししてみてはいかがでしょうか。

CASE 29　Q. 市販のオイルを使っても大丈夫？

利用者のIさん（82歳・女性）は、特に耳の病気はありません。
入浴後に耳垢の除去をする際、手持ちのベビーオイルを綿棒につけてほしいと頼まれましたが、市販のオイルを使用しても大丈夫でしょうか？

A. ヘルパーの対応

ベビーオイルは、乳幼児のような敏感な肌に害がないとされている、比較的刺激の少ないオイルです。過去にベビーオイルをつけて皮膚トラブルがなかったのであれば、おそらく薬害についての心配はほぼないと思われます。

また、ドライな耳垢の人には効果的だと思いますが、耳垢がウェット（耳垢が湿って、やわらかい）な人は避けたほうがよいでしょう。

いずれにしても、ヘルパーの自己判断では実施できませんので、まずはこのような依頼を受けたことをサービス提供責任者に報告しましょう。

A. サービス提供責任者の対応

耳垢を除去するときに、硬い耳垢のままでは外耳の粘膜を傷つけるおそれがあるので、綿棒などを少し湿らせて耳かきをする人がときどきいます。

Iさんの場合入浴後ということもあり、特にオイルは必要ないと思われますが、サービスとして本人の要望に応えるという観点からは、少量使用することで利用者のニーズが満たされるのであれば、対応するという方向で考えてみてください。

訪問看護サービスを利用しているのであれば、訪問看護師に相談してみましょう。相談先がない場合は、市販品のなかでも刺激の少ないもので過去にトラブルがなかったのであれば、使用することでよいでしょう。

市販薬の介助依頼は、利用者の自己責任になります。利用者だけでなくキーパーソンの同意もとったうえで、実施ができると安心です。

14 ストマ装具のパウチに溜まった排泄物の除去

CASE 30

Q．人工肛門部分の便は拭いてもいいですか？

　ツーピースのパウチを使用している利用者の便を処理していたとき、人工肛門の部分についた便を拭きとってから、新しいパウチをつけてほしいと頼まれました。いつも訪問看護師が交換するときは清拭をしているそうですが、便を軽く拭く程度ならいいですか？

A．ヘルパーの対応

　人工肛門の部分は、腸の粘膜が外に出ている状態になっています。粘膜は、皮膚で保護されずに、神経や血管が無数に走っています。大変デリケートで、力加減で出血などが起こりやすい部分ですので、普通の肛門部を拭くのとは要領が違います。本人や家族が行う分にはかまいませんし、訪問看護師は医療職として人工肛門部分にトラブルがないかの観察を行いながら、便を拭きとっているのです。

　あまりに多量に便がついているようなら、ヘルパーは人工肛門部にはふれないようにし、周辺の便のみを取り除く程度にしましょう。ポイントは、粘膜部分にふれないことです。

15 自己導尿の補助

CASE 31

Q. 管を挿入するとき、手を添えるのはいいですか？

利用者Kさん（68歳・男性）は、今まで自分で導尿をしていました。
ところが最近、パーキンソン症候群の初期症状から手のふるえが強くなり、うまくカテーテルが入らなくなってきたので、「管を入れるときに、手を添えてください」とお願いをされてしまいました。このような場合、手伝ってもいいでしょうか？

A. ヘルパーの対応

「手を添える」、その程度が難しいですね。「ふるえを押さえるために腕などをつかむ」ようなことであれば対応しても問題ないでしょう。しかし利用者のカテーテル挿入のための手や手首の動きが阻害されてしまったり、ヘルパーが主体で動かしているような状況は避けなければなりません。このような場合には、自己判断で介助せず、ヘルパーはまずサービス提供責任者へ報告をしましょう。

もともと自分でできていたようなことでも、加齢や病気の進行に伴い自分で行えなくなることは起こりうることです。このような利用者の変化を一番早く気付けるのはヘルパーです。完全にできなくなる前に、早め早めに状況の変化をサービス提供責任者に報告し、サービス担当者会議などで報告・相談してもらうようにしましょう。

A. サービス提供責任者の対応

このような場合、実際にどの程度支障があり、ヘルパーが行う補助は「自己導尿の補助」として妥当なのかどうかについて医療職に相談し、判断してもらう必要があります。

繰り返しになりますが、「できない」状態になる前の経年変化については、早め早めにサービス担当者会議で報告し、今後起こりうることを予測しながら、その対応について協議していくようにしましょう。

16 浣腸

CASE 32

Q．浣腸は何本まで追加していいですか？

　利用者のOさん（72歳・女性）に浣腸の介助を行って、液の漏れもなくちゃんと入りました。しかし、いつも5分と待たずに排便があるのに、今日は10分待っても便意が起こらないのです。
　Oさんは「全然効かないから、もう1本入れてほしい」というのですが、浣腸をしてしまっていいですか？　何本くらいまで大丈夫なのでしょうか？

A．ヘルパーの対応

　使用を認められている代表的な市販の浣腸液の説明書には、「用法・用量」「使用上の注意」について以下のように書かれています。

◎用法・用量
　12歳以上1回1個を直腸内に注入してください。それで効果が得られない場合は、さらに同量をもう一度注入してください。

◎使用上の注意
〈してはいけないこと〉
　連用しないでください。（常用すると、効果が減少しいわゆる"なれ"が生じ）薬剤に頼りがちになります。

〈相談すること〉
1．次の人は使用前に医師又は薬剤師に相談してください。
 (1) 医師の治療を受けている人。
 (2) 妊娠又は妊娠していると思われる人（流産の危険性があるので使用しないことが望ましい）。
 (3) 高齢者。
 (4) 激しい腹痛、悪心、嘔吐、痔出血のある人。
 (5) 心臓病の診断を受けた人。
2．次の場合は、直ちに使用を中止し、この文書を医師又は薬剤師に相談してください。
　2～3回使用しても排便がない場合。

説明書で使用が12歳以上とされているのは、12歳に相当する体力が必要だということです。高齢者の場合は体力の個人差が大きいので、医師・薬剤師に相談してください、ということになっていると考えられます。

　また説明書にはおおむね２本までは使用してもよいとされていますが、これはあくまでも成人並みの体力があって、体調や肛門周囲その他にトラブルのない状態ならば使用してもよい、ということです。通知のなかでは、市販薬ではありながら「医学的な管理が必要ではないという承諾を医療者から受けていること」とされています。従って、市販薬であっても、使用に関しては医療職が把握します。そこで２本目を使用してよいかについては、医療職の指示を受ける必要があります。ヘルパーは、まずサービス提供責任者へ連絡をしましょう。

A. サービス提供責任者の対応

　ヘルパーからこのような報告・相談を受けた場合は、ヘルパーにはその場ですぐ対応しないように伝え、医療職へ連絡報告し、当日と今後の対応を検討していくのがよいと思います。

　調査の段階でこのような事態が予測されるときは、あらかじめ２本続けて使用してよいかを確認しておくといざというときにヘルパーがすぐに対応でき、利用者にとっても不快な時間を減らすことができます。

第2節 「特定行為」

1 痰の吸引

CASE 1

Q. 吸引カテーテルの先端がユニフォームにふれてしまった！

気管カニューレ内の痰の吸引を実施しようとしたところ、取り出した吸引カテーテルの先端がユニフォームにふれてしまいました。吸引カテーテルは安いものではないと聞いています。ちょっとさわっただけなので、そのまま使用してもいいですか？

A. ヘルパーの対応

鼻腔や口腔からの吸引は「できるだけ清潔に行う」でよいのですが、気管カニューレ内の吸引は「無菌的に行う」必要があるということは研修で習ったとおりです。ですから、ユニフォームにふれてしまった吸引カテーテルの先端は「不潔」になります。この場合、この吸引カテーテルで気管カニューレ内の吸引をすることはできません。新しいものを使用しましょう。

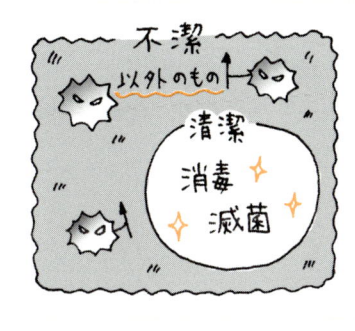

CASE 2

Q. 気管カニューレ内の吸引をしたあと、人工呼吸器のアラームがずっと鳴っている！

気管切開をして人工呼吸器を使用している利用者Sさん（男性・68歳）の痰の吸引をしました。吸引が終わって、気管カニューレに人工呼吸器の回路を接続しました。普段はそのあとすぐにアラームがとまるのに、今日はいつまでもアラームが鳴っています。どうしたらいいですか？

A. ヘルパーの対応

一番考えられるのは、呼吸器の回路が正しく接続されておらず、空気が漏れていることです。従って、まず一度人工呼吸器の回路を気管カニューレからはずし、すぐにはめなおします。

それでもアラームが鳴りやまないときは他の原因が考えられるので、家族に報告し、確認を依頼します。もし家族が不在の場合は、サービス提供責任者に報告をしたうえで、連携している医療職（訪問看護師や主治医）へ報告し、対応の指示を仰ぎます。

A. サービス提供責任者の対応

人工呼吸器の回路をはめなおしてもアラームがとまらず、医療職や家族の対応を依頼した場合は、何が原因で、ヘルパーがどう対応すべきだったのかを医療職や家族に確認します。そのうえで、痰の吸引で訪問しているすべてのヘルパーにそのことを伝え、次に同じようなことが起こらないように、あるいは起きた場合にスムーズに対応ができるようにします。

2 経管栄養

CASE 3

Q. 経管栄養後の薬の注入はできますか？

利用者Eさん（76歳・男性）に、胃ろうからの経管栄養の注入の依頼を受けた際に、終了後の服薬介助の依頼も受けました。内服薬を胃ろうから注入するのですが、半固形栄養剤の注入やその後の白湯の注入と手順は同じなので、実施してもいいですよね？

A. サービス提供責任者の対応

　胃ろうや経鼻胃管で経管栄養をされている人は、内服薬を経管栄養チューブから注入する形で服用する場合がほとんどです。その手順は、確かに半固形栄養剤や白湯の注入と同じです。

　しかし、今回の認定特定行為業務従事者への経管栄養の研修内容に、服薬介助（薬の注入）は含まれていませんでした。厚生労働省では、今回の経管栄養の一連の手技のなかに薬剤の注入は含めていないとの見解です。従って、Eさんの服薬については訪問看護師又は家族などでの対応となります。

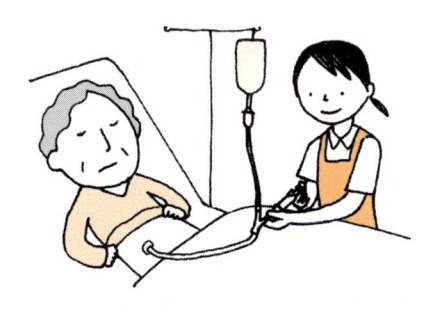

CASE 4

Q. 経管栄養の利用者に大量の水様便がみられました。どうしたらいいですか？

胃ろうからの経管栄養の利用者Fさん（81歳・女性）を訪問したら、おむつに大量の水様便の失禁がありました。ケア内容はお昼の経管栄養の注入なのですが、おむつ交換後にそのまま経管栄養を実施してもよいものでしょうか？

A. ヘルパーの対応

研修のなかで経管栄養中止の要件を学んだと思います。各種消化器症状として、水様便のある場合は中止要件の一つでしたね。

ですから、このような場合は事前の医療との取り決めに従って医療職に報告し、指示を仰ぎます。水様便が大量に出ている場合には、利用者は脱水傾向にある可能性が高いですので、そのほかのバイタルサインなども確認したうえで報告ができるとよりよいでしょう。

A. サービス提供責任者の対応

経管栄養の中止要件にはさまざまなものがあります。サービス提供責任者が認定特定行為業務従事者でない場合は、研修を受けていないので把握が不十分になる場合があります。しかしサービス提供責任者として一通りのことを理解していないと、利用者に安全なケアを提供できません。

従って、そのほかのケアと同様に、基本事項は学んでおくようにしましょう。研修を受講しているスタッフの研修資料を把握したり、サービス担当者会議のなかで担当の医療職に確認するなどがよいでしょう。

第5章

医療ニーズの高い利用者に対する訪問介護サービス

　医療行為は、医師・歯科医師と、医師・歯科医師の指示のもとで保健師・助産師・看護師だけが「業」として実施できるものです。従って、介護職は原則として医療行為をサービスとして提供することはできません。

　しかし医療行為を日常的に実施しながら生活をしている利用者、又は医療ニーズの高い利用者は確実に増加しています。それでもヘルパーは、医療行為ができないのだから利用者が使用している医療機器や処置について何も知らなくてよいのでしょうか？

　そうではありません。利用者の自立した在宅生活を支援する訪問介護サービスのスタッフとして、私たちヘルパーは利用者が使用している医療機器や処置について、介護職なりに理解しておく必要があります。そして、それらを日常的に必要とする利用者はどのような心理状態にあるのか、またどのような生活上の注意点を医療から求められているのかについて把握しておくことが大切です。これらの理解がなければ、適切な日常生活の支援はできないからです。

　この章では、上記のような考えのもと、医療行為を介護職が実施するためではなく、適切な介護を提供するために、知っておきたい事項をまとめています。

第1節　肺

1　呼吸のしくみ

「呼吸って何ですか？」と聞かれたら、皆さんは何と答えますか？　「息を吸ったり、吐いたりすること」と、多くの人はそう答えると思います。この答えは、半分だけ正解です。

「呼吸」には2つの呼吸があります。1つは「外呼吸」といって、息を吸ったり吐いたりして、肺に空気を入れたり、肺から空気を出したりすることです。

もう1つは「内呼吸」といって、「外呼吸」で吸った空気から酸素を血液のなかに取り込み、血液のなかの二酸化炭素を肺に返して「外呼吸」で体の外に出すことです。この「内呼吸」を行うのは、「肺胞」という場所です。「肺胞」は、気管支が細かく枝分かれした先にある、ブドウの房のような空気の袋です。肺胞のまわりには毛細血管が張り巡らされていて、ここで酸素と二酸化炭素のやりとりが行われます。このやりとりを「ガス交換」ともいいます。

「内呼吸」で血液に取り込んだ酸素を体中に運んだり、いらなくなった二酸化炭素を体中から肺胞まで運んでくるのがヘモグロビンの仕事です。人間の体を構成する細胞の一つ

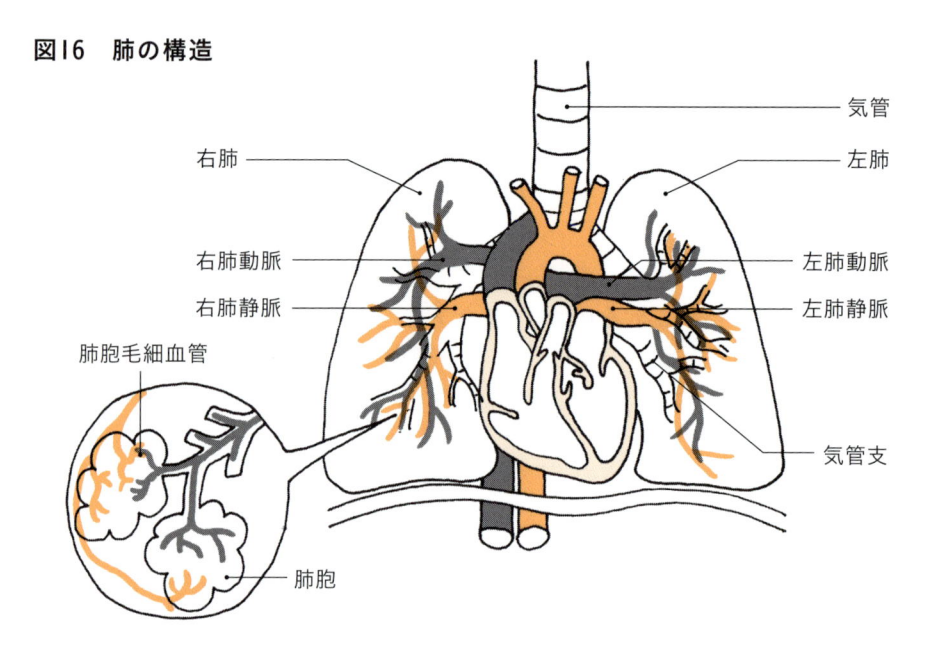

図16　肺の構造

ひとつは酸素がなければ生きていけません。ヘモグロビンが「内呼吸」で得た酸素を運んでくれることで、わたしたちの細胞が生きているのです。

このように、呼吸とは外呼吸と内呼吸の両方を含んだものになります。

図17　内呼吸のしくみ（肺胞のガス交換）

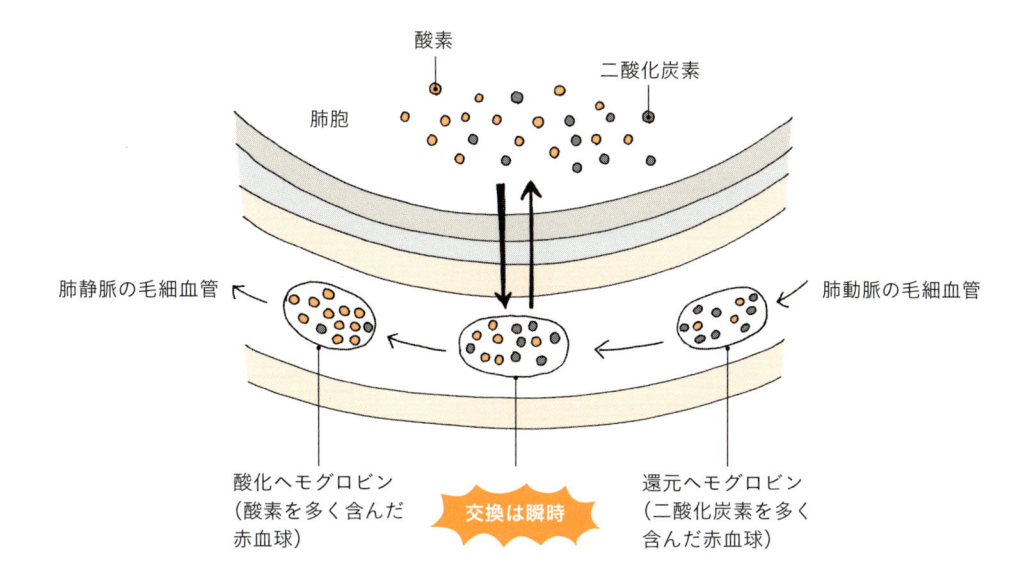

2　在宅酸素

（1）在宅酸素って何？

空気からでは体に必要な酸素を取り込むことができなくなった人に、機器を使って酸素を流し、空気よりも酸素濃度の濃い空気を吸うことで、体に必要な酸素量を確保することを目的にしています。

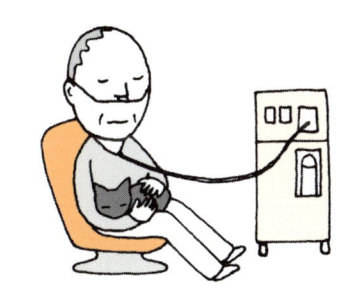

（2）どんな人が使っているの？

何らかの原因で内呼吸（肺胞でのガス交換）の機能が衰えてしまった人。
たとえば以下のような疾患のある人です。

・慢性呼吸不全（慢性閉塞性肺疾患（COPD）、間質性肺炎、気管支拡張症などの人が慢性呼吸不全の状態になりやすい）
・肺高血圧症
・慢性心不全
・チアノーゼ型先天性心疾患

いずれも病名だけでなく、動脈血酸素分圧など呼吸状態についての基準があります。それを満たすと、保険適応となります。

（3）どんなしくみなの？

酸素を取り込むための機器は大きく2種類あります。

● **酸素濃縮器**

空気を取り込み、酸素だけを抽出して濃縮する医療機器です。酸素濃度90％で酸素を出すことが可能です。利用者はカニューレという管（チューブ）を通して、酸素と周囲の空気を混ぜて吸い込みます。

酸素濃縮器は空気から酸素を取り出す際に湿度がゼロになってしまうため、加湿器を通過させて、加湿された酸素が吸えるようになっています（ただし使用する酸素量が微量の場合は、鼻腔から一緒に吸いこむ空気の湿度でカバーできるとの判断から、あえて加湿しない場合もあります）。

酸素濃縮器は電源を必要とします。機種にもよりますが、内臓のバッテリーで2時間程度は作動させることができます。

● **携帯用酸素ボンベ**

酸素の入ったボンベから酸素を流します。酸素ボンベ内の酸素がなくなったら、新しいものに交換する必要があります。家のなかでは酸素濃縮器、受診やデイサービス、あるいは停電などの緊急時用には携帯用酸素ボンベを使用するなど、使い分ける場合が多いです。

酸素ボンベ内の空気も湿度がないため、その多くは加湿器と一緒に使用します。

酸素濃縮器　　　　酸素ボンベ用カートと
　　　　　　　　　携帯用酸素ボンベ

写真提供：大陽日酸

（4）利用者の心理状態

- カニューレをつけていることに対する拘束感、不快感。
- 外見上の変化に対する葛藤（カニューレをつけていること、外出時も携帯用ボンベが必要なことなど）。
- 酸素が途切れると呼吸苦が出現することに対する恐怖感、不安。
- 風邪をひいたりすることで、急激な呼吸困難に陥る可能性があることに対する恐怖感。
- 在宅酸素を使用することにより呼吸苦が緩和され、活動範囲がひろがることへの喜び（家庭内で家事などができる、外出範囲がひろがる）。

（5）介護サービス実施上の留意点

●機器について

①火気に注意する

- 酸素ボンベや利用者の鼻元は火元から2m以上離す。
- 内釜式のお風呂での入浴介助に際しては、酸素ボンベをどこに置いて介助するかを医療職や業者に確認する。
- 本人及び近くでの喫煙はしない。
- ストーブやコンロの火などに注意する。
- 利用者によっては電気毛布・ホットカーペットの使用についても制限されている場合があるので、医療職からの指導内容を確認する。

ポイント 酸素は火にふれると爆発を起こす。そのため、酸素ボンベや利用者の鼻元（酸素を吸い込んでいる周囲）に火気を近付けないようにする。

②経路の途中がはずれたり、折れたりしていないか確認する

- サービス提供中、特に体動の介助の前後は接続部がはずれていないか、チューブのうえに利用者の体の一部や物がのった状態になっていないかを確認する。

> **ポイント** カニューレに延長チューブをつなぎ、行動範囲がひろがるようにしている人も多く、接続部がはずれる可能性がある。またカニューレのうえに物がのっていると、酸素が流れなかったり、流れにくい状態になることがある。

③酸素濃縮器に酸素が取り込める状態にあるか確認する

- 酸素濃縮器は、周囲の壁や家具から四方を10cmくらい離して設置する。掃除などで動かしたあとに、元の位置に戻すのを忘れない。

> **ポイント** 酸素濃縮器は空気中の酸素を取り込み、そこから酸素を抽出するしくみなので、機器の周囲を酸素が取り込める状態にしておく必要がある。空気が取り込めない状態が続くと、アラームが鳴って警告される。

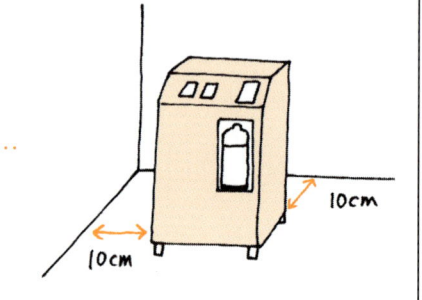

● 利用者の状態について

①感染症の予防

- 訪問するスタッフの体調管理に留意し、熱が出ていなくても咳が出ている場合はマスクを着用する、あるいはスタッフを交替するなどの対応をする。
- 利用者が感染症にかからないよう、環境を整えたり、ケア時に配慮する。

> **ポイント** 在宅酸素を使用している人は、呼吸のうち特に内呼吸の機能が低下している場合が多い。そのため風邪などにかかると呼吸状態が悪くなるため、感染症にかからないよう注意しながら生活をしている。

②状態変化の早期発見と対応

次のような症状があるときには、医療職や家族に報告する。
- 咳や痰が普段より多い。
- 痰がかたい（粘稠性が高い）。

- 息苦しそう、息が苦しいといっている。
- 落ち着かない。
- 傾眠がち。
- 呼んでも返事が遅い。
- 生あくびが多い。
- 話していることのつじつまがあわない。

> **ポイント**　「呼吸」とは、酸素を吸って体（血液）に取り入れるだけでなく、二酸化炭素を体の外に出すことも含まれる。そのため、酸素が不足する場合だけでなく、二酸化炭素が適切に排出されずに体（血液）に溜まってしまうことも問題となる。

● 日常生活上の支援について

①食事介助：必要な量を食べられるように

- 事前調査時に食事中の酸素の使用の有無を確認する。
- 「腹6分目」の食事量を把握する。
- 「腹6分目」の量が食べられたか確認する。あまり食べられていない場合は早目に医療職や家族へ報告する。
- 消化しやすくするために、ゆっくりよく噛んで食べていただくよう声をかける。

> **ポイント**　在宅酸素を使用している人は、安静時の呼吸で消費するエネルギーが、健康な人たちが運動中に呼吸で消費するエネルギーと同じくらいである場合も多い。そのため、生活をするうえで、たくさんのエネルギーが必要となる。
>
> 　普段から、体調が芳しくない→食欲の低下→エネルギー不足→呼吸がしにくくなる→体調が一層悪化する、という悪循環に陥らないように注意する。そうかといって、一度にたくさん食べると、胃が膨れる→横隔膜が挙上する（上に持ちあがる）→肺が圧迫される→呼吸がしにくくなるため一度にたくさん食べることは避ける。

②入浴介助：息苦しさに注意する

- 入浴中の酸素の使用の有無を確認する。
- 脱衣～入浴～着衣～整容までできるだけ座って行えるようする。そのため、浴室だけでなく脱衣室にも椅子を用意するなどする。

- ぬるめのお湯にする。
- 首まで深くつからず、胸までにする。
- あまり長い時間浴槽につからない（時間の目安は医療職・家族に確認しておく）。
- 浴槽のなかでは「口すぼめ呼吸」をしてもらう。
- 酸素吸入しないで入浴する場合でも、洗髪時にはシャンプーハットなどを利用して、頭を起こしたまま洗うようにする。

ポイント 　入浴中は血液の循環がよくなり、酸素をたくさん必要とする。そのため酸素の消費をできるだけ少なくするような入浴のしかたが求められる。

③更衣介助：ゆったりした服装と無理のない姿勢で行う

- 本人、家族と相談しながら、ゆったりした衣類を選ぶ。
- 着替えはできるだけ座って行う。
- パンツやズボン、靴下などは前かがみになるため呼吸苦が出やすい。利用者の様子をみながら、必要に応じて介助する。
- 靴は紐のないタイプを選び、柄の長い靴ベラを使用してかがまずにはけるようなものにする。

ポイント 　胸や腹部を締め付ける服装は呼吸がしにくくなる。また前かがみになると胃が圧迫され、横隔膜が挙上し、呼吸がしにくくなるので、前かがみの姿勢は避ける。

④調理：症状への配慮

- 「腹6分目」の量を把握しておく。
- ガスが発生しやすい食品は避けたり、重複しないようにする。
- その日の利用者の状態にあわせ食べやすいものを調理することで、必要量の食事摂取ができるようにする。

| ポイント | 胃にガスが溜まると、胃が膨張して横隔膜を押し上げる。ガスの発生しやすい食品は、発酵食品や繊維の多いものである。 |

⑤掃除：清潔な環境を整える

- 2時間に1回は換気を行う（換気の頻度について医療職や業者から具体的な指示がある場合はそれに従う）。
- ほこりはできるだけ立てないように掃除のしかたを工夫する（たとえばはたきを使わずに化学モップなどで拭き取る、先に雑巾がけをしてから掃除機をかけ、排気から細かいちりやほこりが飛び散るのを避ける、掃除機を使用せずほうきではくなど）。

| ポイント | 酸素濃縮器は空気を取り込み酸素を取り出すので、締め切った部屋で長く使用していると、室内の空気が悪くなる。また、ほこりを吸い込むことで呼吸苦が出現することがある。 |

3 人工呼吸器

（1）人工呼吸器って何？

　自分で呼吸ができなくなった人や自分の呼吸だけでは換気が十分にできない状態になった人に、強制的あるいは補助的に換気をさせる医療機器です。

（2）どんな人が使っているの？

　息は神経と筋肉の働きで吸ったり吐いたりできます。そのため、神経と筋肉のいずれかに障害を生じると、呼吸自体も行いにくくなります。
　従って、
　　・脳血管障害や頭部外傷などによって脳にある呼吸中枢が障害され、十分な呼吸がで

きない。
- 筋萎縮性側索硬化症（ALS）や重症筋無力症などにより呼吸筋が麻痺され、十分な呼吸ができない。
- 慢性閉塞性肺疾患（COPD）などの呼吸器疾患により内呼吸が十分にできず、酸素マスクなどでは対応しきれない。

などの人が使用しています。

（3）どんなしくみなの？

現在の人工呼吸器は「陽圧換気法」という方式を採用しているものがほとんどです。これは、気道に圧を加える（陽圧にする）ことで息を吸わせ（吸気）、吸い込んだ空気で膨らんだ肺や胸郭が自然にしぼむ力（弾性収縮力）を利用して息を吐かせる（呼気）しくみです。

機器と回路の構造は、図18のとおりです。

図18　人工呼吸器のしくみ

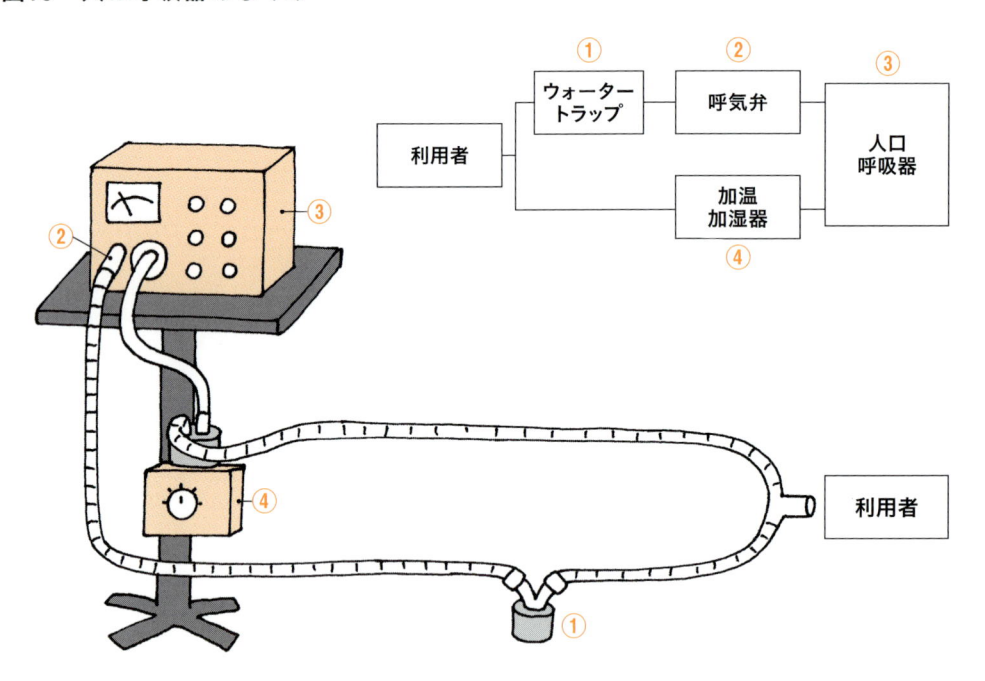

人工呼吸器は、1分間の呼吸回数を設定して一定リズムで強制的に呼吸させたり、利用者の呼吸にあわせ、利用者が息を吸うタイミングで呼吸器が気道に圧をかけることで自発呼吸よりもしっかりと換気をさせるなど、利用者の呼吸状態にあわせて、さまざまなサポートをすることができます。

人工呼吸器を使うには、専用のチューブを口や鼻から入れて（気管内挿管）、そのチュー

ブに人工呼吸器の回路をつける場合と、気管切開をして気管内カニューレを入れ、そこにつける場合とがあります。在宅の利用者は長期にわたって人工呼吸器を使用する人が多いため、後者の場合が多いです。

また、上記以外に「非侵襲的陽圧換気（NPPV）」という鼻や口にマスクをつけて換気を行う人工呼吸器もあります（図19）。気管内挿管や気管切開をせずに使用できるという点でメリットがありますが、マスクが密着していないと換気が正しくできないというデメリットもあります。

図19　非侵襲的陽圧換気の場合

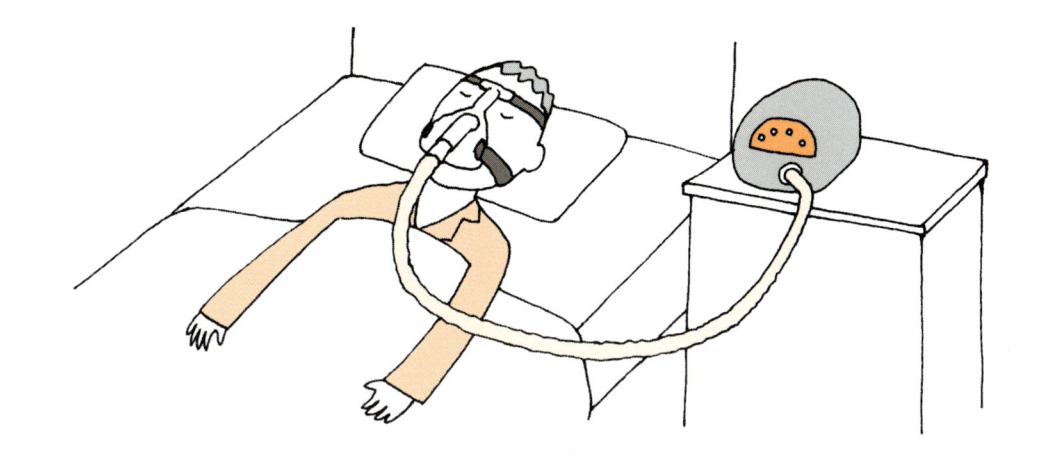

（4）利用者の心理状態

- 機器につながっていることに対する拘束感・不快感。
- 機器に依存していることへの恐怖感。
- 機器の作動音が絶え間なくある環境に対するストレス（感覚過負荷）。
- 言葉が出しにくい、あるいは出せないので、コミュニケーションがとりにくいことへのストレス。
- 上記の一連の状況から生じる無力感。
- 限られた生活環境のなかで生きる目的を見出し、前向きに過ごしている人もいる。

（5）介護サービス実施上の留意点

● 機器について

①蛇管が潰れたり、はずれたりしないよう注意する

- 体位交換後などは蛇管がはずれていないか確認する。
- 体位変換後などは体の一部が蛇管にのっていないか確認する。また利用者がベッドまわりに置くもの（TVのリモコン・ティッシュケースなど）が蛇管のうえにのっていないか確認する。

ポイント　人工呼吸器の回路に使用しているチューブのことを「蛇管」と呼ぶ。蛇管はつなぎあわせているため、接続部からはずれる可能性があり、はずれてしまうと人工呼吸が正しく作動しなくなる。また利用者の体の一部や物が上にのったりすることで潰れてしまうことがあり、それも同様である。

②蛇管内の水滴が気管に逆流しないよう、蛇管の位置に注意する

- 体位変換後などは、蛇管（特にウォータートラップの部分）が気管切開部より下にさがる形になるように蛇管の位置を調整する。
- ウォータートラップに水が一杯になっているときは、医療職・家族に伝え、なかに入っている水を捨ててもらう（適切にはめられないと漏れが起こるため、介護職は行わない）。

ポイント　私たちが口や鼻から呼吸をすると、吸った空気は気管から肺に入る。そのときの空気は、肺に入るまでに自然に温められるが、人工呼吸器を使用する場合は吸った空気が直接気管に入るため、人間の体がもっている吸った空気を温めるという機能を利用することができない。そのため、人工呼吸器には必ず加温加湿器がついていて、温度と湿度を適切に加えた空気を送っている。

　このように人工呼吸の回路の蛇管のなかを通る空気は加温加湿されているため、室温との温度差で結露（水滴）ができる。その結露（水滴）が気管に入ってしまうと、むせや肺炎の原因となる。それを避けるため、人工呼吸器の回路は蛇腹状の管（蛇管）になっていて、蛇腹のひだで結露（水滴）が流れ込むのを予防している。また回路の途中に

「ウォータートラップ」という水受けがついていて、そこに結露（水滴）をある程度溜めることができるようになっている。

③アラームを勝手に止めない。

・アラームが鳴る際は原因を確認すること。原因を解明しないでアラームだけを止めることはしない。家族・医療職に伝え、アラームの原因を取り除いてもらう。

ポイント　人工呼吸器は適切に作動ができないと、それを察知してアラームが鳴る。アラームは、大きくわけると3つの場合に鳴る（細かいアラーム設定も可）。その1つに回路内の圧の高低が考えられるが、「回路内」という場合には2つのことが考えられる。1つは呼吸器と蛇管の回路から利用者との接続部までの部分（機器側）。もう1つは利用者の気管から肺胞までの部分（利用者側）。この2つの部分で1つの回路を形成しているので、原因もそれぞれ考えられる。

1）回路内の圧が高くなったことを知らせるアラーム

〈機器側の圧が高くなるとき考えられること〉
・ウォータートラップから蛇管のなかまで水があふれて溜まっている。
・接続部に痰などがあふれて詰まっている。
・蛇管の上に物や体がのって、蛇管が潰れている。

〈利用者側の圧が高くなったとき考えられること〉
・気管内や肺に痰が詰まっている。

2）回路内の圧が低くなったことを知らせるアラーム

〈機器側の圧が低くなったときに考えられること〉
・蛇管がはずれている、穴があいている。
・ウォータートラップや加温加湿器が正しくはまっていない（斜めにはまっていて隙間ができている）。

〈利用者側の圧が低くなったときに考えられること〉
・気胸を起こしている。

3）バッテリーが切れそうなことを知らせるアラーム

電源の差し込み口からコンセントがはずれている（コンセントが抜けてもしばらく

は内蔵バッテリーで動くが、バッテリーが少なくなってくるとアラームが鳴る）。

④コンセントが差し込まれていることを確認する

・ケアを実施する際は、いつもコンセントが差し込まれているかを目配りする。
・特に掃除などのあとは必ず確認する。
・抜けていた場合は、医療職や家族に確認したうえで、コンセントを差し込む。

> **ポイント**　③に書いてある通り、コンセントが抜けてもしばらくはバッテリーで作動するが、バッテリーが切れて呼吸器が止まることは利用者の生命にかかわることであり、あってはならないことである。

●利用者の状態について

①状態変化の早期発見と対応 ※在宅酸素の場合と同様（194頁参照）

次の症状があるときには、医療職や家族に報告する。
・咳や痰が普段より多い。
・痰がかたい（粘稠性（ねんちゅうせい）が高い）。
・息苦しそう、息が苦しいといっている。
・落ち着かない。
・傾眠がち。
・呼んでも返事が遅い。
・生あくびが多い。
・話のつじつまが合わない。

> **ポイント**　「呼吸」とは、酸素を吸って体（血液）に取り入れるだけでなく、二酸化炭素を体の外に出すことも含まれる。そのため、酸素が不足する場合だけでなく、二酸化炭素が適切に出せずに体（血液）に溜まってしまうことも問題となる。

②痰が貯留しやすいので、適切な吸引ができるようにする

・ヘルパーが痰吸引を行う場合は、指導に従い適切に実施する。
・医療職、家族等にお願いする場合には、その日のサービス内容に照らして、いつ頃吸引をお願いする可能性が高いかなど実施する人と打ち合わせをしておき、利用者が吸引したいときにできる環境を整える。

●日常生活上の支援について

①コミュニケーション：コミュニケーション手段の確認と確保

- 事前調査の際にコミュニケーション手段の確認をする。
- コミュニケーション手段だけに頼らず、非言語的コミュニケーション（表情の変化、身振り手振り）などを特に意識する。
- 耳が聞こえないわけではないので、こちらからの声かけは他の利用者と同じように行う。
- 利用者によっては、別室にいる家族を呼ぶためのブザー・呼び鈴などを使用している人も多い。退室時にはそれらが利用者の手の届くところにあるか必ず確認する。

ポイント 発声によるコミュニケーションがとれないので、利用者ごとにコミュニケーション手段をもっている。

②精神面：少しでも穏やかに過ごせるように

- 利用者がどのようなサービスのあり方を望んでいるか、事前調査の段階から把握するようにする（にぎやかに接してほしい、少しでも静かに立振る舞ってほしいなど）。
- 機械音による一律の刺激からくる緊張が少しでも解きほぐされるようにラジオや音楽をかける、手浴・足浴をするなど利用者にあわせたリラックス法が取り入れられるよう、ケアマネジャーとともに調整する。

ポイント 人工呼吸器を使用している利用者は、24時間365日機器の作動音とアラーム音に囲まれて生活している。それゆえ「静寂」という状態にはなれず、感覚過負荷の状態にあることが多い。

③掃除：清潔な環境を整える

- 2時間に1回は換気を行う（換気の頻度について医療職や業者から具体的な指示がある場合は、それに従う）。
- ほこりをできるだけ立てないように掃除のしかたを工夫する（たとえばはたきを

使わずに化学モップなどで拭き取る、先に雑巾がけをしてから掃除機をかけ、排気から細かいちりやほこりが飛び散るのを避ける、掃除機を使用せずほうきではくなど)。

> **ポイント**　人工呼吸器の場合は、在宅酸素の場合と同様に室内の空気から酸素を抽出するしくみになっているものが多い。そのため長時間使用していると室内の空気が悪くなる。感染予防の意味も含めて清潔な環境を整える必要がある。

第2節　心臓

1　血液循環のしくみ

血液は、体中の細胞に酸素と栄養分を届け、二酸化炭素などいらなくなったものを回収して運んできます。血液がこの役割を果たすためには、血液が体のなかをぐるぐると駆け巡る必要があります。そして、この血液が体中をめぐるようにしているのが心臓です。

（1）心臓の構造

心臓は4つの部屋からできています（図20）。血液は、右心房→右心室→肺→左心房→左心室をとおって全身へ流れていきます。体内を駆けめぐった血液（二酸化炭素の多い静脈血）は、また右心房へ戻り、上記の順に従って再び全身へ運ばれます。

図20　心臓の構造

（2）血液循環

血液の流れを前述しましたが、血液の循環にはさらに大きくわけて2とおりあります。ひとつは肺循環、もうひとつは体循環です。

①肺循環

全身を巡って心臓に戻ってきた血液は、体内で不要になった二酸化炭素も一緒に運んできます。それを肺に送ることで、肺胞で内呼吸（ガス交換）が行われ、不要な二酸化酸素は外に出し、新しい酸素を取り入れて、動脈血となって心臓に戻ってきます。この一連の流れを肺循環といいます。肺循環における血液の流れは右心室→肺動脈→肺→肺静脈→左心房となります（図21）。

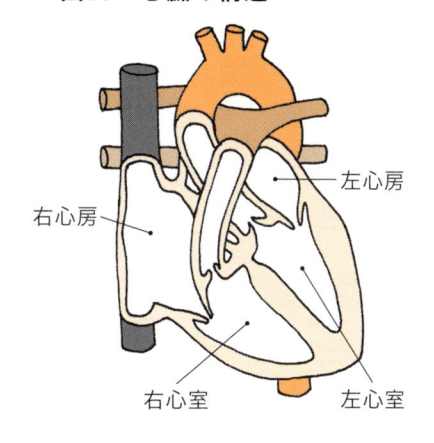

図21　肺循環

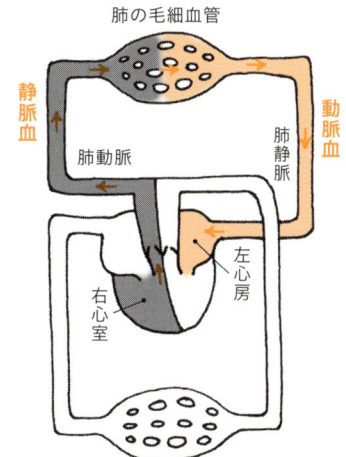

②体循環

肺循環で心臓に送られてきた動脈血は全身に送ら

れ、体中の細胞一つひとつに酸素を運び、不要になった二酸化酸素を回収して心臓に再び戻ってきます。この一連の流れを体循環といいます。左心室→大動脈→全身の血管→右心房という流れになります（図22）。

図22　体循環

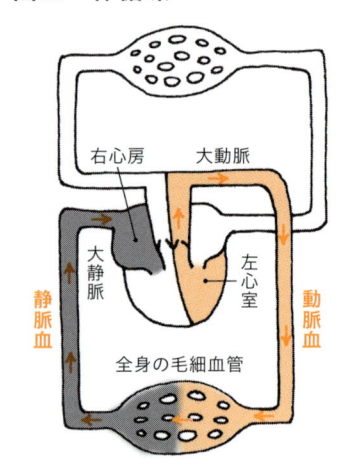

（3）心拍動のしくみ

心臓が肺や体中に血液を送る機能をもっている臓器だということは理解できたかと思いますが、心臓はどのようにして血液を送り出すのでしょうか？

心臓は「心筋」という筋肉でできています。その筋肉が電気的な刺激によって、規則正しく順番に収縮と伸展を繰り返すことで、心臓が拍動して血液を送り出したり、戻ってくる血液を受け入れたりしているのです。これを心拍動といい、電気の刺激が流れる道筋は「刺激伝導系」と呼ばれています（図23）。

図23　刺激伝道系

洞結節
▼
房室結節
▼
ヒス束
▼
脚
▼
プルキンエ繊維

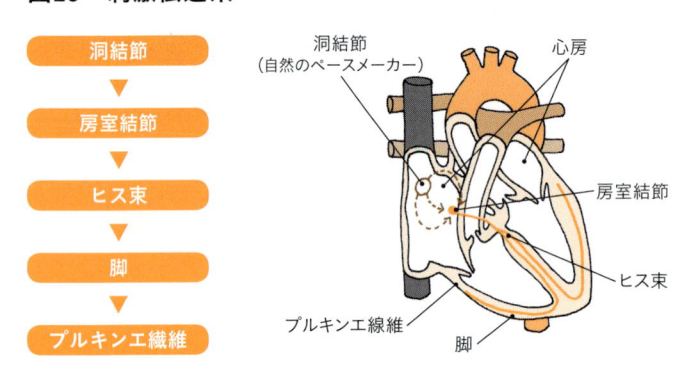

右心房の近くにある洞結節という組織から規則正しく出る刺激が、房室結節→ヒス束→脚→プルキンエ線維と伝わり、その刺激で心筋は動きます。

2　ペースメーカー

（1）ペースメーカーって何？

何らかの原因で、心臓を規則正しく動かすための電気的な刺激が出ないもしくは伝わらない状態にある人に対して、体に埋め込んで代わりに刺激を出すことで、心臓を規則正しく動かすための医療機器をいいます。

図24　ペースメーカー

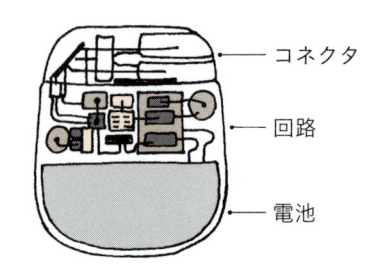

コネクタ
回路
電池

（2）どんな人が使っているの？

除脈の状態にある人が使います。除脈とは、安静に

しているときの1分間の心拍数が40〜50回より少ない状態のことをいいます。

除脈になる原因としては、

① **不全症候群**

洞結節の働きが低下して刺激が出ないため、心拍数が少なくなってしまう状態。

② **房室ブロック**

房室結節の働きが低下して、洞結節から出た刺激を毎回確実にヒス束より先に伝えることができないため、心拍数が少なくなってしまう状態。

などがあります。

（3）どんなしくみなの？

機器は刺激を出す本体と、刺激を伝えるリードでできています。ペースメーカーは手術により体内へ挿入します。

電池の寿命は約5年で、電池の入れ替えには手術が必要となります。ペースメーカー自体の寿命は10年なので、結局5年ごとの電池交換と、本体入れ替えのための手術を行う必要があります。リードを心筋のなかにどのように入れるかについては、ペースメーカーを入れることになった原因によって方法が異なります。

図25　ペースメーカーの装着イメージ

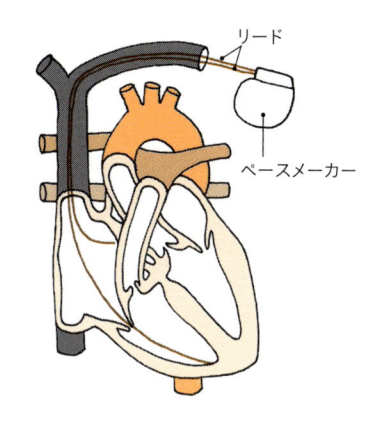

（4）利用者の心理状態

- 機器の不具合があると命にかかわるという不安感。
- 5年ごとに手術が必要になることへのストレス。
- 身体障害者として認定された自分に対する受容しにくい気持ち。
- 挿入して心臓の動きが安定したことで、以前よりも行動範囲が広がったり、できることが増えたり、疲れにくくなったことがうれしい気持ち。

（5）介護サービス実施上の留意点

● **利用者の状態について**

> 「普段と違う」ことがあったらすぐに報告する

- 挿入部の皮膚の状態を観察し、発赤・腫脹・内出血などの徴候がみられる場合にはすぐに医療職や家族へ報告する。
- 「いつもと違う感じがする」「動悸がする」などの訴えがあり、それが消失しない場合は、医療職や家族へ報告する。

● 日常生活上の支援について

①外出時にはペースメーカー手帳

・外出時にはペースメーカー手帳を荷物に入れるなど、必ず携帯してもらう。

ポイント ペースメーカーを挿入されている人は必ず「ペースメーカー手帳」をもっている。ペースメーカー手帳には、

- ・個人情報
- ・病気
- ・病院や主治医
- ・埋め込んであるペースメーカーについて
  （手術日、機種、設定など）

が書かれている。利用者が万が一外出先で体調の変化を起こしたり事故に遭遇した場合には、必ず必要となるものである。

写真提供：
セント・ジュード・メディカル

②電磁波など、ペースメーカーの誤作動を生じる可能性のあるものに注意

・ペースメーカー手帳にも注意すべきもの、使用の仕方に工夫が必要なものなどが書かれているので、それをみせてもらったり、医療職に確認しておく。
・外出時などに動悸や気分不快があったら、その場所から少し移動し、座って休んでもらう。症状が軽減しない又は悪化するようなら医療職へ連絡する。少し休んで消失すれば大丈夫だが、そのような事態があったことは追って医療職へ報告しておく。

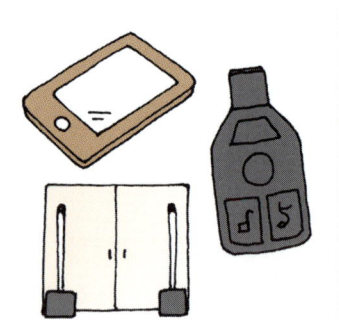

ポイント ペースメーカーの誤作動を生じる可能性のあるものは、家の中外でさまざまにある。

Ex. 携帯電話、自家用車のスマートキーシステム、低周波治療器、空港などの金属探知機、お店などの出入り口にある盗難防止装置（EAS）など。

③ペースメーカー挿入部の腕に負担をかけない

・重いものをもたないようにする（10Kgを超えない）。
・挿入している側に重いかばんを肩からさげてもたない。

> **ポイント** 挿入側の腕に力を入れたり、外から強い負荷がかかったりするとリードがずれてしまったりすることがある。

3　中心静脈カテーテル

（1）中心静脈カテーテルって何？

　中心静脈とは、心臓の近くにある太い静脈で、主に上半身の静脈血（二酸化炭素を多く含んだ血液）を集めて右心房へ送る上大静脈と、人のもっている静脈で一番大きく、主に下半身の静脈血を集めて右心房へ送る下大静脈からなります。鎖骨下静脈などから、この中心静脈までカテーテル（管）を挿入することを中心静脈カテーテルといいます。

　主な目的は、栄養価の高い高カロリー輸液や抗がん剤を定期的に点滴するために挿入します。栄養価の高い点滴液は浸透圧が高いため、末梢の血管から点滴すると静脈炎を起こしてしまいます。そこで中心静脈のような太い血管に入れれば、希釈されて静脈炎を防ぐことができるため、中心静脈にカテーテルを挿入します。

（2）どんな人が使っているの？

　経口から食事がとれず、点滴で1日に必要な栄養量を確保したい、又はがんの化学療法で定期的に点滴をする必要のある人。

（3）どんなしくみなの？

①カテーテルの挿入

　挿入は病院の病室や処置室で行われます。管が適切に挿入されているかどうかはレントゲン撮影で確認する必要があるため、レントゲンのある病院で処置することになります。

　カテーテルは抜けないように、挿入部の皮膚に何針か糸をかけて固定します。その上をフィルム型やパッド型のドレッシング材(※)で保護します。

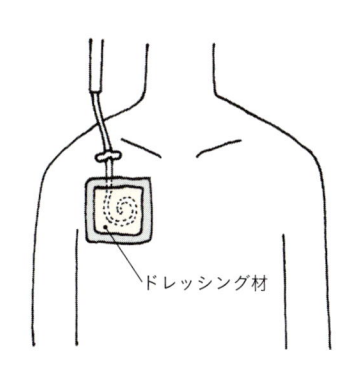

②輸液のしくみ

　輸液とは、栄養剤や薬液などの液体を血管などから体内へ入れることです。中心静脈カ

（※）ドレッシング材
　　傷を保護するために巻いたり貼ったりするものの総称。ガーゼや包帯、そのほかさまざまな素材、形のものが開発されている。

テーテルの場合は，点滴バックとカテーテルの間を輸液ラインでつなぎます。輸液ラインは手で滴下速度を調整しますが，一定のスピードで滴下できるように輸液ポンプを使用することもあります（図26）。

③ 中心静脈カテーテルの種類
大きくは以下の2つがあります。
1）体外式カテーテル
カテーテルの先端が体の外に出ているものをさします。
2）埋め込み式カテーテル（ポートカテーテル）
リザーバーという針を刺すための部分とカテーテルを手術によって体の中に埋め込みます。ポートカテーテルともいいます。
皮膚の上から，リザーバー上部にあるセプタムというシリコンの膜に針を刺して輸液を行います。輸液をつないでいないときは，入浴も可能です。外見的にはリザーバー部が少し膨らんでいて，その周囲に切開を縫合したあとが少しある程度です（図27）。

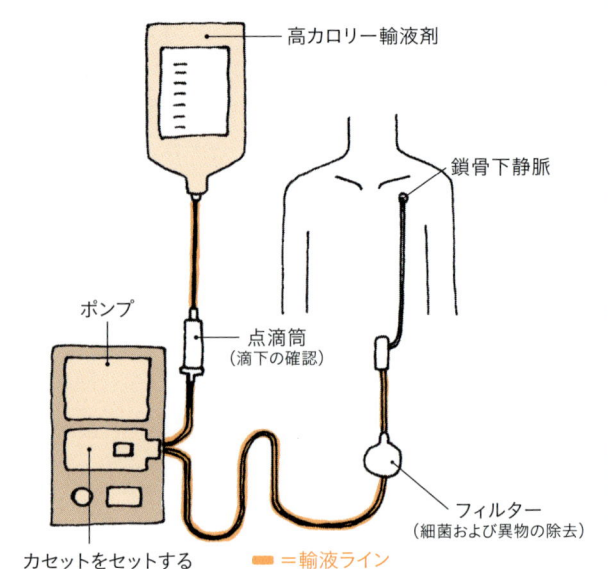

図26　中心静脈カテーテル

- 高カロリー輸液剤
- 鎖骨下静脈
- ポンプ
- 点滴筒（滴下の確認）
- フィルター（細菌および異物の除去）
- カセットをセットする
- ■＝輸液ライン

図27　埋め込み式カテーテル

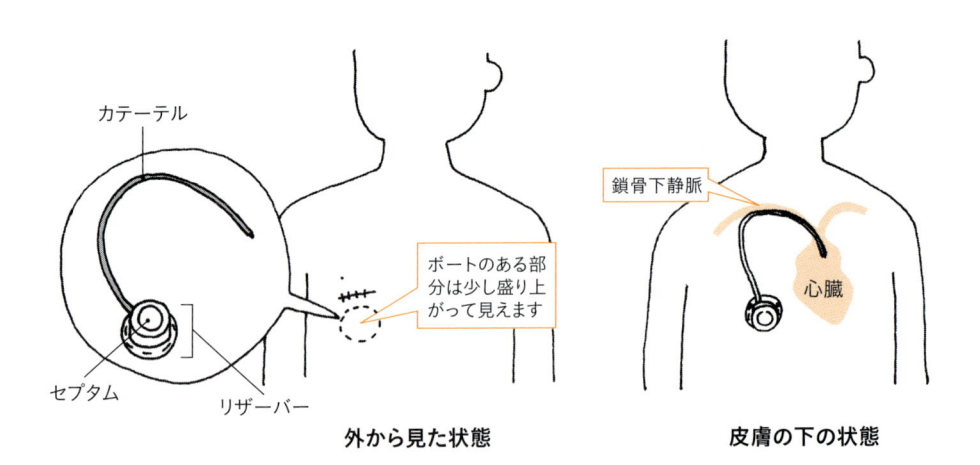

- カテーテル
- セプタム
- リザーバー
- ボートのある部分は少し盛り上がって見えます
- 外から見た状態
- 鎖骨下静脈
- 心臓
- 皮膚の下の状態

（4）利用者の心理状態
・感染症を起こしたり，漏れてしまったりすると入れ替えをしなければならないという不安感。

- 輸液ラインにつながれている時間が長いことへの拘束感。
- 食事が食べられないことへのストレス。
- 輸液に長時間かかる場合は、体動や更衣など生活の制限がかかることへのストレス。
- 体外式の場合は挿入部を濡らすことができないので、鎖骨下からの挿入でもお風呂に首までつかることができないストレス。
- 体外式から埋め込み式にかえた人は、普通に入浴できる喜び。

(5) 介護サービス実施上の留意点

●機器について

①ラインが外れたり、つぶれたりしていないか

- 体動後は、ラインが途中からはずれていないか、体や物が上にのっていないかを確認する。
- カテーテルの挿入部から血液の逆流がみられた場合は、ラインがはずれるなど輸液が適切に行われていない可能性があるので、確認する。また確認しても原因がわからない場合は、医療職・家族へ報告する。

ポイント 中心静脈カテーテルの輸液ラインは指でつぶすような力がかからない限りつぶれにくいが、重いものがのっていたりするとつぶれてしまい輸液が適切に行われなくなることもあるので注意する。また点滴の液が入っていかない状態になると、カテーテルの挿入部から血液が逆流してくる。

②輸液中は輸液が止まっていないか

- 輸液速度が適切に保たれているかどうかは介護職が責任を負えるものではないが、サービス提供中はときどき点滴筒を確認し、しずくが落ちているかどうかを観察する。まったく落ちていない状態が続くときは、医療職や家族に報告する。

ポイント 点滴筒のところでしずくが落ちるのが確認できれば、輸液されていると判断してよい。

③遮光のカバーを外さない

- どんなときでも遮光カバーをはずさないように注意する。

> **ポイント**　利用者のなかにはオレンジや黄色のカバーを輸液にかぶせている場合がある。これはビタミンが直射日光にあたって分解してしまうのを避けるための遮光カバーである。

● **利用者の状態について**

挿入部に感染の徴候はないか

・入浴介助、清拭、更衣などの介助時には、挿入部や埋め込み部の皮膚の状態を観察する。
・発赤、腫脹、疼痛などがある場合は、すぐに医療職・家族へ報告する。

> **ポイント**　体のなかに異物を挿入していると、感染を起こすリスクがある。特に体外式のように外につながっているタイプのほうが感染を起こしやすい。

● **日常生活上の支援について**

①入浴介助：挿入部の保護を適切に

・体外式の場合は、挿入部周囲を水に濡らさないようにして入浴する。
・入浴の際の保護の仕方を事前に医療職に確認しておく。

②更衣介助、トイレ介助、移動移乗介助の際の誤抜去の防止

・輸液中に実施する場合は、ラインをひっかけて抜いてしまう、はずしてしまうということのないように注意する。

第3節　消化器

1　消化のしくみ

　人間の体は食べ物から必要な栄養を摂取し、それをエネルギー源として生命活動を維持しています。食べ物から必要な栄養を体内に取り込む役割を果たすのが消化器です。

（1）消化器の構造

　消化器とは、直接食物が通過する口腔・食道・胃・小腸（十二指腸・空腸・回腸）・大腸（盲腸・結腸・直腸）・肛門だけをさす場合もありますが、広い意味では肝臓・胆嚢・膵臓など、消化液を分泌して消化・吸収を助ける臓器も含まれます（図28）。

図28　消化器の構造

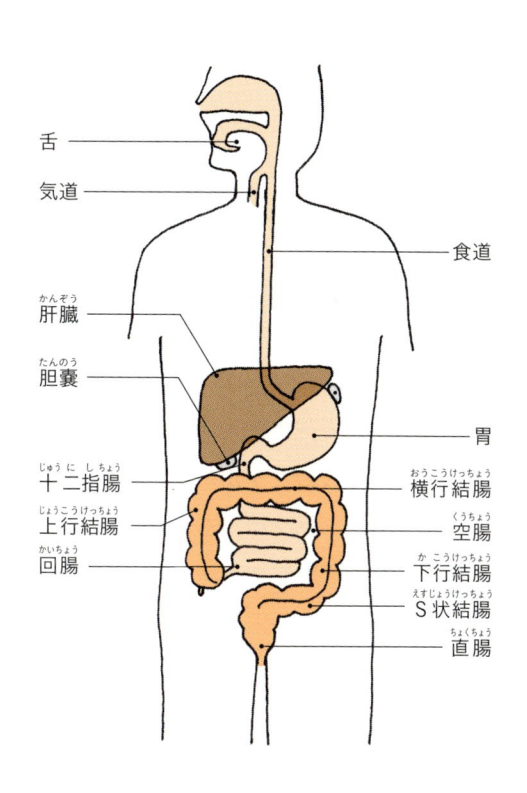

（舌・気道・食道・肝臓・胆嚢・胃・十二指腸・横行結腸・上行結腸・空腸・回腸・下行結腸・S状結腸・直腸）

（2）食べ物が消化・吸収されるまで

　食べ物は口腔内で噛み砕かれ、食道を通って胃に入ります。胃のなかでは、胃液によりさらに細かく分解され、十二指腸に送られます。十二指腸では、膵臓や肝臓から分泌される酵素の働きと腸液で、さらに細かく分解され、絨毛という小さな突起から必要な栄養分が吸収されます。吸収された栄養分は血管やリンパ管に入り、全身の細胞に供給されます。

　全身の細胞は血管やリンパ管に入った栄養分を使ってエネルギーを作ります。細胞が栄養分を血管やリンパ管から取り込みやすくするのがインスリンです。

　残ったかすは大腸に送られ、水分を吸収して固形化されます。固形化されたものが直腸に蓄えられ、ある程度溜まると便意が起こり、便として排泄されることになります。

2　インスリン療法

（1）インスリン療法って何？

　糖尿病のある人が、不足するインスリンを自分で注射（自己注射）して補う方法で、糖尿病治療法の1つです。

（2）どんな人が使っているの？

　糖尿病を患っている人です。糖尿病には以下の2つのタイプがあります。

> Ⅰ型（インスリン依存型）　　：生まれつきインスリンが不足しているタイプ（若年型ともいう）。
> Ⅱ型（インスリン非依存型）：インスリン自体は正常あるいはやや少ない程度で分泌されているが、うまく働かないタイプ（成人型ともいう）。

　日本では、糖尿病患者の95％がⅡ型であるといわれています。以前は、食事療法・運動療法・経口薬での治療を重ねても血糖のコントロールがうまくいかないときに、最後の手段としてインスリン療法を行う場合がほとんどでしたが、現在は「早期インスリン療法」という考え方に基づき、早い段階でインスリン療法を実施するところも増えてきています。

（3）どんなしくみなの？

①インスリンとは

　膵臓から分泌されるホルモンで、細胞が血管やリンパ管に入った栄養分をエネルギーにするために、血液のなかからブドウ糖を取り出すのを助ける働きがあります。インスリンが不足すると、ブドウ糖があまり利用されないため血液のなかにブドウ糖が残ります。その結果、血糖の高い状態となり、これを糖尿病といいます。

②自己血糖測定

　インスリン療法をしている利用者のほとんどは、注射を打つ前に自分で血糖を測定して確認します。そのときに使用するのが採血用穿刺器具です。使い方は、この器具を指先に刺して少量の血液をとり、それを試験紙につけて血糖測定器にセットすると、血糖が測定されるしくみです。

図29　血糖を測定するときに使う器具

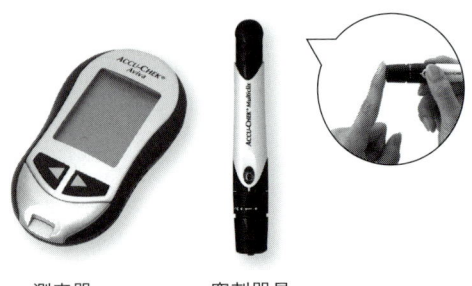

測定器　　　穿刺器具

写真提供：ロシュ・ダイアグノスティックス

③インスリン自己注射について
● 器具のしくみ

　専用の注射器を使用して行います。インスリンの薬液は、カートリッジ式で交換できるものと使い捨てタイプのものがあります。薬液の量は単位数を設定します。注射器のうしろにダイヤルがあり、1回まわすと2単位ずつ増えていきます。あらかじめ決められた薬液量の単位にダイヤルをあわせておき、薬液を入れます。専用の針を使って、皮下注射をします。

図30　インスリン自己注射（カートリッジ方式）

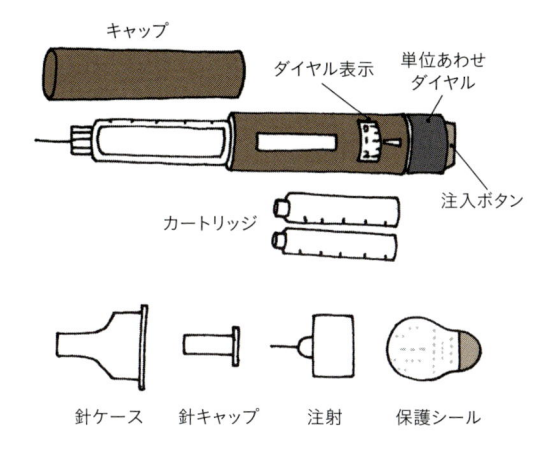

図31　皮下注射の打ち方

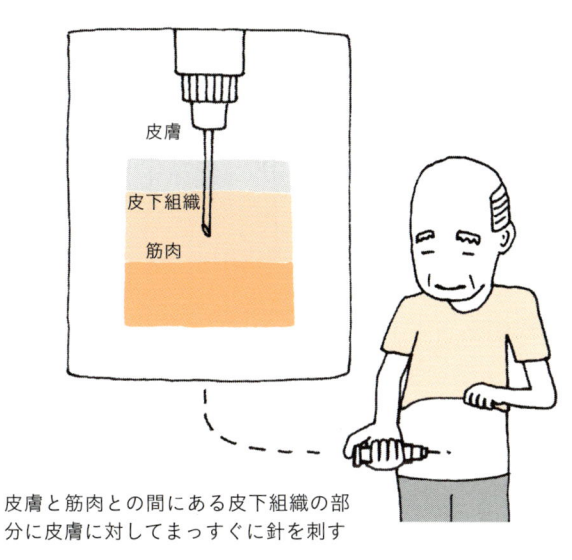

注射器をまっすぐに刺すと、針の長さが皮下に届くようになっている。非常に痩せている人などは皮膚を少し引き上げて打つ。

皮膚と筋肉との間にある皮下組織の部分に皮膚に対してまっすぐに針を刺す

● インスリン製剤について

　インスリン製剤（注射器とインスリン薬液）は、作用する時間によって大きく5つの対応に分けられます。利用者一人ひとりの病気の状態、ライフスタイルなどをみながら、適切なものを医師が選んで処方します（図32）。

図32　インスリン製剤の種類と作用時間（作用イメージ）

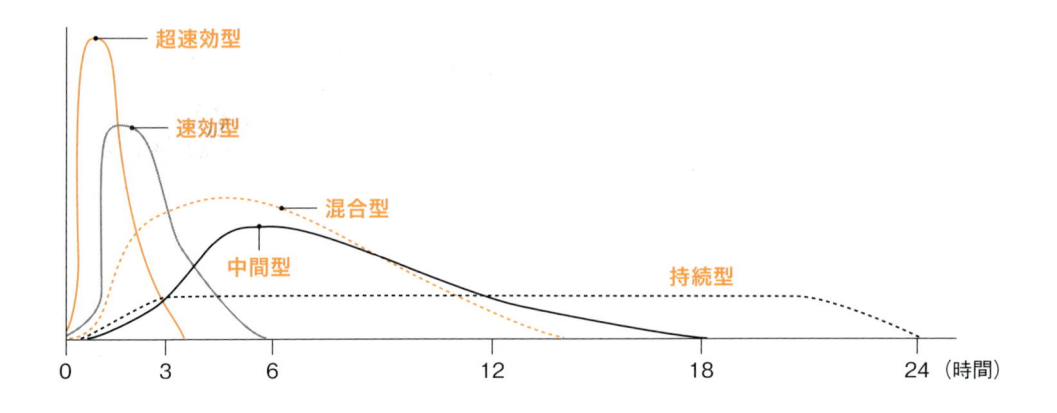

● 注射部位

自己注射の場合は、腹部・大腿部に打つことが多いです。1つの部位で、少しずつ場所をずらしながら注射をしていきます。注射部位の皮膚は硬くなったり、表面がでこぼこしてくることがあります（図33）。

図33　インスリンの注射部位

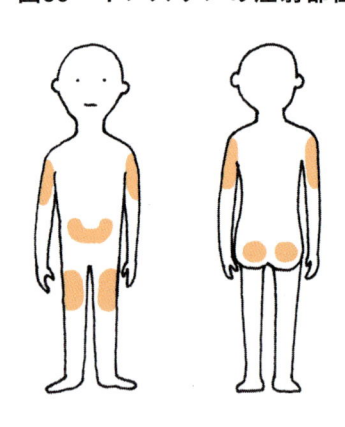

（4）利用者の心理状態

- 毎日のように自分に針を刺さなければならないことへのストレス。
- 毎回の実施が面倒くさい（糖尿病の進行により細かいものがみえにくかったり、指先の感覚が鈍くなってくるため余計に面倒と感じてしまう）。
- このままどんどん悪くなっていくのではないかという恐怖感。
- インスリン注射をずっとしながら生きていかなければならないというあきらめの気持ち。
- 皮膚の変化に対する受け入れがたい気持ち。

（5）介護サービス実施上の留意点

●器具について

針刺し事故の防止

- インスリン注射を促す声かけや、利用者がセットした目盛りを「読む」ことなどは介護職も対応可能だが、使用後の針の片付けは実施しないこと。
- 細かい手作業がしにくく針がはずせない場合は医療職に相談し、ペンニードルリムーバーなどを使用して利用者が実施できる方法を検討してもらう必要がある。

※ペンニードルリムーバーはリキャップ時の針刺しを防ぐ目的のものだが、現在あるものは完全に予防できる形ではないので、介護職がペンニードルリムーバーを使用して針をはずすことは避けたほうがよい。

ポイント　後片付けでリキャップする（使用した針にキャップをつける）ときに、誤って針を刺してしまうなどの針刺し事故が起きる場合がある。これは血液感染の危険があるため、現在はリキャップしないよう医療職から指導されているはずである。従って、利用者からリキャップの依頼があっても、そのまま鵜呑みにせず、サービス担当者会議などで医療職に片付け方法を確認する必要がある。

●利用者の状態について

①食事を適量食べられたか

- インスリン注射後は、食事摂取量がいつもと同じかを確認する。
- 食べられなかったり、普段と比べて非常に少ない量しか食べられなかった場合には、医療職・家族に報告し、指示を仰ぐ。

ポイント　糖尿病の利用者に対して「食べ過ぎない」ことに意識がいってしまいがちだが、インスリン注射を行った場合には、そのあと通常量の食事をとる必要がある。注射したのに食べなかった、あるいは食べる量が非常に少なかった場合には低血糖発作を起こすおそれがあるので、注意が必要である。

②暴飲暴食の気配はないか

・暴飲暴食の気配や状況に気付いたら、医療職や家族に報告する。
・介護職としてそのことを責めたり、指導的な発言はしない。

> **ポイント** 糖尿病の人は食事療法が長く続くため、ときに暴飲暴食に走ってしまうことがある。介護職は生活への支援を行うため、暴飲暴食の気配にいち早く気付くことのできる職種である。

③低血糖・高血糖症状はないか

・低血糖、高血糖症状を起こしたことがあるかなどを把握しておく。
・そのような症状の経験がある場合は、どのような症状であらわれ、どのように対処すればよいかを確認しておく（介護職がこれらの症状を判断して対処することはできない。利用者自身で症状を判断し、対処を依頼できることが必要である）。

> **ポイント** 〈 低血糖症状とは 〉
> 　血糖が一定以上低くなるとあらわれる症状。発汗・神経過敏・ふるえ・失神・動悸・空腹感などから始まり、脳への糖の供給が足りなくなるため、その後錯乱、発語が不明瞭、昏睡などの症状があらわれる。
> 　症状は徐々にあらわれる場合と突然あらわれる場合とがあるが、数分のうちに軽い気分不快から錯乱など重度の状態に陥ることもある。
> 　重症化するのを防ぐため、症状に気付いたらすぐにキャンデーやダイエットシュガーを食べてもらったり、ジュースを飲むなどして糖分を補給する。
> 〈 高血糖症状とは 〉
> 　血糖が一定以上高い状態を高血糖というが、あまり自覚症状はないのが特徴である。一番の症状は喉の渇きである。それ以外には電解質のバランスが崩れるため、悪心、嘔吐、腹痛、下痢などがみられる。
> 　症状に気付かず、突然高血糖による昏睡に陥ることもある。

● 日常生活上の支援について

①調理・食事介助：適切な食事量、食事療法の把握

・食事量を把握し、調理して配膳する量・摂取量の確認をする。
・食事療法による制限がある場合は、制限の把握と、どこまで介護職が対応すれば

よいかを確認しておく。

②**入浴・更衣介助：皮膚の状態の観察**

・全身の皮膚の状態（特に末梢血管）の観察を行う。
・今までと大きな変化があった場合は、医療職・家族へ報告する（紫色や黒ずんでいる、化膿しているなど）。

ポイント　糖尿病の人は血糖の高い状態が続くことで血管壁が痛めつけられ、毛細血管から徐々に壊れていく。そのため、末梢ほど血液循環が悪くなる。血管そのものが破壊されてしまうと、酸素や栄養が細胞に供給されないために足の指先などが壊死してしまう。

第4節　泌尿器

1　尿生成から排出までのしくみ

①泌尿器の構造

　泌尿器とは、腎臓、尿管、膀胱、尿道で構成されています。なかでも、主に血液のなかの不要な成分を尿として体外に排泄する臓器のことをさします（図34）。

図34　泌尿器の構造

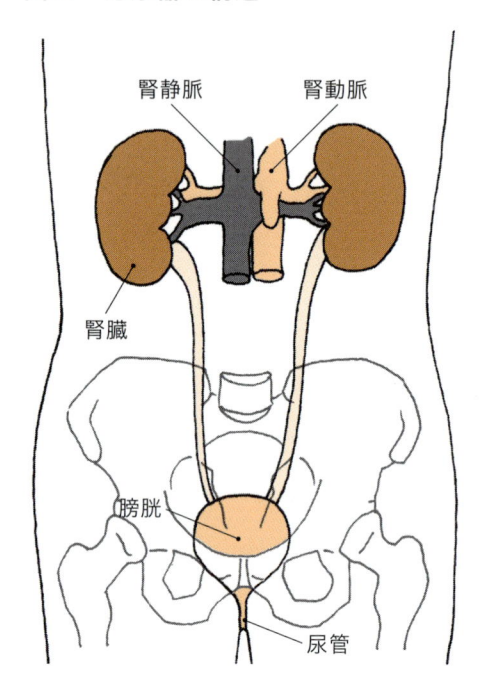

腎静脈　腎動脈
腎臓
膀胱
尿管

②尿をつくるしくみ

　腎臓に運ばれてきた血液は、毛細血管にある毛糸玉のような血管（糸球体）を通過するときに水分、血漿（けっしょう）、老廃物などがろ過され、糸球体を包む空洞のボーマン嚢に入り、さらにそこでこされ、尿のもととなる原尿がつくられます（図35）。このときに赤血球、白血球、血小板などは分子が大きいためこされずに、血管のなかに残ります。

　原尿は、1日160ℓくらい生成されます。原尿は尿細管に流れ込み、利用可能な栄養分（ブドウ糖、アミノ酸、ナトリウム等）や水分の大部分は血液中に再吸収され、100分の1くらいに濃縮されたものが尿として排出されます。

③排尿のしくみ

　膀胱の尿道口には、尿意によって弛緩する筋肉（内括約筋）と、人間の意思で弛緩する筋肉（外括約筋）があり、それらが排尿をコントロールしています。膀胱にある程度の尿が溜まると、神経が大脳に情報を伝達し、尿意が起こります。但し、通常は人の意思によって排泄を我慢することができます。人が排泄の意思をもってはじめて外肛門括約筋が弛緩し、それと同時に膀胱筋が収縮して、尿が排泄されます。

図35 尿生成のしくみ

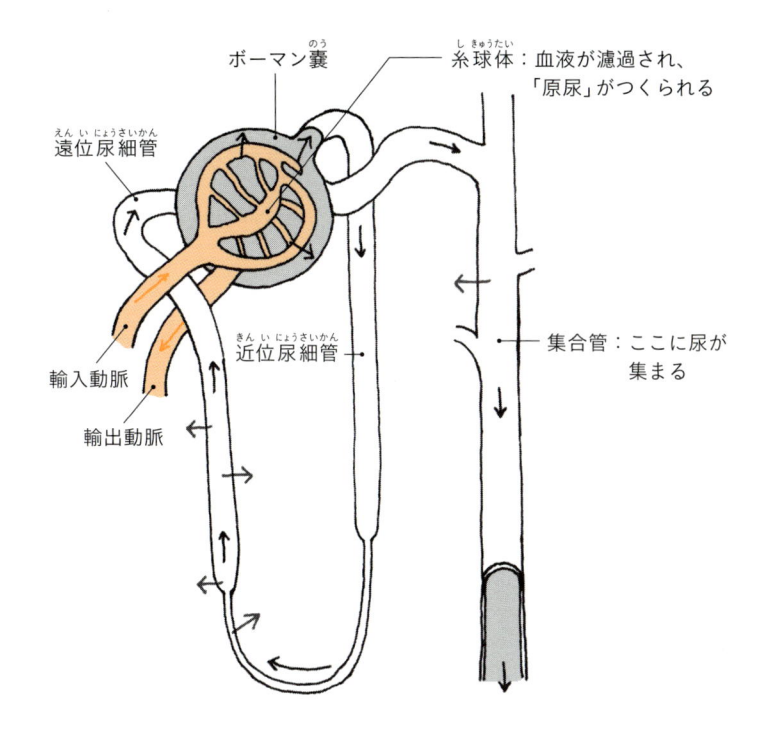

ボーマン嚢
糸球体：血液が濾過され、「原尿」がつくられる
遠位尿細管
近位尿細管
輸入動脈
輸出動脈
集合管：ここに尿が集まる

2 膀胱留置カテーテル

（1）膀胱留置カテーテルって何？

　膀胱に入れたままのカテーテルをさします。自然排泄、自己導尿(※)、おむつなどで尿の排泄が難しい人は、膀胱留置カテーテルを装置することによって、尿を外に排出させます。

（2）どんな人が使っているの？

- 尿閉(※)や排尿困難などのため自力で排尿ができない人。
- おむつに失禁する人で、臀部や陰部に褥瘡などがあり、そこからの感染などを予防したい人。
- ターミナル期など、苦痛やADL低下により排泄することの負担が大きい人。
- 尿量の正確な把握が必要な人。

（※）自己導尿
　利用者自らがカテーテルを尿道から膀胱に入れて、一定時間ごとに排尿を促す行為。

（※）尿閉
　尿閉とは尿道が閉塞している、あるいは膀胱が機能しなくなったことにより排尿ができなくなった状態をいう。尿道の閉塞は、尿道結石や脊椎の障害などが原因で起こる。また膀胱が機能しなくなる原因としては、椎間板ヘルニア、脊椎損傷、腫瘍などにより神経が圧迫されたり障害されたりすることが挙げられる。

（3）どんなしくみなの？

①カテーテルの種類

　膀胱留置カテーテルは形状・材質、サイズによりさまざまな種類があります。利用者の年齢や体の状態などにより、医療職が選択をします。在宅の高齢者で一番使用されるのは、2wayのフォーリー型です。

図36　カテーテルの形状

フォーリー型（2way）

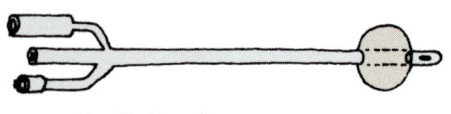

フォーリー型（3way）

②膀胱留置カテーテルの構造

　導入したカテーテルは、蒸留水を入れてバルーンを膨らませることで抜けないように固定します。

　2wayは尿の排泄ルートと固定水を入れるためのルート、3wayはそれらに加えて洗浄するためのルートが備わっています。

③カテーテルの素材

　天然ゴム（ラテックス）、シリコンゴム、天然ゴムにシリコンをコーティングしたものなど、さまざまなものがあります。素材によって交換の頻度が違います。一般的にラテックス製で2週間に1回、シリコン製で4週間に1回の交換が必要です。

（4）利用者の心理状態

・カテーテルが入っていることへの異物感、違和感。
・カテーテルにつながっていることに対する拘束感。
・蓄尿バッグで自分の排泄物がみえてしまうことに対する羞恥心。
・臭うのではないかという不安感。
・感染症を起こすのではないかという不安感、恐怖感。

（5）介護サービス実施上の留意点

● 器具について

蓄尿バッグの位置が体（膀胱）より下にくるように注意する

・すべての介助において、常に蓄尿バッグが体の位置より下にあるように介助する。

ポイント 一度カテーテルに流出した尿が膀胱内に戻る（逆流）と尿路感染を起こすので気をつける。

● 利用者の状態について

①水分摂取量が少なくならないようにする

・水分摂取をすすめる。但し利用者によっては水分制限がある人もいるので、医療職と連携をとりながら対応する。
・通常は、食事以外で1200ml程度の水分摂取ができるとよい。

ポイント 体のなかの水分量が不足すると、排泄される尿量も少なくなる。するとカテーテル内に尿が停滞してしまうため、尿路感染を起こしやすくなる。尿の量が少なくなると色が濃くなるため、蓄尿バッグに溜まっている尿の量や色で水分不足を推測できる。

②尿の性状や量に変化はないか観察する

・尿量がいつもと同じくらいか確認する（蓄尿バッグ内の尿の廃棄のタイミングがいつも通りであったかもあわせて確認すること）。
・尿の色、浮遊物の有無について確認をする。
・いつもと違う状況があれば、医療職・家族へ報告する。

ポイント 尿の量や色などの変化は体調変化を示すことが多い。また感染が起こると尿のなかに白い浮遊物がみられる。

③挿入部の皮膚の状態を観察する

・尿道口がカテーテルで擦れて表皮剥離したり、カテーテルを皮膚にテープ固定し

ているところに発赤や表皮剥離などがないかを観察する。
・異常がみられた場合には、医療職・家族へ報告する。

● 日常生活上の支援について

①カテーテルをひっかけないように留意する

・移動、入浴、更衣介助時などにカテーテルをどこかにひっかけて引っ張られてしまうことのないよう留意する。

②入浴介助の方法については医療職に相談する

・一般的には蓄尿バッグを空にしてから入浴するが、具体的な方法については医療職の指導を受けて行う。
・蓄尿バッグをはずしての入浴は、つけはずし時における感染のリスクがあるため、できるだけ行わない。

資料

●医師法第17条、歯科医師法第17条及び保健師助産師看護師法第31条の解釈について
（平成17年7月26日　医政発第0726005号　厚生労働省医政局長通知）

医師、歯科医師、看護師等の免許を有さない者による医業（歯科医業を含む。以下同じ。）は、医師法第17条、歯科医師法第17条及び保健師助産師看護師法第31条その他の関係法規によって禁止されている。ここにいう「医業」とは、当該行為を行うに当たり、医師の医学的判断及び技術をもってするのでなければ人体に危害を及ぼし、又は危害を及ぼすおそれのある行為（医行為）を、反復継続する意思をもって行うことであると解している。

ある行為が医行為であるか否かについては、個々の行為の態様に応じ個別具体的に判断する必要がある。しかし、近年の疾病構造の変化、国民の間の医療に関する知識の向上、医学・医療機器の進歩、医療・介護サービスの提供の在り方の変化などを背景に、高齢者介護や障害者介護の現場等において、医師、看護師等の免許を有さない者が業として行うことを禁止されている「医行為」の範囲が不必要に拡大解釈されているとの声も聞かれるところである。

このため、医療機関以外の高齢者介護・障害者介護の現場等において判断に疑義が生じることの多い行為であって原則として医行為ではないと考えられるものを別紙の通り列挙したので、医師、看護師等の医療に関する免許を有しない者が行うことが適切か否か判断する際の参考とされたい。

なお、当然のこととして、これらの行為についても、高齢者介護や障害者介護の現場等において安全に行われるべきものであることを申し添える。

1　水銀体温計・電子体温計により腋下で体温を計測すること、及び耳式電子体温計により外耳道で体温を測定すること
2　自動血圧測定器により血圧を測定すること
3　新生児以外の者であって入院治療の必要がないものに対して、動脈血酸素飽和度を測定するため、パルスオキシメーターを装着すること
4　軽微な切り傷、擦り傷、やけど等について、専門的な判断や技術を必要としない処置をすること（汚物で汚れたガーゼの交換を含む。）
5　患者の状態が以下の3条件を満たしていることを医師、歯科医師又は看護職員が確認し、これらの免許を有しない者による医薬品の使用の介助ができることを本人又は家族に伝えている場合に、事前の本人又は家族の具体的な依頼に基づき、医師の処方を受け、あらかじめ薬袋等により患者ごとに区分し授与された医薬品について、医師又は歯科医師の処方及び薬剤師の服薬指導の上、看護職員の保健指導・助言を遵守した医薬品の使用を介助すること。具体的には、皮膚への軟膏の塗布（褥瘡の処置を除く。）、皮膚への湿布の貼付、点眼薬の点眼、一包化された内用薬の内服（舌下錠の使用も含む。）、肛門からの坐薬挿入又は鼻腔粘膜への薬剤噴霧を介助すること。
①　患者が入院・入所して治療する必要がなく容態が安定していること
②　副作用の危険性や投薬量の調整等のため、医師又は看護職員による連続的な容態の経過観察が必要である場合ではないこと
③　内用薬については誤嚥の可能性、坐薬については肛門からの出血の可能性など、当該医薬品の使用の方法そのものについて専門的な配慮が必要な場合ではないこと

注1　以下に掲げる行為も、原則として、医師法第17条、歯科医師法第17条及び保健師助産師看護師法第31条の規制の対象とする必要がないものであると考えられる。

①　爪そのものに異常がなく、爪の周囲の皮膚にも化膿や炎症がなく、かつ、糖尿病等の疾患に伴う専門的な管理が必要でない場合に、その爪を爪切りで切ること及び爪ヤスリでやすりがけすること
②　重度の歯周病等がない場合の日常的な口腔内の刷掃・清拭において、歯ブラシや綿棒又は巻き綿子などを用いて、歯、口腔粘膜、舌に付着している汚れを取り除き、清潔にすること
③　耳垢を除去すること（耳垢塞栓の除去を除く。）

④ ストマ装具のパウチにたまった排泄物を捨てること（肌に接着したパウチの取り替えを除く。）
⑤ 自己導尿を補助するため、カテーテルの準備、体位の保持などを行うこと
⑥ 市販のディスポーザブルグリセリン浣腸器（※）を用いて浣腸すること
※ 挿入部の長さが5から6センチメートル程度以内、グリセリン濃度50％、成人用の場合で40グラム程度以下、6歳から12歳未満の小児用の場合で20グラム程度以下、1歳から6歳未満の幼児用の場合で10グラム程度以下の容量のもの

注2　上記1から5まで及び注1に掲げる行為は、原則として医行為又は医師法第17条、歯科医師法第17条及び保健師助産師看護師法第31条の規制の対象とする必要があるものでないと考えられるものであるが、病状が不安定であること等により専門的な管理が必要な場合には、医行為であるとされる場合もあり得る。このため、介護サービス事業者等はサービス担当者会議の開催時等に、必要に応じて、医師、歯科医師又は看護職員に対して、そうした専門的な管理が必要な状態であるかどうか確認することが考えられる。さらに、病状の急変が生じた場合その他必要な場合は、医師、歯科医師又は看護職員に連絡を行う等の必要な措置を速やかに講じる必要がある。

　また、上記1から3までに掲げる行為によって測定された数値を基に投薬の要否など医学的な判断を行うことは医行為であり、事前に示された数値の範囲外の異常値が測定された場合には医師、歯科医師又は看護職員に報告するべきものである。

注3　上記1から5まで及び注1に掲げる行為は原則として医行為又は医師法第17条、歯科医師法第17条及び保健師助産師看護師法第31条の規制の対象とする必要があるものではないと考えられるものであるが、業として行う場合には実施者に対して一定の研修や訓練が行われることが望ましいことは当然であり、介護サービス等の場で就労する者の研修の必要性を否定するものではない。

　また、介護サービスの事業者等は、事業遂行上、安全にこれらの行為が行われるよう監督することが求められる。

注4　今回の整理はあくまでも医師法、歯科医師法、保健師助産師看護師法等の解釈に関するものであり、事故が起きた場合の刑法、民法等の法律の規定による刑事上・民事上の責任は別途判断されるべきものである。

注5　上記1から5まで及び注1に掲げる行為について、看護職員による実施計画が立てられている場合は、具体的な手技や方法をその計画に基づいて行うとともに、その結果について報告、相談することにより密接な連携を図るべきである。上記5に掲げる医薬品の使用の介助が福祉施設等において行われる場合には、看護職員によって実施されることが望ましく、また、その配置がある場合には、その指導の下で実施されるべきである。

注6　上記4は、切り傷、擦り傷、やけど等に対する応急手当を行うことを否定するものではない。

● ALS（筋萎縮性側索硬化症）患者の在宅療養の支援について
（平成15年7月17日　医政発第0717001号　厚生労働省医政局長通知）

　ALS患者の在宅療養については、家族が24時間体制で介護を行っているなど、患者・家族の負担が大きくなっており、その負担の軽減を図ることが求められている。このため、在宅ALS患者の療養生活の質の向上を図るための方策や、ALS患者に対するたんの吸引の医学的・法律的整理について、「看護師等によるALS患者の在宅療養支援に関する分科会」において検討されてきたところであるが、今般、報告書が別添1のとおり取りまとめられたところである。

　同報告書において、在宅ALS患者が家族の介護のみに依存しなくても、円滑な在宅療養生活を送ることができるよう、①訪問看護サービスの充実と質の向上、②医療サービスと福祉サービスの適切な連携確保、③在宅療養を支援する機器の開発・普及の促進及び④家族の休息（レスパイト）の確保のための施策を総合的に推進するなど、在宅ALS患者の療養環境の向上を図るための措置を講ずることが求められ、その上で、在宅ALS患者に対する家族以外の者（医師及び看護職員を除く。以下同じ。）によるたんの吸引の実施について、一定の条件の下では、当面の措置として行うこともやむを得ないものと考えられると整理されている。

　在宅ALS患者の療養環境の向上を図るための措置を講じていくことは重要であり、また、たんの吸引については、その危険性を考慮すれば、医師又は看護職員が行うことが原則であるが、ALS患者の在宅療養の現状にかんがみれば、在宅ALS患者に対する家族以外の者によるたんの吸引の実施について、下記の条件の下では、当面のやむを得ない措置として許容されるものと考える。

　貴職におかれては、同報告書の趣旨を御了知の上、関係部局間の連携を密にし、管内の市町村（特別区を含む。）、関係機関、関係団体等に周知するとともに、ALS患者の在宅療養の支援について適切に対処するようお願いいたしたい。

　また、同報告書3の（2）のivの患者の同意に係る同意書の例（別添2）を併せて送付するので参考にされたい。

　なお、今回の措置の取扱いについては、3年後にその実施状況や在宅ALS患者を取り巻く療養環境の整備状況等について把握した上で確認することを申し添える。

おって、当省関係部局からもALS患者の在宅療養の支援に関する通知を発出することとしているので、御留意願いたい。

1　療養環境の管理

(1) 入院先の医師は、患者の病状等を把握し、退院が可能かどうかについて総合的に判断を行う。

(2) 入院先の医師及び看護職員は、患者が入院から在宅に移行する前に、当該患者について、家族や在宅患者のかかりつけ医、看護職員、保健所の保健師等、家族以外の者等患者の在宅療養に関わる者の役割や連携体制などの状況を把握・確認する。

(3) 入院先の医師は、患者や家族に対して、在宅に移行することについて、事前に説明を適切に行い、患者の理解を得る。

(4) 入院先の医師や在宅患者のかかりつけ医及び看護職員は、患者の在宅への移行に備え、医療機器・衛生材料等必要な準備を関係者の連携の下に行う。医療機器・衛生材料等については、患者の状態に合わせ、必要かつ十分に患者に提供されることが必要である。

(5) 家族、入院先の医師、在宅患者のかかりつけ医、看護職員、保健所の保健師等、家族以外の者等患者の在宅療養に関わる者は、患者が在宅に移行した後も、相互に密接な連携を確保する。

2　在宅患者の適切な医学的管理

　入院先の医師や在宅患者のかかりつけ医及び訪問看護職員は、当該患者について、定期的な診療や訪問看護を行い、適切な医学的管理を行う。

3　家族以外の者に対する教育

　入院先の医師や在宅患者のかかりつけ医及び訪問看護職員は、家族以外の者に対して、ALSやたんの吸引に関する必要な知識を習得させるとともに、当該患者についてのたんの吸引方法についての指導を行う。

4 患者との関係

患者は、必要な知識及びたんの吸引の方法を習得した家族以外の者に対してたんの吸引について依頼するとともに、当該家族以外の者が自己のたんの吸引を実施することについて、文書により同意する。なお、この際、患者の自由意思に基づいて同意がなされるよう配慮が必要である。

5 医師及び看護職員との連携による適正なたんの吸引の実施

(1) 適切な医学的管理の下で、当該患者に対して適切な診療や訪問看護体制がとられていることを原則とし、当該家族以外の者は、入院先の医師や在宅患者のかかりつけ医及び訪問看護職員の指導の下で、家族、入院先の医師、在宅患者のかかりつけ医及び訪問看護職員との間において、同行訪問や連絡・相談・報告などを通じて連携を密にして、適正なたんの吸引を実施する。

(2) この場合において、気管カニューレ下端より肺側の気管内吸引については、迷走神経そうを刺激することにより、呼吸停止や心停止を引き起こす可能性があるなど、危険性が高いことから、家族以外の者が行うたんの吸引の範囲は、口鼻腔内吸引及び気管カニューレ内部までの気管内吸引を限度とする。特に、人工呼吸器を装着している場合には、気管カニューレ内部までの気管内吸引を行う間、人工呼吸器を外す必要があるため、安全かつ適切な取扱いが必要である。

(3) 入院先の医師や在宅患者のかかりつけ医及び訪問看護職員は、定期的に、当該家族以外の者がたんの吸引を適正に行うことができていることを確認する。

6 緊急時の連絡・支援体制の確保

家族、入院先の医師、在宅患者のかかりつけ医、訪問看護職員、保健所の保健師等及び家族以外の者等の間で、緊急時の連絡・支援体制を確保する。

別添1「看護師等によるALS患者の在宅療養支援に関する分科会」報告書

1 はじめに

○ ALS患者のたんの吸引については、当該行為が患者の身体に及ぼす危険性にかんがみ、原則として、医師又は看護職員が行うべきものとされてきた。

○ 在宅ALS患者にとっては、頻繁にたんの吸引が必要であることから、家族が24時間体制で介護を行っているなど、患者・家族の負担が非常に大きくなっており、その負担の軽減を図ることが求められている。

○ このような現状にかんがみ、在宅ALS患者に対するたんの吸引行為についての患者・家族の負担の軽減を図るための方策について検討するため、平成15年2月3日に当分科会が設置された。

○ 当分科会においては、ALS患者、家族、看護職員、ホームヘルパー等の関係者からヒアリングを行うなど、在宅ALS患者の療養生活の質の向上を図るための看護師等の役割及びALS患者に対するたんの吸引行為の医学的・法律学的整理について、8回にわたって検討してきたところである。

○ 今般、当分科会として、これまでの議論を整理し、本報告書を取りまとめたので、これを公表するものである。

2 在宅ALS患者の療養環境の向上を図るための措置について

(1) 在宅療養サービスの充実

① 施策の総合的な推進

○ ALS（筋萎縮性側索硬化症）は、筋萎縮と筋力低下が特徴的な疾患であり、徐々に全身に拡がり、歩行困難になるほか、言語障害、嚥下障害、呼吸障害に及ぶものであり、病気の進行により、コミュニケーションも阻害され、ベッド上の生活を強いられる患者の苦悩は計り知れない。

○ 患者は長期にわたる療養を余儀なくされている状況にあり、人工呼吸器を装着しながら在宅で療養している患者にとっては、頻繁にたんの吸引が必要なこともあり、患者及び患者を介護する家族にとっての負担は大きい。

○ こうした現状を踏まえ、患者のQOLの向上や患

者及び家族の負担の軽減を図るため、在宅ALS患者の療養環境の更なる向上が求められており、患者が家族の介護のみに依存しなくても、円滑な在宅療養生活を送ることができるよう、以下のような施策を総合的に推進していく必要がある。

② **訪問看護サービスの充実と質の向上**
○ 在宅ALS患者の療養生活を支援するためには、訪問看護サービスが十分に提供されることが重要であり、引き続き訪問看護サービスの充実を図っていくことが求められる。
○ また、在宅ALS患者が必要なときに適切な訪問看護サービスを受けることができるようにするためには、診療報酬で定められた回数を超える訪問看護の費用を補助している「在宅人工呼吸器使用特定疾患患者訪問看護治療研究事業」を積極的に活用するよう、実施主体である都道府県に対して事業の周知徹底を図り、その取組を促進していく必要がある。
○ さらに、24時間の巡回型訪問看護の実施に向けては、同一日に、一人の利用者に対し、複数の訪問看護事業所（訪問看護を実施する医療機関及び訪問看護ステーションをいう。以下同じ。）から複数回の訪問看護を行えるようにする必要があることから診療報酬上の要件について検討することが望まれる。
○ 訪問看護の質の確保については、訪問看護師に対する研修や潜在看護師に対する研修等訪問看護サービスを担うべき看護職員の質を高めるための施策を講ずるべきである。

③ **医療サービスと福祉サービスの適切な連携確保**
○ ALS患者の在宅療養の支援に関しては、医療機関、訪問看護事業所、訪問介護事業所などのサービス提供機関、あるいは、都道府県等の保健所や市区町村の担当部局など、医療や福祉などの関係機関が多岐にわたっているが、各種サービスの患者への提供についての総合的な連携・調整が十分とは言えない状況にあることから、各機関が相互の連携を適切に図り、地域でのチームケア体制を確立していくことが求められている。このため、国及び地方公共団体において、引き続き、各機関の連携体制や地域のチームケア体制の確立を支援するための施策を講ずるべきである。
○ 医学的な管理が必要である在宅ALS患者については、チームケア体制において、主治医（入院先の医師や在宅患者のかかりつけ医）が中心となるべきである。また、患者の退院時指導に際しては、地域の医療や福祉の関係者を参加させるなど、入院期間中から地域でのチームケア体制の確立を図るべきである。なお、在宅ALS患者の主治医に対しては、ALSに関する情報提供が行われることが必要である。また、国及び地方公共団体において、これまでも実施されてきた「特定疾患医療従事者研修」や「難病患者等ホームヘルパー養成研修事業」など、医療や福祉の関係者の研修を引き続き適切に実施する必要がある。
○ また、介護保険制度の導入に伴い、保健所の難病患者への関わりが弱まったという指摘もあるが、在宅ALS患者を支援するチームケア体制の確立の上で、医療のニーズが高い患者にとって、各種サービスが最適な組み合わせとなるようにするためには、保健所で難病対策を担当する保健師等の役割を始めとして、保健所が担うべき総合的な調整機能は極めて重要であり、今後とも当該機能の充実強化を図るべきである。
○ なお、平成15年度から開始される難病相談・支援センター事業を推進するなど、ALS患者や家族に対する相談・支援などを充実させる必要がある。

④ **在宅療養を支援する機器の開発・普及の促進**
○ たんの自動吸引装置や去たんを促す機器等在宅療養を支援する機器の開発・普及の促進は、患者及び家族の負担の軽減に資するものであることから、引き続き機器の研究開発を促進するための措置を講じるとともに、既存の機器も含めた普及の促進を図るべきである。

⑤ **家族の休息（レスパイト）の確保**
○ 家族に必要な休息（レスパイト）を確保し、在宅ALS患者の療養環境の向上を図るため、今後とも、ホームヘルプサービス事業、ショートステイ事業やデイサービス事業などの各種の施策の充実を図っていく必要がある。
○ なお、地方公共団体において、独自に先進的な事業に取り組んでいるところもあり、これらの施策が有効に活用され、また、各地における取組の参考となるように、各種施策の情報提供や周知に努めるべきである。

(2) 入院と在宅療養の的確な組合せ
① 入院から在宅への円滑な移行
○ 在宅への移行は、医師の判断に基づくものであるが、入院から在宅への円滑な移行を図っていく上では、退院の判断から退院時指導、退院後の在宅生活に至る一連の過程において、患者の病状、患者の意向、在宅での療養環境も踏まえて対応していくことが重要であり、これを支援するための方策についても検討すべきである。

② 緊急時等の入院施設の確保
○ 患者の病態急変などに対応するため、引き続き入院施設を確保するための施策の推進が必要である。

3 たんの吸引行為について

(1) たんの吸引の安全な実施
① 専門的排たん法の普及
○ 専門的排たん法（体位排たん法、呼吸介助法（スクィージング）、軽打法、振動法など）が適切に実施されれば、たんの吸引の回数を減少させることができることから、たんの吸引に伴う患者及び家族の負担の軽減を図るためにも、専門的排たん法の普及促進に努める必要がある。

② 日常的なたんの吸引に関する適切な対応
○ 日常的なたんの吸引については、行為の危険性に応じた適切な対応（プロトコール）を示すことが必要である。

(2) 家族以外の者によるたんの吸引について
○ たんの吸引は、その危険性を考慮すれば、医師又は看護職員が行うことが原則であり、ALS患者に対する家族以外の者（医師及び看護職員を除く。以下「家族以外の者」という。）によるたんの吸引については、医師及び看護職員により十分にサービスが提供されるならば、実施する必要はないと考えられる。

○ しかしながら、たんの吸引は頻繁に行う必要があることから、大部分の在宅ALS患者において、医師や看護職員によるたんの吸引に加えて、家族が行っているのが現状であり、家族の負担軽減が求められている。このような在宅療養の現状にかんがみれば、家族以外の者によるたんの吸引の実施についても、一定の条件の下では、当面の措置として行うこともやむを得ないものと考えられる。この場合においても、医療サービスを受ける機会が閉ざされることのないよう、医師及び看護職員が積極的に関わっていくべきである。

○ なお、今回の措置は、在宅ALS患者の療養環境の現状にかんがみ、当面やむを得ない措置として実施するものであって、ホームヘルパー業務として位置付けられるものではない。また、今回の措置の取扱いについては、訪問看護サービスの更なる充実やたんの自動吸引装置など在宅療養を支援する機器の開発・普及の進展等、今後における在宅療養環境の変化に応じて、適宜・適切に見直すことが必要であり、まずは3年後に、今回の措置の実施状況や在宅ALS患者を取り巻く療養環境の整備状況等について把握した上で確認すべきである。

○ 以下は、家族以外の者が患者に対してたんの吸引を行う場合の条件を示したものである。

i) 療養環境の管理
○ 入院先の医師は、患者の病状等を把握し、退院が可能かどうかについて総合的に判断を行う。

○ 入院先の医師及び看護職員は、患者が入院から在宅に移行する前に、当該患者について、家族や在宅患者のかかりつけ医、看護職員、保健所の保健師等、家族以外の者等患者の在宅療養に関わる者の役割や連携体制などの状況を把握・確認する。

○ 入院先の医師は、患者や家族に対して、在宅に移行することについて、事前に説明を適切に行い、患者の理解を得る。

○ 入院先の医師や在宅患者のかかりつけ医及び看護職員は、患者の在宅への移行に備え、医療機器・衛生材料等必要な準備を関係者の連携の下に行う。医療機器・衛生材料等については、患者の状態に合わせ、必要かつ十分に患者に提供されることが必要である。

○ 家族、入院先の医師、在宅患者のかかりつけ医、看護職員、保健所の保健師等、家族以外の者等患者の在宅療養に関わる者は、患者が在宅に移行した後も、相互に密接な連携を確保する。

ii) 在宅患者の適切な医学的管理
○ 入院先の医師や在宅患者のかかりつけ医及び訪問看護職員は、当該患者について、定期的な診療や訪問看護を行い、適切な医学的管理を行う。

iii) 家族以外の者に対する教育

- ○ 入院先の医師や在宅患者のかかりつけ医及び訪問看護職員は、家族以外の者に対して、ALSやたんの吸引に関する必要な知識を習得させるとともに、当該患者についてのたんの吸引方法についての指導を行う。

iv) 患者との関係

- ○ 患者は、必要な知識及びたんの吸引の方法を習得した家族以外の者に対してたんの吸引について依頼するとともに、当該家族以外の者が自己のたんの吸引を実施することについて、文書により同意する。なお、この際、患者の自由意思に基づいて同意がなされるよう配慮が必要である。

v) 医師及び看護職員との連携による適正なたんの吸引の実施（注：別紙参照）

- ○ 適切な医学的管理の下で、当該患者に対して適切な診療や訪問看護体制がとられていることを原則とし、当該家族以外の者は、入院先の医師や在宅患者のかかりつけ医及び訪問看護職員の指導の下で、家族、入院先の医師、在宅患者のかかりつけ医及び訪問看護職員との間において、同行訪問や連絡・相談・報告などを通じて連携を密にして、適正なたんの吸引を実施する。
- ○ この場合において、気管カニューレ下端より肺側の気管内吸引については、迷走神経そうを刺激することにより、呼吸停止や心停止を引き起こす可能性があるなど、危険性が高いことから、家族以外の者が行うたんの吸引の範囲は、口鼻腔内吸引及び気管カニューレ内部までの気管内吸引を限度とする。特に、人工呼吸器を装着している場合には、気管カニューレ内部までの気管内吸引を行う間、人工呼吸器を外す必要があるため、安全かつ適切な取扱いが必要である。
- ○ 入院先の医師や在宅患者のかかりつけ医及び訪問看護職員は、定期的に、当該家族以外の者がたんの吸引を適正に行うことができていることを確認する。

vi) 緊急時の連絡・支援体制の確保

- ○ 家族、入院先の医師、在宅患者のかかりつけ医、訪問看護職員、保健所の保健師等及び家族以外の者等の間で、緊急時の連絡・支援体制を確保する。

4 おわりに

- ○ 本検討会では、在宅ALS患者の在宅療養環境の向上を図るとともに、患者及び家族の負担を軽減する観点から、必要な措置について検討を重ねてきた。
- ○ これらの措置が有効に機能するためには、在宅ALS患者の療養生活を支援する関係者が一体となって取り組むことが不可欠である。国及び地方公共団体を始め、関係者の更なる努力によって、これらの措置が着実に実行され、患者及び家族の療養環境が向上していくことが望まれる。
- ○ なお、本検討会での議論において、在宅医療に携わる者の行う業務や今後の医療と福祉の役割分担も含めた在宅医療の在り方についての議論の必要性が認識されたところであり、これについては、今後の検討課題として早急に検討されるべきであることを申し添える。

(別添2)

同意書（例）

平成　　年　　月　　日

氏名（家族以外の者の氏名）　　様

住所（家族以外の者の住所）

患者氏名（署名又は記名押印）

<u>私は、あなたがたんの吸引を行うことに同意いたします。</u>

代理人・代筆者氏名
（署名又は記名押印）

同席者氏名
（署名又は記名押印）

※患者が未成年者である場合又は患者が署名若しくは記名押印を行うことが困難な場合には、家族等の代理人・代筆者が記入し、当該代理人・代筆者も署名又は記名押印を行ってください。この場合、第3者が同席し、当該同席者も署名又は記名押印を行うことが望ましいものです。

● 在宅における ALS 以外の療養患者・障害者に対する たんの吸引の取扱いについて

(平成 17 年 3 月 24 日　医政発第 0324006 号　厚生労働省医政局長通知)

　我が国では、疾病構造の変化や医療技術の進歩を背景に、医療機関内だけでなく、家庭、教育、福祉の場においても医療・看護を必要とする人々が急速に増加しており、特に、在宅で人工呼吸器を使用する者等の増加により、在宅でたんの吸引を必要とする者が増加している。

　このような中で、在宅の ALS (筋萎縮性側索硬化症) 患者のたんの吸引については、すでに「看護師等による ALS 患者の在宅療養支援に関する分科会」(以下「ALS 分科会」という。) の報告書を踏まえた「ALS (筋萎縮性側索硬化症) 患者の在宅療養の支援について」(平成15年7月17日付け医政発第0717001号厚生労働省医政局長通知) により、ALS 患者の在宅療養の現状にかんがみれば、在宅 ALS 患者に対する家族以外の者によるたんの吸引の実施については、一定の条件の下では、当面のやむを得ない措置として許容されるとの考えを示したところである。

　ALS 分科会では在宅の ALS 患者について検討されたが、この度、「在宅及び養護学校における日常的な医療の医学的・法律学的整理に関する研究 (平成16年度厚生労働科学研究費補助事業)」(座長：樋口範雄東京大学教授、主任研究者：島崎謙治国立社会保障・人口問題研究所副所長) において、ALS 以外の在宅の療養患者・障害者 (以下「患者・障害者」という。) に対するたんの吸引について医学的・法律学的な観点からの検討が行われ、このほど報告書「在宅における ALS 以外の療養患者・障害者に対するたんの吸引の取扱いに関する取りまとめ」(平成17年3月10日) が取りまとめられた。

　同報告書では、たんの吸引は医行為であるとの前提に立ち、専門的排たん法を実施できる訪問看護を積極的に活用すべきであるが、ALS 患者の場合と同様に、たんの吸引を行っている家族の負担を緊急に軽減する必要等があること、また、ALS 患者に対して認められている措置が、同様の状態にある者に合理的な根拠もなく認められないとすれば、法の下の平等に反することから、ALS 患者に対するたんの吸引を容認する場合と同様の条件の下で、家族以外の者がたんの吸引を実施することは、当面のやむを得ない措置として容認されるものと整理されている。

　同報告書で取りまとめられたとおり、患者・障害者のたんを効果的に吸引でき、患者の苦痛を最小限にし、吸引回数を減らすことができる専門的排たん法を実施できる訪問看護を積極的に活用すべきであるが、頻繁に行う必要のあるたんの吸引のすべてを訪問看護で対応していくことは現状では困難であり、24時間休みのない家族の負担を軽減することが緊急に求められていることから、ALS 患者に対するたんの吸引を容認するのと同様の下記の条件の下で、家族以外の者がたんの吸引を実施することは、当面のやむを得ない措置として許容されるものと考える。

　貴職におかれては、同報告書の趣旨を御了知の上、関係部局間の連携を密にし、管内の市町村 (特別区を含む。)、関係機関、関係団体等に周知するとともに、たんの吸引を必要とする者に対する療養環境の整備や相談支援等について御協力願いたい。

　なお、今回の措置の取扱いについては、ALS 患者に対する措置の見直しと同時期に、その実施状況や療養環境の整備状況等について把握した上で見直される必要があることを申し添える。

I　療養環境の管理

○　入院先の医師は、患者・障害者の病状等を把握し、退院が可能かどうかについて総合的に判断を行う。

○　入院先の医師及び看護職員は、患者・障害者が入院から在宅に移行する前に、当該患者・障害者について、家族や患者・障害者のかかりつけ医、看護職員、保健所の保健師等、家族以外の者等患者・障害者の在宅療養に関わる者の役割や連携体制などの状況を把握・確認する。

○　入院先の医師は、患者や家族に対して、在宅に移行することについて、事前に説明を適切に行い、患者・障害者の理解を得る。

○　入院先の医師や在宅患者のかかりつけ医及び看護職員は、患者・障害者の在宅への移行に備え、医療機器・衛生材料等必要な準備を関係者の連携の下に行う。医療機

器・衛生材料等については、患者・障害者の状態に合わせ、必要かつ十分に患者に提供されることが必要である。
○ 家族、入院先の医師、在宅患者のかかりつけ医、看護職員、保健所の保健師等、家族以外の者等患者の在宅療養に関わる者は、患者・障害者が在宅に移行した後も、相互に密接な連携を確保する。

2　患者・障害者の適切な医学的管理

○ 入院先の医師や患者・障害者のかかりつけ医及び訪問看護職員は、当該患者について、定期的な診療や訪問看護を行い、適切な医学的管理を行う。

3　家族以外の者に対する教育

○ 入院先の医師や患者・障害者のかかりつけ医及び訪問看護職員は、家族以外の者に対して、疾患、障害やたんの吸引に関する必要な知識を習得させるとともに、当該患者・障害者についてのたんの吸引方法についての指導を行う。

4　患者・障害者との関係

○ 患者・障害者は、必要な知識及びたんの吸引の方法を習得した家族以外の者に対してたんの吸引について依頼するとともに、当該家族以外の者が自己のたんの吸引を実施することについて、文書により同意する。なお、この際、患者・障害者の自由意思に基づいて同意がなされるよう配慮が必要である。

5　医師及び看護職員との連携による適正なたんの吸引の実施

○ 適切な医学的管理の下で、当該患者・障害者に対して適切な診療や訪問看護体制がとられていることを原則とし、当該家族以外の者は、入院先の医師や在宅患者のかかりつけ医及び訪問看護職員の指導の下で、家族、入院先の医師、患者・障害者のかかりつけ医及び訪問看護職員との間において、同行訪問や連絡・相談・報告などを通じて連携を密にして、適正なたんの吸引を実施する。
○ この場合において、気管カニューレ下端より肺側の気管内吸引については、迷走神経そうを刺激することにより、呼吸停止や心停止を引き起こす可能性があるなど、危険性が高いことから、家族以外の者が行うたんの吸引の範囲は、口鼻腔内吸引及び気管カニューレ内部までの気管内吸引を限度とする。特に、人工呼吸器を装着している場合には、気管カニューレ内部までの気管内吸引を行う間、人工呼吸器を外す必要があるため、安全かつ適切な取扱いが必要である。
○ 入院先の医師や在宅患者のかかりつけ医及び訪問看護職員は、定期的に、当該家族以外の者がたんの吸引を適正に行うことができていることを確認する。

6　緊急時の連絡・支援体制の確保

○ 家族、入院先の医師、在宅患者のかかりつけ医、訪問看護職員、保健所の保健師等及び家族以外の者等の間で、緊急時の連絡・支援体制を確保する。

● 在宅におけるALS以外の療養患者・障害者に対する　たんの吸引の取扱いに関する取りまとめ（概要）

1 報告書の目的

○ 「在宅及び養護学校における日常的な医療の医学的・法律学的整理に関する研究（平成16年度厚生労働科学研究費補助事業）」（座長：樋口範雄東京大学教授、主任研究者：島崎謙治国立社会保障・人口問題研究所副所長）の一環として、ALS以外の在宅療養患者・障害者に対する家族以外の者によるたんの吸引の取扱いについて、医学的及び法律学的観点からの検討を行ったもの。盲・聾・養護学校におけるたんの吸引等の医学的・法律学的整理に関しては、すでに平成16年9月17日に取りまとめを公表した。

※ 在宅のALS患者に対する家族以外の者によるたんの吸引に関しては、「看護師等によるALS患者の在宅療養支援に関する分科会」（ALS分科会）が、患者及びその家族の負担の軽減のため、一定の条件の下では、家族以外の者がたんの吸引をすることもやむを得ないとする報告書を一昨年6月取りまとめている。

2 報告書の要旨

○ 本報告書は、たんの吸引は医行為であるとの前提に立つ。また、専門的排たん法を実施できる訪問看護を積極的に活用すべきである。

○ しかしながら、ALS患者の場合と同様、たんの吸引を行っている家族の負担を緊急に軽減する必要があること、また、ALS患者に対して認められている措置が、同様の状態にある者に合理的な根拠もなく認められないとすれば、法の下の平等に反することから、たんの吸引が必要な在宅のALS患者と同様の状況の者に対して、同様の考え方の整理を行い、同様の条件（別紙参照）の下で、家族以外の者がたんの吸引を実施することは、当面のやむを得ない措置として容認されるものとした。

○ この措置の対象は、病状又は障害が在宅生活が可能な程度に安定しており、医学的管理下にある者であって、嚥下機能及び呼吸機能の悪化等により自力で排痰することが困難な状態が持続し、長期間にわたってたんの吸引が必要な者とすることが適当である。

○ 今回の措置は、ALS患者に対する措置と同様、当面のやむを得ない措置であり、ALS患者に対する措置の見直しと同時期に見直される必要がある。

○ たんの吸引が必要である者に対する療養環境の整備については、未だ不十分であるとの指摘もあり、訪問看護の充実、在宅療養に円滑に移行するための十分な退院調整、ケアマネージメントの充実、たんの自動吸引装置の開発など、各施策を適切に推進、充実させていく必要がある。また、ALS以外の患者・障害者については、その状態像が多様であることから、地域で関わる様々な機関が連携して相談支援に当たることが必要である。

○ 厚生労働省においては、本研究会の報告内容を踏まえた対応策を早急に周知することが望ましい。また、ALS以外でたんの吸引を必要とする患者・障害者の療養実態の把握に努め、その状況を継続的に点検していくことが望ましい。

（別紙）

○ 以下は、家族以外の者が在宅の患者・障害者（以下、単に「患者・障害者」という。）に対してたんの吸引を行う場合の条件を示したものである。

i) 療養環境の管理

○ 入院先の医師は、患者・障害者の病状等を把握し、退院が可能かどうかについて総合的に判断を行う。

○ 入院先の医師及び看護職員は、患者・障害者が入院から在宅に移行する前に、当該患者・障害者について、家族や患者・障害者のかかりつけ医、看護職員、保健所の保健師等、家族以外の者等患者・障害者の在宅療養に関わる者の役割や連携体制などの状況を把握・確認する。

○ 入院先の医師は、患者や家族に対して、在宅に移行することについて、事前に説明を適切に行い、患者・障害者の理解を得る。

○ 入院先の医師や在宅患者のかかりつけ医及び看護職員

は、患者・障害者の在宅への移行に備え、医療機器・衛生材料等必要な準備を関係者の連携の下に行う。医療機器・衛生材料等については、患者・障害者の状態に合わせ、必要かつ十分に患者に提供されることが必要である。
○ 家族、入院先の医師、在宅患者のかかりつけ医、看護職員、保健所の保健師等、家族以外の者等患者の在宅療養に関わる者は、患者・障害者が在宅に移行した後も、相互に密接な連携を確保する。

ii) 患者・障害者の適切な医学的管理

○ 入院先の医師や患者・障害者のかかりつけ医及び訪問看護職員は、当該患者について、定期的な診療や訪問看護を行い、適切な医学的管理を行う。

iii) 家族以外の者に対する教育

○ 入院先の医師や患者・障害者のかかりつけ医及び訪問看護職員は、家族以外の者に対して、疾患、障害やたんの吸引に関する必要な知識を習得させるとともに、当該患者・障害者についてのたんの吸引方法についての指導を行う。

iv) 患者・障害者との関係

○ 患者・障害者は、必要な知識及びたんの吸引の方法を習得した家族以外の者に対してたんの吸引について依頼するとともに、当該家族以外の者が自己のたんの吸引を実施することについて、文書により同意する。なお、この際、患者・障害者の自由意思に基づいて同意がなされるよう配慮が必要である。

v) 医師及び看護職員との連携による適正なたんの吸引の実施

○ 適切な医学的管理の下で、当該患者・障害者に対して適切な診療や訪問看護体制がとられていることを原則とし、当該家族以外の者は、入院先の医師や在宅患者のかかりつけ医及び訪問看護職員の指導の下で、家族、入院先の医師、患者・障害者のかかりつけ医及び訪問看護職員との間において、同行訪問や連絡・相談・報告などを通じて連携を密にして、適正なたんの吸引を実施する。
○ この場合において、気管カニューレ下端より肺側の気管内吸引については、迷走神経そうを刺激することにより、呼吸停止や心停止を引き起こす可能性があるなど、危険性が高いことから、家族以外の者が行うたんの吸引の範囲は、口鼻腔内吸引及び気管カニューレ内部までの気管内吸引を限度とする。特に、人工呼吸器を装着している場合には、気管カニューレ内部までの気管内吸引を行う間、人工呼吸器を外す必要があるため、安全かつ適切な取扱いが必要である。
○ 入院先の医師や在宅患者のかかりつけ医及び訪問看護職員は、定期的に、当該家族以外の者がたんの吸引を適正に行うことができていることを確認する。

iv) 緊急時の連絡・支援体制の確保

○ 家族、入院先の医師、在宅患者のかかりつけ医、訪問看護職員、保健所の保険師等及び家族以外の者等の間で、緊急時の連絡・支援体制を確保する。

●ストーマ装具の交換について
（平成23年7月5日　医政医発0705第2号　厚生労働省医政局医事課長通知）

平成23年6月5日付けで公益社団法人日本オストミー協会より別添1をもって照会のあった件について、別添2のとおり回答しております。

貴職におかれては、本件について御了知の上、管内市町村（特別区を含む。）、関係機関、関係団体等に対する周知について、特段の御配慮をお願いします。

別添1　ストーマ装具の交換について（照会）

平成17年7月26日付けの厚生労働省医政局長通知（以下「局長通知」という。）によれば、医師法第17条に規定する「医業」とは、当該行為を行うに当たり、医師の医学的判断及び技術をもってするのでなければ人体に危害を及ぼし、又は危害を及ぼすおそれのある行為（医行為）を反復継続する意思をもって行うことであると解されており、ある行為が医行為であるか否かについては、個々の行為の態様に応じて個別具体的に判断する必要があるとされている。

肌に接着したストーマ装具（※）の交換については、局長通知において、原則として医行為ではないと考えられる行為として明示されていないため、介護現場では「医行為」に該当するものと考えられている。しかしながら、肌への接着面に皮膚保護機能を有するストーマ装具については、ストーマ及びその周辺の状態が安定している場合等、専門的な管理が必要とされない場合には、その剥離による障害等のおそれは極めて低いことから、当該ストーマ装具の交換は原則として医行為には該当しないものと考えるが如何。

※　上記の「ストーマ装具」には、面板にストーマ袋をはめ込んで使用するもの（いわゆるツーピースタイプ）と、ストーマ袋と面板が一体になっているもの（いわゆるワンピースタイプ）の双方を含むものである。

別添2　ストーマ装具の交換について（回答）

平成23年6月5日付けの文書をもって照会のあった標記の件について、貴見のとおりと思料します。

なお、実施に当たっては、「医師法第十七条、歯科医師法第十七条及び保健師助産師看護師法第三十一条の解釈について」（平成17年7月26日付け医政発第0726005号厚生労働省医政局長通知）の注2から注5までを踏まえ、医師又は看護職員と密接な連携を図るべきものと思料します。

● 社会福祉士及び介護福祉士法の一部を改正する法律の施行について（喀痰吸引等関係） ※一部抜粋
（平成23年11月11日　社援発1111第1号　厚生労働省社会・援護局長通知）

「介護サービスの基盤強化のための介護保険法等の一部を改正する法律（平成23年法律第72号。以下「改正法」という。）」により改正された「社会福祉士及び介護福祉士法（昭和62年法律第30号。以下「法」という。）」の規定に基づく「社会福祉士及び介護福祉士法施行規則の一部を改正する省令」（平成23年厚生労働省令第126号。以下「改正省令」という。）により改正された「社会福祉士及び介護福祉士法施行規則（昭和62年厚生省令第49号。以下「省令」という。）」について、介護職員等による喀痰吸引等の実施の基準の趣旨及び内容は下記のとおりであるので、御了知の上、関係団体、関係機関等にその周知徹底を図るとともに、その運用に遺漏のないようにされたい。

なお、本通知は医政局及び老健局に協議済みであることを申し添える。

本通知は、地方自治法（昭和22年4月17日法律第67号）第245条の4第1項の規定に基づく技術的助言として発出するものである。

記

第1　趣旨

今般の改正法及び改正省令は、喀痰吸引（口腔内、鼻腔内、気管カニューレ内部の喀痰吸引をいう。第1において同じ。）及び経管栄養（胃ろう又は腸ろうによる経管栄養、経鼻経管栄養をいう。第1において同じ。）の実施のために必要な知識、技能を修得した介護職員等（介護福祉士を含む。）について、一定の要件の下に、喀痰吸引及び経管栄養を実施することができるものとしたこと。

具体的には、介護福祉士については、養成課程において喀痰吸引及び経管栄養に関する知識、技能を修得し、平成27年4月1日以降、一定の基準を満たす事業所において、喀痰吸引及び経管栄養を実施することができるものとしたこと。なお、平成24年4月1日以降においても、認定特定行為業務従事者認定証（法附則第4条第1項の認定特定行為業務従事者認定証をいう。以下同じ。）の交付を受けた場合には、喀痰吸引及び経管栄養を実施することができるものとしたこと。

また、介護福祉士を除く介護職員等については、平成24年4月1日以降、認定特定行為業務従事者（法附則第3条第1項の認定特定行為業務従事者をいう。以下同じ。）となるのに必要な知識、技能を修得するための研修を修了し、都道府県知事から認定特定行為業務従事者認定証の交付を受け、喀痰吸引及び経管栄養を実施することができるものとしたこと。

なお、現在、当面のやむを得ない措置として、在宅・特別養護老人ホーム・特別支援学校において、運用上一定の行為の実施が認められている介護職員等については、必要な知識、技能を修得した者である旨の証明を受け、認定特定行為業務従事者認定証の交付を受けた場合に、喀痰吸引及び経管栄養を実施することができるものとしたこと。

改正省令は、喀痰吸引及び経管栄養の実施に係る事業者及び研修機関の登録基準等を定めたものであり、喀痰吸引及び経管栄養が安全かつ適切に実施されるよう遵守すべきものであること。

第2　制度概要等

1．喀痰吸引等の範囲

省令第1条は、法第2条第2項に規定する介護福祉士が業として行いうる「日常生活を営むのに必要な行為であって、医師の指示の下に行われるもの」に該当するものとして第1号から第5号の別に喀痰吸引等の行為を定めたものであること。

介護福祉士が喀痰吸引等を実施する場合には、喀痰吸引等の対象者の日常生活を支える介護の一環として必要とされる医行為のみを医師の指示の下に行うものであり、安全性確保の観点から、同条第1号及び第2号に規定する喀痰吸引については、咽頭の手前までを限度とすること。

また同様の観点から、同条第4号の胃ろう又は腸ろうによる経管栄養の実施の際には、胃ろう・腸ろうの状態に問題がないことの確認を、同条第5号の経鼻経管栄養の実施

の際には、栄養チューブが正確に胃の中に挿入されていることの確認を医師又は看護職員（保健師、助産師、看護師及び准看護師をいう。以下同じ。）が行うこと。

２．介護福祉士の登録要件

省令第24条の２は、法第42条第１項の介護福祉士の登録事項として、省令第１条各号に掲げる喀痰吸引等の行為のうち養成課程において実地研修を修了したものを、新たに加えたものであること。

これは、平成27年度以降の国家試験合格者に係る介護福祉士の資格登録要件となる一方で、実地研修の修了状況については登録申請者により異なることとなり、省令第26条の３第２項第１号において登録喀痰吸引等事業者（法第48条の６第１項に規定する登録喀痰吸引等事業者をいう。以下同じ。）の登録基準として、省令第１条各号に掲げる行為のうち、当該介護福祉士が実地研修を修了している行為についてのみ喀痰吸引等の実施を行わせることができることとしていることからも、登録事項として定めたものであること。

第３　登録喀痰吸引等事業者
（法附則第20条の登録特定行為事業者を含む。）

１．登録申請

(1) 事業所の単位

法第48条の３において、事業者はその事業所ごとにその所在地を管轄する都道府県知事の登録を受けなければならないとされており、このため登録喀痰吸引等事業者としての登録は、喀痰吸引等を実施する事業所のある都道府県ごとに当該都道府県にある事業所について行うものとすること。

(2) 登録申請

省令第26条の２第１項は、法第48条の３第２項の登録喀痰吸引等事業者の登録申請に必要な添付書類を、省令第26条の２第２項は、法第48条の３第２項第４号の登録申請に必要な申請事項を規定したものであること。

このうち省令第26条の２第１項第４号に規定する法第48条の５第１項各号に掲げる要件の全てに適合していることを明らかにする書類については、省令第26条の３第１項第６号に規定する喀痰吸引等の業務に関する書類を添付すればよいものであること。

(3) 介護福祉士氏名の申請

省令第26条の２第２項において介護福祉士の氏名についても申請事項としている趣旨は、喀痰吸引等の実施を行うにあたり、介護福祉士によって喀痰吸引等の行為の可能な範囲が異なることから登録事項としたものであること。

なお、介護福祉士の氏名については、法第48条の８による公示事項にはあたらないものであること。

また、申請に際して以下の点に留意すること。

・申請には、「介護福祉士登録証」の写し等の当該介護福祉士の資格を証明する書類をあわせて提出すること。
・登録特定行為事業者においては、省令附則第16条による準用及び読替により、認定特定行為業務従事者の氏名について申請すること。

２．登録基準：医療関係者との連携に関する事項

(1) 登録基準

省令第26条の３第１項は、法第48条の５第１項の規定による登録喀痰吸引等事業者が登録にあたって満たすべき基準のうち、同項第１号の医師、看護師その他の医療関係者との連携に関する基準を定めたものであること。

(2) 医師の文書による指示

省令第26条の３第１項第１号における医師の文書による指示については、対象者の希望、心身の状況等を踏まえて、以下の医学的観点に基づき、介護福祉士による喀痰吸引等の提供に際して、個別に指示を受けるものであること。

・介護職員等による喀痰吸引等の実施の可否
・喀痰吸引等の実施内容
・その他、喀痰吸引等計画書に記載すべき事項

また、文書による指示を行う医師については、施設の場合は配置医や嘱託医、在宅の場合は対象者の主治の医師等を特定して、対象者の身体状況の変化等にも継続的に対応できるよう努めること。

(3) 医療関係者との連携確保及び役割分担

省令第26条の３第１項第２号は、医師又は看護職員による対象者の定期的な状態確認を行い、対象者の心身の状況に関する情報を共有し、喀痰吸引等の実施に際して介護福祉士等喀痰吸引等業務に従事する者（以下「喀痰吸引等業務従事者」という。）と医療関係者との間での連携体制の確保と適切な役割分担を定めることを義務づけたものである。

具体的な連携体制の確保については、

① 登録喀痰吸引等事業者が介護老人福祉施設（介護保険

法（平成9年法律第123号）第8条第24項）等の施設など喀痰吸引等業務従事者と医療関係者が同一事業所内に配置されている場合は、施設内における配置医や配置看護職員と喀痰吸引等業務従事者及び施設長等の管理者の関与について、組織内部規程及び組織図等で定めておく等により担保を図ること。

② 登録喀痰吸引等事業者が訪問介護事業所（介護保険法第8条第2項の訪問介護を行う事業所）等の在宅事業所など喀痰吸引等業務従事者と医療関係者が異なる事業所内において従事している場合は、喀痰吸引等業務従事者及び当該従事者が従事する事業所の管理責任者、当該対象者への喀痰吸引等に関与する訪問看護事業所（介護保険法第8条第4項の訪問看護を行う事業所）等の看護職員及び管理者、並びに主治の医師等の間において、喀痰吸引等業務従事者から看護職員への日常的な連絡・相談・報告体制等の他、看護職員と医師、喀痰吸引等業務従事者と医師との連携体制等についての取り決めの文書化などにより連携体制を構築すること。

また、適切な役割分担については、喀痰吸引等を必要とする対象者ごとに、連携体制構築下における情報共有の方法、医療関係者による定期的な状態確認の方法等それぞれの状況に応じた役割分担の明確化についての取り決めの文書化などにより行うこと。

(4) 喀痰吸引等計画書の作成

省令第26条の3第1項第3号については、個々の対象者の希望及び心身の状況並びに医師の指示を踏まえ、実施する喀痰吸引等の内容等が適切かつ安全なものとして、当該喀痰吸引等計画書を作成した喀痰吸引等業務従事者、当該従事者の従事する施設又は事業所の管理責任者のほか、医師及び看護職員、対象者及びその家族等との認識の共有のもとで継続的に実施されていく必要があることに留意すること。

また、作成された喀痰吸引等計画書については、対象者の心身の状況の変化や医師の指示等に基づき、必要に応じて適宜内容等の検証や見直しを行っていく必要があることに留意すること。

(5) 喀痰吸引等実施状況報告書の作成

省令第26条の3第1項第4号においては、喀痰吸引等を実施した日、実施内容、実施結果等を記載し、当該喀痰吸引等を実施している事業所又は施設の管理責任者、施設の場合においては配置看護職員、在宅の場合においては連携先の訪問看護事業所の看護職員への情報提供や確認も踏まえながら、指示を行った医師への報告と確認を行うこと。

なお、報告の頻度については、特に定めは設けないが、喀痰吸引等の提供が一定程度安定して行われている場合においては、当該事業所又は施設の報告体制に関する取り決め等に準拠し一定程度の頻度で行われること（例えば、施設の場合には毎月の定例会議、在宅の場合には喀痰吸引等の実施にかかわる関係者から成る定例会議等で報告を行うこと）、及び急変時における報告方法等の当該実施状況報告書に拠らない場合の報告手段について、連携確保及び役割分担に関する文書（省令第26条の3第1項第2号）を定めておくこと。

(6) 急変時等の対応

省令第26条の3第1項第5号は、喀痰吸引等業務従事者が現に喀痰吸引等の業務に携わっているときに対象者の病状の急変が生じた場合その他必要な場合には、速やかに医師又は看護職員へ連絡を行う等の必要な措置を講じなければならないこととしたものであるが、連携確保及び役割分担に関する取り決め等は文書で定めておくこと。

(7) 業務方法書

省令第26条の3第1項第6号の前各号に掲げる事項その他必要な事項を記載した喀痰吸引等業務に関する書類（以下「業務方法書」という。）については、当該事業所において、喀痰吸引等業務に関する関係者や関係機関等の具体的な内容について文書化し共有することで、一定程度以上の提供業務に関する基準を整備し、もって、安全かつ適正な提供体制の確保を図るものであること。

なお、業務方法書として、事業所ごとに、法第48条の5第1項各号に掲げる要件を含む以下の内容について定めた場合は、当該業務方法書をもって、省令第26条の2第1項第4号の書類として差し支えない。

① 喀痰吸引等の提供体制に関すること
　○ 具体的な連携体制及び役割分担に関すること（省令第26条の3第1項第2号）
　※ 関係機関の名称、関係者の氏名及び役職等を含むこと。
　※ 情報共有の方法、定期的な状態確認の方法等それぞれの状況に応じた役割分担の明確化を含むこと。
　○ 具体的な安全体制に関すること（省令第26条の3第2項第3号から第5号まで）
　・安全委員会の設置・運営に関すること

※ 安全委員会の設置規程、構成員一覧、その他実施計画など委員会の運営に関する資料を含むこと。
・実践的な研修会に関すること
※ 研修内容等を含んだ具体的な研修計画を含むこと。
・ヒヤリ・ハット等の事例の蓄積及び分析に関すること
※ 実施の目的、ヒヤリ・ハット等の事例の収集方法や報告様式、具体的な分析体制等を含むこと。
・備品及び衛生管理に関すること
※ 備品等一覧、衛生管理に関する規程、感染予防及び感染症発生時の対応マニュアル等を含むこと。
○ 秘密保持に関すること（省令第26条の3第2項第7号）
※ 対象者への説明手順等に関する施設又は事業所内の取り決め等を含むこと。
② 喀痰吸引等業務の手順に関すること
○ 医師の文書による指示に関すること（省令第26条の3第1項第1号）
※ 当該施設又は事業所において使用する指示書様式、具体的な指示の手順等を示した記載要領の整備等を含むこと。
○ 具体的な計画作成に関すること（省令第26条の3第1項第3号）
※ 当該施設又は事業所において使用する喀痰吸引等計画書様式、計画承認のプロセスに関する規程、計画変更・見直しの頻度等に関する取り決め等を含むこと。
○ 具体的な報告手順に関すること（省令第26条の3第1項第4号）
※ 当該施設又は事業所において使用する喀痰吸引等実施状況報告書様式、報告頻度や報告の手順等に関する取り決め等を含むこと。
○ 対象者等の同意に関すること（省令第26条の3第2項第6号）
※ 同意に要する様式、同意を得るための具体的な説明手順、同意を得た旨の証明に関する取り決め等を含むこと。
○ 具体的な急変時の連絡手順に関すること（省令第26条の3第1項第5号）

3．登録基準：介護福祉士の実地研修及びその他の安全確保措置等に関する事項

(1) 登録基準

省令第26条の3第2項は、法第48条の5第1項の規定による登録喀痰吸引等事業者が登録に当たって満たすべき基準のうち、同項第2号の喀痰吸引等の実施に関し安全かつ適切に実施するために必要な措置に関する基準を定めたものであること。

(2) 実地研修修了者による喀痰吸引等の実施

省令第26条の3第2項第1号は、登録喀痰吸引等事業者の遵守すべき基準として、必要な知識・技能を修得した介護福祉士のみが喀痰吸引等の業務の実施が可能であることから、登録喀痰吸引等事業者は介護福祉士が登録を受けた行為に限り、その介護福祉士に限り行わせるものであること。

なお、登録喀痰吸引等事業者が実地研修を修了していない介護福祉士に対し喀痰吸引等業務を行わせた場合は、法第48条の7の各号のいずれかに該当し、登録の取消し又は業務停止等の処分の対象となり得ることとなり、また、介護福祉士には、法第45条において信用失墜行為の禁止義務が課されており、仮に介護福祉士が実地研修を受けずに喀痰吸引等を行った場合、信用失墜行為違反となり、行政処分（登録の取消し又は名称使用停止）の対象となり得ること。

(3) 介護福祉士の実地研修

省令第26条の3第2項第2号は、介護福祉士については介護福祉士国家資格取得前に実地研修を修了していない場合もあることから、介護福祉士が登録喀痰吸引等事業者に就業後、喀痰吸引等の業務を安全に実施するための実地研修の実施義務を課したものであること。

なお、省令第1条各号に掲げる行為の全てについての実施を実地研修の対象要件としていないのは、登録喀痰吸引等事業者が各号に掲げる行為の全てについて必ずしも実施しているものとは限らないことから、当該事業所において必要な行為のみについて限定しているものであること。

(4) 介護福祉士の実地研修の修得程度の審査

省令第26条の3第2項第2号のイは、安全確保の観点から、介護福祉士に対する実地研修については、法附則第4条第2項に規定する喀痰吸引等研修（以下「喀痰吸引等研修」という。）の課程と同等程度以上の知識及び技術を身につけることとし、実地研修の実施主体である登録喀痰吸引等事業者における公正かつ適切な修得程度の審査を義務づけたものであること。

このため実地研修の実施については、法第48条の5第1

項第1号の登録基準に規定する医師、看護師その他の医療関係者との連携確保を踏まえて、実施すること。

また、当該研修の実施方法、修得程度の審査方法等については、別途通知する研修実施要綱（喀痰吸引等研修について定めた研修実施要綱）に基づき、またはこれと同程度以上のものを実施すること。

(5) 実地研修修了証の交付

省令第26条の3第2項第2号のロは、介護福祉士が修了すべき実地研修が行為別となっており、同項第1号のとおり介護福祉士は実地研修を修了したものに限り喀痰吸引等を行うことができることから、これを証明することにより安全を確保するものであること。

(6) 帳簿の作成及び保管

省令第26条の3第2項第2号のハは、実地研修の修了状況の管理について当該研修の実施主体である登録喀痰吸引等事業者の責務として位置づけたものであること。

なお、登録喀痰吸引等事業者が喀痰吸引等業務を廃止した場合には、当該事業者が作成した帳簿の保管は登録を行った都道府県において管理すること。

(7) 介護福祉士の実地研修の都道府県知事への報告

省令第26条の3第2項第2号のニでは、実地研修修了証の交付状況について、定期的に都道府県知事に報告することとされているが、これは登録喀痰吸引等事業者に対し指導監督権限を有する都道府県において、法第48条の5に定める登録基準と同様に、従事者である介護福祉士の実施できる喀痰吸引等の範囲について個別に把握を行うことが、安全かつ適切な実施のために必要な条件として定めたものであることから、少なくとも年1回以上報告させること。

また、都道府県への報告如何に関わらず、通常、施設及び事業所等の人員管理状況が月次で行われていること等を鑑み、実地研修修了証の交付状況については歴月を単位として管理すること。

(8) 安全委員会の設置、研修体制の整備その他の安全体制の確保

省令第26条の3第2項第3号は、喀痰吸引等の実施について医療関係者等との連携の下での安全確保体制を整備し、常時、適切な喀痰吸引等の業務が行われることを定めたものであること。

(9) 施設・在宅における安全確保体制

省令第26条の3第2項第3号に規定する医師又は看護職員を含む者で構成される安全委員会の設置については、施設の場合においては施設長をはじめ、医師又は看護職員等の医療関係者、喀痰吸引等業務従事者を含む介護関係者から構成される安全委員会の設置を、在宅の場合においては、喀痰吸引等業務従事者及び当該事業者の従事する事業所の管理責任者、当該事業所の関与する喀痰吸引等対象者に関わる全ての訪問看護事業所等の看護職員、主治の医師等から構成される連携体制における定例会議（喀痰吸引等関係者会議）等のいずれも多職種から構成される場を設けること。

なお、既存の委員会等（例えば施設の場合においては、感染予防委員会、事故発生防止委員会等の委員会組織など、在宅の場合においては、当該登録喀痰吸引等事業者が定例的に参画しているサービス担当者会議など）が設置運営されている場合において、満たすべき構成員等が確保されており、下記（10）に示す所掌内容について実施が可能な場合においては、当該体制の活用により安全確保体制を構築しても差し支えないこと。

(10) 安全確保体制における具体的取組内容

安全委員会又は喀痰吸引等関係者会議（以下、「安全委員会等」という。）においては、以下について取り決めを行うこと。

・当該委員会又は喀痰吸引等関係者会議の設置規程に関すること。

・当該事業所の喀痰吸引等業務の実施規程に関すること。

・当該事業所の喀痰吸引等業務の実施方針・実施計画に関すること。

・当該事業所の喀痰吸引等業務の実施状況・進捗状況の把握に関すること。

・当該事業所の喀痰吸引等業務従事者等の教育等に関すること。

・その他、当該事業所の喀痰吸引等業務の実施に関して必要な事項に関すること。

(11) 安全委員会等の運用上の留意事項

安全委員会等の運用においては、以下の点に留意すること。

・安全委員会等の管理及び運用を司る責任体制を明確にすること。

・安全体制の確保を重視し適切かつ迅速な運用対応が行われるよう調整連絡を行う役割を明確に設けること。

・新規対象者に対しても適切な喀痰吸引等の提供体制が速やかに構築できるよう、委員等の構成について臨機応変

な対応がとれるよう留意すること。
・安全委員会等の構築にあたっては、その構成員が所属する機関の設置運営法人、地域の関係者、行政機関等についても、適宜、協力及び連携が図られるよう努めること。

(12) 研修体制の整備その他の安全確保

喀痰吸引等の提供については、安全確保を徹底して行う必要があることからも、喀痰吸引等業務従事者が介護福祉士であるか否かに関わらず、各登録喀痰吸引等事業者の業務に応じた実践的な研修（いわゆるOJT研修等）の実施や、ヒヤリ・ハット等の事例の蓄積及び分析を行うことは有効であることから、そのための体制整備を行うこと。

加えて、登録喀痰吸引等事業者においては、喀痰吸引等の提供について賠償すべき事態において速やかに賠償を行うため、当該事業所において実施している喀痰吸引等についても対象となる損害賠償保険制度に加入しておくか、又は賠償資力を有することが望ましいこと。

(13) 備品等の確保

省令第26条の3第2項第4号のそれぞれの事業所において確保すべき備品等としての喀痰吸引等に必要な機械器具等の品名及び数量等については、下記の「登録喀痰吸引等事業者が備えておくべき備品等一覧」により、当該事業所等において行われる喀痰吸引等の提供業務に必要な備品を整備すること。

なお、同一の登録喀痰吸引等事業者が同一敷地内にある複数事業所において喀痰吸引等業務を行う場合には、事業所毎の喀痰吸引等に支障がない場合は、備品等の併用ができるものとする。また、喀痰吸引等業務の提供を受ける者が必要な備品等を所有している場合にはこの限りではない。

(14) 衛生的な管理及び感染症予防措置

省令第26条の3第2項第5号については、同項第4号の備品等についての衛生管理に努めることのほか、喀痰吸引等業務従事者の清潔の保持及び健康状態の管理並びに事業所の設備及び備品等の衛生的な管理に努めるべきことを規定したものであることから、特に感染症の発生を防止するための措置として、登録喀痰吸引等事業者は対象者間の感染予防及び喀痰吸引等業務従事者が感染源となることを予防するため、消毒・滅菌の徹底、必要に応じて使い捨て機材の活用を図るほか、使い捨ての手袋等感染を予防するための備品等を備えるなど対策を講じる必要があるとともに、必要に応じて保健所の助言、指導を求めるとともに、常に密接な連携を保つこと。

(15) 対象者又はその家族等への説明と同意

省令第26条の3第2項第6号については、喀痰吸引等計画書の内容として記載されている医師の指示、具体的な喀痰吸引等の手順、具体的な緊急時の対応手順などについて、対象者及びその家族に理解しやすい方法で説明を行い、十分な安全確保が図られている中で実施されていることについて、対象者の理解、同意を得た上で実施すること。

(16) 秘密の保持

省令第26条の3第2項第7号については、登録喀痰吸引等事業者に対して、過去に当該事業所の従業者であった喀痰吸引等業務従事者が、その業務上知り得た対象者又はその家族等の秘密を漏らすことがないよう必要な措置を取ることを義務づけたものであり、具体的には、登録喀痰吸引等事業者は、当該事業所の喀痰吸引等業務従事者でなくなった後においてもこれらの秘密を保持すべき旨を、従業者との雇用契約締結時等に取り決めるなどの措置を講ずべきこと。

また、介護福祉士においては、法第46条においても守秘義務が課せられているので、登録喀痰吸引等事業者は従事者である介護福祉士に対しその旨についての周知等を徹底すること。

「登録喀痰吸引等事業者が備えておくべき備品等一覧」

品名	数量	備考
吸引装置一式	適当数	
経管栄養用具一式	適当数	
処置台又はワゴン	適当数	代替機能を有する床頭台等でも可。
心肺蘇生訓練用器材一式	適当数	

(17) 公示

都道府県知事は、登録喀痰吸引等事業者の登録等を行った場合、法第48条の8において公示が義務づけられているところであるが、公示に関する事務手続きなどその運用においては適切かつ速やかに行う体制を構築するとともに、公示した場合には、当該喀痰吸引等の提供の対象者等をはじめとした関係者・関係団体への周知についても留意すること。

<略>

第8 経過措置

1. 改正省令附則第2条について

(1) 平成24年4月1日から平成27年3月31日までの介護福祉士に関する取扱い

改正省令附則第2条第1項は、平成24年4月1日から平成27年3月31日までの間において、介護福祉士は、認定特定行為業務従事者として、特定行為を行うことを業とすることができることを規定したものであること。

したがって、省令第1条、第9条、第24条の2、第26条、第26条の2及び第26条の3の規定は、平成27年3月31日までは適用されないものであること（改正省令附則第2条第3項）。

(2) 平成27年3月31日までの間において介護福祉士が実施可能な行為

平成27年3月31日までの間において、介護福祉士は認定特定行為業務従事者として特定行為を行うものであるから、その実施可能な行為は、改正省令附則第2条第2項各号に掲げる行為のうち、喀痰吸引等研修の課程を修了した特定行為とするものであること。

2. 改正省令附則第3条について

(1) 対象者等

改正省令附則第3条第1項の対象者及び実施可能な行為は以下の通りであること。

① 対象者

以下のいずれかに該当する者であること（改正法附則第13条第1項）。

・平成27年4月1日において介護福祉士の登録を受けている者

・平成27年4月1日において介護福祉士となる資格を有する者であって同日以後に介護福祉士の登録を受けたもの

② 実施可能な範囲

以下のとおりであること。

イ）改正法附則第13条第3項の指定研修課程を修了し、平成27年4月1日から平成37年3月31日までの間に厚生労働大臣に申請を行った場合には、同条第5項の特定登録証の交付を受け、省令第1条の医師の指示の下に行われる行為を業とすることが可能であること（改正法附則第13条第2項）。

ロ）喀痰吸引等研修を受講し、認定特定行為業務従事者認定証の交付を受けた場合には、認定特定行為業務従事者として特定行為を行うことを業とすることが可能であること（改正法附則第13条第8項）。

3. 改正省令附則第4条について

(1) 対象者等

改正省令附則第4条第1項の対象者及び当該対象者が実施可能な行為は以下の通りであること。

① 対象者

以下のいずれかに該当する者であること（改正法附則第14条第1項）。

・平成24年4月1日において特定行為を適切に行う知識及び技能の修得を終えている者

・平成24年4月1日において特定行為を適切に行う知識及び技能を修得中であり、同日後に修得を終えた者

② 実施可能な行為

喀痰吸引等研修の課程を修了した者と同等以上の知識及び技能を有する旨の都道府県知事の認定を受け、認定特定行為業務従事者認定証の交付を受けた場合には、認定特定行為業務従事者として改正省令附則第4条第2項の医師の下に行われる行為を業とすることが可能であること（改正法附則第14条第3項）。

(2) 具体的な経過措置対象の範囲

改正省令附則第4条第1項に定める対象者及び同条第3項に定める行為の具体的な範囲については、以下のとおりであること。

○「ALS（筋萎縮性側索硬化症）患者の在宅療養の支援について」（平成15年7月17日 医政発第0717001号 厚生労働省医政局長通知）に基づき、平成24年4月1日においてたんの吸引の業務に従事する者又は同日においてたんの吸引を適切に行う知識及び技能を修得中であり、同日後に修得を終えた者による喀痰吸引

○ 「盲・聾・養護学校におけるたんの吸引等の取扱いについて」（平成16年10月20日医政発第1020008号 厚生労働省医政局長通知）に基づき、平成24年4月1日において現にたんの吸引等の業務に従事する者又は同日においてたんの吸引等を適切に行う知識及び技能を修得中であり、同日後に修得を終えた者による喀痰吸引及び経管栄養（気管カニューレ内部の喀痰吸引を除く。）

○ 「在宅における ALS 以外の療養患者・障害者に対するたんの吸引の取扱いについて」（平成17年3月24日医政発第0324006号 厚生労働省医政局長通知）に基づき、平成24年4月1日においてたんの吸引の業務に従事する者又は同日においてたんの吸引を適切に行う知識及び技能を修得中であり、同日後に修得を終えた者による喀痰吸引

○ 「特別養護老人ホームにおけるたんの吸引等の取扱いについて」（平成22年4月1日医政発第0401第17号 厚生労働省医政局長通知）に基づき、必要な研修を修了し平成24年4月1日においてたんの吸引等の業務に従事する者又は同日においてたんの吸引等を適切に行うために必要な知識及び技能に関する研修を受講中であり、同日後に修了した者による喀痰吸引及び胃ろうによる経管栄養（チューブ接続及び注入開始を除く。）

○ 平成22年度に厚生労働省から委託を受けて実施された「介護職員によるたんの吸引等の試行事業（不特定多数の者対象）」の研修（平成22年度老人保健健康増進等事業「介護職員によるたんの吸引等の試行事業の研修のあり方に関する調査研究事業」）について、基本研修及び実地研修を修了した行為

○ 「「平成23年度介護職員等によるたんの吸引等の実施のための研修事業」の実施について」（平成23年10月6日老発第1006第1号 厚生労働省老健局長通知）に基づく研修について、基本研修及び実地研修を修了した行為

○ 平成22年度に厚生労働省から委託を受けて実施された「介護職員によるたんの吸引等の試行事業（特定の者対象）」の研修（平成22年度老人保健健康増進等事業「介護職員によるたんの吸引等の試行事業の研修のあり方に関する調査研究事業」）について、基本研修及び実地研修を修了した行為

○ 「平成23年度介護職員等によるたんの吸引等の実施のための研修事業（特定の者対象）の実施について」（平成23年11月11日障発1111第2号 厚生労働省社会・援護局障害保健福祉部長通知）に基づく研修について、基本研修及び実地研修を修了した行為

(3) 申請に添付する書類

改正省附則第4条第1項第2号及び第3号に定める書類については、以下のとおりであること。

・第2号：認定を受けようとする者本人の誓約書及び第三者による証明書
・第3号：実施状況確認書

(4) 認定特定行為業務従事者認定証の管理

改正法附則第14条第2項に基づき交付した認定特定行為業務従事者認定証については、省令附則第6条各号及び改正省令附則第4条第1項各号のほか、法附則第4条第3項及び第4項に関する確認欄等を含めた「認定特定行為業務従事者認定証登録簿（改正法附則第14条関係）」を作成し保管を行うこと。

〈以下略〉

参考文献

●第2章
- 徳田久弥『眼科における薬の使用法』メディカル葵出版、1985.
- 奥田克彌「老人性肺炎と口腔細菌」、『日本歯科医師会雑誌』vol.49(9)、4-12、1996.
- 富野康日己、長岡正範『介護で知っておきたい医学知識とテクニック』南江堂、2002.
- 宮本昭正監『患者さんのためのEBMに基づいた喘息治療ガイドライン』日本アレルギー協会、2002.
- 入来正躬『体温生理学テキスト わかりやすい体温のおはなし』文光堂、2003.
- 飯田順『耳鼻咽喉科の病気 高齢者のからだと病気シリーズ』日本医学館、2004.
- 宮本昭正『一般臨床医のためのEBMに基づいた喘息治療ガイドライン2004』協和企画、2004.
- 『ストーマケアについての調査報告書』社団法人日本オストミー協会、2004年度、2005年度.
- 角田直枝『スキルアップのための在宅看護マニュアル』学研、2005.
- 宮川晴妃『高齢者のフットケア』厚生科学研究所、2006.
- 高久文麿、矢崎義雄監『治療薬マニュアル2011』医学書院、2011.

●第3章
- 『エキスパートナース』照林社、2001.
- 西崎統『ナースのためのからだのしくみQ&A』ナツメ社、2004.
- マーク・H. ビアーズ『メルクマニュアル医学百科—最新家庭版』福島雅典訳、経BP社、2006.
- 人工呼吸委員会『人工呼吸の安全セミナーテキスト』日本医療機器工業会、2007.
- 岡田晋吾、三鬼達人編『半固形化栄養法ガイドブック』メディカ出版、2012.
- 後藤由夫HP『糖尿病ネットワーク テキスト（学ぶ） 糖尿病セミナー 足の手入れ』
  http://www.dm-net.co.jp/seminar/
- サノフィ・アベンティス株式会社HP『糖尿病がよくわかるDMTOWN』
  http://www.dm-town.com/

●第4章
- 『日本大百科全書』小学館、1994.
- 西山英世他『マニキュアがパルスオキシメーターに与える影響』、『プレホスピタルケア』12-1（31）、P.41〜46、1999.
- 久留米大病院臨床検査部『パルスオキシメータにおけるマニキュア使用と外乱光の影響についての基礎的検討』、『医科器械学』vol.73、No.10、2003.

●第5章
- 奥宮暁子他編『シリーズ最新在宅看護技術〈1〉医療処置を必要とする人の在宅ケア』中央法規、2001.
- 谷川原祐介監『トラブルを未然に防ぐための輸液製剤取扱いマニュアル』味の素ファルマ株式会社、2007.
- 川口有実子、小長谷百絵『在宅人工呼吸器ポケットマニュアル—暮らしと支援の実際』医歯薬出版、2009.
- 押川眞喜子監『写真でわかる訪問看護改訂第2版』インターメディカ、2011.
- 『介護職員等によるたんの吸引等（特定の者対象）研修の指導者用マニュアル』株式会社ピュアスピリッツ、2011.

著者紹介

セントケア・ホールディング株式会社

取締役社長：森　猛

設　　　立：昭和58年　　日本福祉サービス株式会社として東京都台東区に設立。
　　　　　　昭和60年　　訪問入浴サービスを開始。
　　　　　　平成 2 年　　訪問介護サービスを開始。
　　　　　　平成14年　　セントケア株式会社に社名変更し、東京都中央区へ移転。
　　　　　　平成19年　　セントケア・ホールディング株式会社に社名変更、持株会社体制に移行。

事 業 概 要：訪問介護サービス、訪問入浴サービス、訪問看護サービス、居宅介護支援サービス、グループホーム、デイサービス、ショートステイ、有料老人ホーム、小規模多機能型居宅介護サービス、福祉用具機器/介護用品販売・レンタルサービス、住宅リフォームサービス、アウトソーシング事業、人材派遣サービス、調剤薬局フランチャイズ展開、ペット及びペット用品販売、動物病院経営、少額短期保険業

従 業 員 数：8,495（2012（平成24）年6月末現在）

拠 点 数：422ヶ所（同）

（執筆担当）

・事業支援本部、品質管理部
　福田 幸治（ふくだ・こうじ）
　中村 淳子（なかむら・じゅんこ）
・同、在宅支援部
　佐々木 知江（ささき・ともえ）

訪問介護のための医療的ケア実践ガイド

2012年10月20日　発行

著　者　セントケア・ホールディング
発行者　荘村明彦
発行所　中央法規出版株式会社
　　　　〒151-0053　東京都渋谷区代々木2-27-4
　　　　代　　表　TEL 03-3379-3861　FAX 03-3379-3820
　　　　書店窓口　TEL 03-3379-3862　FAX 03-3375-5054
　　　　編　　集　TEL 03-3379-3784　FAX 03-5351-7855
　　　　http://www.chuohoki.co.jp/
印刷・製本　　新日本印刷株式会社
装幀　　　　　渡邊民人（TYPEFACE）
本文デザイン　森田祥子（TYPEFACE）
ISBN978-4-8058-3735-1

落丁本、乱丁本はお取り替えいたします。
本書に関するご意見・ご感想をメールでお寄せいただく場合は、下記のアドレスまでお願いいたします。
reader@chuohoki.co.jp